高中语文教学现场

一个教研员的思考和实践

杨 勇 ◎ 著

华东师范大学出版社
2020年·上海

图书在版编目(CIP)数据

高中语文教学现场:一个教研员的思考和实践 / 杨勇著. —上海:华东师范大学出版社,2020
 ISBN 978 - 7 - 5760 - 0867 - 8

Ⅰ.①高… Ⅱ.①杨… Ⅲ.①中学语文课-教学研究-高中 Ⅳ.①G633.302

中国版本图书馆 CIP 数据核字(2020)第 184354 号

高中语文教学现场:一个教研员的思考和实践

著　　者	杨　勇
责任编辑	孙　婷　伍忠莲
特约审读	陈成江
责任校对	王丽平　时东明
装帧设计	卢晓红
出版发行	华东师范大学出版社
社　　址	上海市中山北路 3663 号　邮编 200062
网　　址	www.ecnupress.com.cn
电　　话	021 - 60821666　行政传真 021 - 62572105
客服电话	021 - 62865537　门市(邮购)电话 021 - 62869887
地　　址	上海市中山北路 3663 号华东师范大学校内先锋路口
网　　店	http://hdsdcbs.tmall.com/
印 刷 者	上海龙腾印务有限公司
开　　本	787×1092　16 开
印　　张	17.25
字　　数	325 千字
版　　次	2020 年 11 月第 1 版
印　　次	2021 年 3 月第 2 次
书　　号	ISBN 978 - 7 - 5760 - 0867 - 8
定　　价	68.00 元
出版人	王　焰

(如发现本版图书有印订质量问题,请寄回本社客服中心调换或电话 021 - 62865537 联系)

目录

序 / 1

前言 / 1

第一章 直面问题——从现象回归本质 / 1

形成"育人"气场——学科教育价值的再思考 / 3
语文教育教学观——"人"的全面而富有个性的发展 / 6
把握语言与思维的关系——水乳交融，相融一体 / 14
重视语言形式的建构——以现代散文教学为例 / 19
基于学习任务群教学的思考——新课标视域下统编教材的使用 / 27
确定合宜的教学内容——因文、因人、因时制宜 / 32
教学与测评有机结合——由文章作者答不出题目的争议说开去 / 39

第二章 把握内核——从形式深入内涵 / 45

从语言形式到语言内涵——散文教学内容确定与学习策略指导 / 47
厘清语言表达的矛盾点——对《合欢树》中"悲伤也成享受"一句的理解 / 54
探寻诗歌语言的精妙——谈《蒹葭》的用词之美 / 57
品味语言的复调效果——借"一场梦"塑造人物形象 / 60
挖掘文本独特之处——《病梅馆记》中的"奇"美 / 63
发现语言运用的技法——以《世间最美的坟墓》为例 / 67
丰富语言感受——对《饮酒·结庐在人境》一诗的"评点式"品读 / 71

第三章 教学设计——从单向转为双向 / 75

体会思维品质的深刻性——以《延陵季子将西聘晋》教学设计为例 / 77
感受思维品质的敏捷性——发现《草莓》的教学价值 / 81
提升思维品质的灵活性——激发、概括、呈现学生的问题 / 84
分析批判性思维的现状——高中语文阅读教学中的批判性思维 / 88

提升批判性思维品质的意义——高中语文阅读教学中需要批判精神 / 98
培养批判性思维的方法——语文课堂教学中的"问题设计" / 103

第四章　写作指导——从准确进阶独特 / 107

学会辩证分析问题——从机械庸俗走向灵活深入 / 109
形成写作的思考视角——写作过程的五个维度 / 115
提高写作的思维品质——高考作文升类的方法 / 123

第五章　教学评价——从当下着眼未来 / 147

基于"核心"的考试评价改革——新高考背景下的学业测评 / 149
整卷结构化分析——2013年上海市普通高中学业水平考试语文卷评价报告 / 153
高考改革背景下的复习策略——关于高考散文阅读测评的思考 / 163

第六章　课例分析——从经验走向证据 / 171

整本书阅读的切入点——刘向《新序》课堂实录及点评 / 173
区分不同年段的思维要求——《谈白菜》课例分析 / 183
以问题为导向的思维培养——以一堂古典诗词的复习课为例 / 193
建构关系型思辨性的支架——以二元对立型议论文写作为例 / 203
在语言品味中提升思维品质——以《哦,香雪》教学设计为例 / 209
基于学生疑问的语文课堂构建——以《合欢树》的课堂教学为例 / 215

第七章　教师发展——从主导转向合作 / 229

从理论到实践的深度研修——高中语文统编教材培训 / 231
批判性思维培养的主题教研——"名师示范'批判性思维'培养"的教研案例 / 235
批判性思维培养的课堂展示——《唐诗过后是宋词》课例赏鉴 / 241
构建富有活力的研究团队平台——高中语文教师的专业成长之路 / 256
多一点理性的思考——高中语文教育教学展望 / 260

后记 / 263

序

从二十世纪末开始的三十多年里,中国社会经济、文化、教育发生了持续的变革,语文教育领域也不例外,从语文课程理念、语文教材样态到语文教学方式,有许多变化我们都能感受得到。这些变化的动力之源,一般认为主要来自以下四个方面:一是社会需求的推动。随着生活节奏的加快和社会竞争的加剧,无论学生自己、学生背后的家庭还是用人单位,对语文学科的理解和要求变得既多元又急迫,对语文课程形成了持续的压力。二是学术研究的带动。随着国际交流的频繁,新的课程观念和学习理论不断被引介进来,不时在语文学科等中小学教育中引起阵阵激荡。三是语文教师专业发展的推动。随着信息技术的发展,人类知识传播方式呈现扁平化的趋势,许多语文教师可以直接借鉴国际上的一些新理论、新做法,在教学实践中常有创新之举。四是国家课程改革的引领。三十多年来,仅仅是语文课程目标,就经历了从"双基"到"三维目标",再到培养语文学科核心素养的调整,课程的育人追求越来越自觉。当下我国语文教育领域的活跃局面,就是这些力量综合作用的结果。

许多语文人见证和参与了这一时期语文课程的发展。而在众多见证者和参与者当中,有一支比较特殊的队伍,这就是分布在各省市、区县的语文教研员。教研员队伍是我国中小学教育体系中极有特色、也极富工作成效的一部分。从称谓和职能来看,语文教研员既是语文教育的研究者,也是语文课程的实施者。许多教研员长期浸润于语文教育工作,甚至直接参加课程标准修订、语文教材编写、考试命题等工作,对国际课程发展趋势和国家课程意图有比较充分的了解,最新的课程理念和要求,往往需要通过他们向基层学校传播。另一方面,语文教研员又长期扎根在基层,与一线语文教师保持着密切联系,参与他们的备课、听课评课,有的教研员甚至常年坚持课堂教学,因此他们对一线的情况比一般语文教育研究者更加熟悉,一线教师在课程实施中遇到的疑问或困惑,第一时间往往会反映到他们那里,需要他们作出及时回应。因此可以说,各级语文教研员实际上常常处于整个语文课程运转的枢纽地位,既是国家课程与学校课程之间纵向联系的主要渠道,同时还是跨学校、跨地区横向联系的主要组织者。也正因为如此,他们对语文教育理论的考察视角,往往会与纯粹的教育研究者不尽相同,即更多地体现出基层视角,他们在教学研究活动中发现的问题、对语文教师所提的建议,也往往更有针对性。我手中这本书稿,是上海市黄浦区教育学院高中语文教研员杨勇老师撰写的,书中展现了他在高中语文教研员岗位上的所见所思,很多地方体现出教研员的工作特色。书稿的内容和风格可以概括为以下几点:

首先是研究取向指向解决教育现场中的问题。语文教育研究领域广泛,为谁从事研究工作,不同立场决定不同的研究取向。比如有的研究瞄准一个学科在全世界范围内研究进展的前沿,有的研究志在挖掘前人的教育经验,而有的研究则重在解决教师教学中遇到的现实问题。杨勇老师为自己定下的方向是"教研工作重心下移,教研工作总体上以'实践'为取向,以'一线教学'为依托",即从教学第一线发现问题,从帮助教师改善教学的立场出发,总体考虑"研什么"和"怎么研"等问题。研究取向确定之后,研究内容、研究方法也就顺理成章了。本书取名中有"现场"一词,我觉得特别好。扎根一线,针对具体问题,少空谈概念,是特别值得提倡的研究风格。

其次是研究的成果具体实在。研究取向往往影响研究话题和研究内容。从这本书的部分目录"教学设计""写作指导""教学评价""课例分析""教师发展"来看,这些似乎都是语文教育领域的常用概念和常规工作,一般认为似乎无需多谈,也不大可能谈出多少新意。但是,了解一线教学情况的人会知道,由于多年积累下来的习惯,由于新任教师的加入,还由于日常事务性工作的繁忙,很多教师往往是没有很好地遵循常识,没有把常规工作做到位,才会在教学中出问题。而对他们来说,基层教研员就发挥着及时提醒、反复叮咛和检查督促等作用。这本著作中的许多文章,就是这些常规工作的真实记录,给同行以真切的启发。

再次是写作语言平实。教研员平时工作最主要的交流对象是一线教师,这本书里的不少文章,或许就是备课札记或评课发言,杨老师注意用教师所熟悉的概念、教师习惯的话语与他们进行交流,比如在《语文教育教学观——"人"的全面而富有个性的发展》一文中,几个小标题"我的教育观""我的课程观""我的教学观""我的学生观""我的教材观""我的知识观""我的文本观",都是以交流的口吻和平实的语言在说话,如面对朋友一样娓娓道来,这样才容易被教师接受。

当然,说内容实在、语言平实,并不意味着没有新意。仅仅从目录和提要中就可以看出,在不少话题上,我们还是能发现作者在许多话题上表现出的才情和独创性。比如主张教学设计"从单向转为双向",写作指导"从准确进阶独特",教学评价"从当下着眼未来",课例分析"从经验走向证据"等,这些提法就兼有实用性和创造性,不仅能帮助一线教师改善教学状况,对很多从事语文教育研究的人也有一定的启发。

教研员等基层教育工作者往往身兼多重职务,要从事语文教育研究,撰写专业文章,需要克服时间和精力分散、工作习惯和思维方式调整等许多困难,本书的作者能常年坚持并见出成果,是颇为不易的。我本人也有多年在中学一边教学一边研究的经历,看到杨老师的研究就很容易产生共鸣,体会其中的艰辛,因此不揣谫陋,勉力写这几句话,不敢冒作此书的序言,算是对杨老师勤奋向上追求精神的一份支持。

上海师范大学教授

2020 年 8 月 8 日

前 言

为贯彻落实全国教育大会、全国基础教育工作会议精神,深化教育教学改革,全面提高基础教育质量,教育部于 2019 年 11 月 20 日发布了新中国成立以来,第一个关于"教研工作"的重要文件《教育部关于加强和改进新时代基础教育教研工作的意见》(教基〔2019〕14 号)(以下简称《意见》)。该《意见》指出:"教研工作是保障基础教育质量的重要支撑。"强调教研员在"新时代",面对"新形势新任务新要求",要深化教研改革,创新教研方式,提升教研工作的针对性、有效性、吸引力和创造力,因而教研要更好地体现与时俱进。

高中语文教育教学改革势不可挡。进入人工智能时代,对人才提出了新要求,也引发高校对学生能力需求的变化,具备怎样能力的人才能受到未来社会的青睐呢?是那些具有家国情怀的、富有逻辑的、会清晰表达的现代社会公民。他们既要有清晰的书面语言表达能力,又要有生动的口头语言表达能力,其背后的支撑是人的素养全面提升。由此催发新的高考改革,催发语文课程标准的变化,2017 年版《普通高中语文课程标准》明确了变化内容。

确立以核心素养为理念的语文学科定位。语文学习指向语言的建构与运用、思维的发展与提升、审美的鉴赏与创造、文化的传承与理解。这是一个不可分割的整体,只是从认知的侧重点上区分了不同的角度,也是为了研究的方便,分述为四个方面。这一指向回答了语文最基本的核心思考点,即语文到底是什么?语文的作用是什么?学习语文对学生的贡献是什么?新高考背景下提出的学科核心素养,与国外提出的核心素养是不同的,是超越学科的边界的,而我们要追问的是这个学科对学生的终身发展的独特贡献是什么?是从学科上落地,深度把握学科的本质内容。的确,语文是语言、思维、审美和文化的统一,不能只在工具性与人文性上兜圈子,语言不是一个孤零零的语料,其从任何一个角度切入,都是四方面的融通。

建构以学习任务群为单位的语文课程框架。随着核心素养的提出,与之匹配的课程也随之改变。语文课程设计的依据是:任务、情境化、语文实践、学习活动、学习专题等学习资源的整合。一方面可以是,把一篇篇文章作为语料整合在一起,以任务驱动来学习;另一方面也可以是,沿袭经典篇目,同时注意整体性阅读的延伸,强化语文整体性学习。高中语文设计 18 个学习任务群,力求给学生提供个性发展、多样性需求的选择。

形成以"情境化"为载体的语文考试模型。语文高考试题是对语文学习效果的检测,也是高校选拔人才的重要载体。从命题看,需要创设整合性、情境化、不良结构的真实任务。所谓"整合性"是指复杂的内容的组合,而非单一的内容的呈现。"情境化"是指有感性的学习生活的场景内容。情境化的试题更有利于显现知识的运用,有利于学生能力的培养。所谓"不良结构"是指开放性的呈现特点;良好结构往往有封闭性。开放性的试题为学生创设思考的空间,可以采用分级赋分的方式,准确地判定学生的学习水平。高考要有利于促进学生核心素养的发展,取消考试手册是明智之举,因为可以实现教学和考试一致,都以课程标准为依据。并在教研、考试评价等环节实现精细化和明确化,避免不必要的冲突和分歧。

基于此,带来教研方式的转型。教研工作重心下移,教研工作总体上以"实践"为取向,以"一线教学"为依托,以"语文活动"为突破,形成新的教研体系,这对教研工作带来的挑战越来越大。

我们要思考两大问题:"研什么"和"怎么研"。

一、研什么

1. 研究课程改革的时代要求

立德树人,体现国家意志,满足社会科技发展需要;以人为本,符合成长规律,满足学生个体成长需求;通过融入信息技术,改变教学方式,以多样化课程、个性化培养和实践经历为要求,重构育人模式。为构建德、智、体、美、劳全面培养的教育体系,发展素质教育,培养担当民族复兴大任的时代新人提供强有力的专业支撑。

2. 研究语文学科的本质内容

工程专家看电路是基于"大概念"统领,观课议课评课也需要"大概念",也就是指学科本质。教师当然首要要抓学科核心素养,研究其教学是不是真正指向核心,把握了语文学科的本质。教学内容的选取与呈现是不是指向语文的核心素养?这是衡量教学是否成功的唯一标准。教研不能停留在"语言、思维、审美和文化"这四句总括性的话上,还要细化、分解,更要深入理解把握。要思考在教学中是否体现核心素养,不管如何改革,方法、策略再怎么创新,都要归结到这个学科的本质上。在细化中拓宽广度和挖掘深度。

3. 研究有价值的学习任务

建构主义学习理论强调,学生的学习活动应与任务相结合,创建真实的教学环境,让学生带着真实的任务学习,使学生拥有学习的主动权。学生的学习不仅是知识由外到里的传递,而且是学生主动建构自己知识经验的过程。

如新诗教学,如果停留在以下内容:(1)《雨巷》《再别康桥》朗诵的情境和乐调。(2)新诗漫谈,猜猜他会说什么?(3)猜猜下面两首诗属于什么类型的诗?这是浅层次的教学。我们认为主要应该注重迁移运用,若设置为:(1)把握基调。(2)理解形式要素。(3)拓展不同作家风格的比较。新课标理念下的教学需要深度挖掘,设计情境,在语言运用中提升学生的语文素养。语文学习活动可以是显性的也可以是隐性的,不能太窄化,而要落实到具体的阅读与鉴赏、表达与交流、梳理与探究等语言运用的情境中。

4. 研究有意义的学习项目

对语文核心素养提升的学习项目如：(1) 问题驱动。(2) 真实情境的探究过程。(3) 教师学生共同协作，寻找问题解决的方法。(4) 学习技术或工具的开发：资源、路径、支架、策略等。(5) 学生创造出一套解决问题的产品、制品、成果等公开分享。相对于任务项目时间更长，需要积累、研讨和协作，产生成果。

5. 研究学习支架和学习资源

学习支架的构建就是搭桥策略。在正确与错误之间通过情境架起一座桥梁。新课程改革的教学，教师已不是信息传递者、知识讲授者，而是资源提供者、学习促进者，教师是学习工程师。好教材就是好学本，好教师也是好的设计师，设计问题、任务、项目、支架，形成解决问题的方法和路径。

6. 研究教学的评价与反馈

有研究表明，可观察的学习成果分类有：(1) 前结构。(2) 单点结构。(3) 多点结构。(4) 关联结构。(5) 拓展抽象结构。研究教学中如何让学生动起来，形成教学成果。并依据反馈的信息，进行科学有效的评价，为进一步教学提供支撑。

二、怎么研

1. 课堂观察

课堂观察就是指研究者或观察者带着明确的目的，凭借自身感官（如眼、耳等）及有关辅助工具（观察表、录音录像设备等），直接或间接（主要是直接）从课堂情境中收集资料，并依据资料作相应研究的一种教育科学研究方法。用数据说话，可以通过网格化分析教与学等因素，找到解决问题的方法。既可以是定性方法，也可以是定量方法，还可以是两者融合形成的方法。

2. 实证教研

实证教研的目的在于认识客观事实，研究现象自身的运动规律及内在逻辑。实证研究法对研究的现象所得出的结论具有客观性，并根据经验和事实进行检验。包括：提出理论假说。假说是对于现象进行客观研究所得出的暂时性结论，也就是未经过证明的结论。假说是对研究现象的经验性概括和总结，但还不能说明它是否能成为具有普遍意义的理论，还要验证。在不同条件和不同时间对假说进行检验，用事实检验其正确与否。检验包括应用假说对现象的运动发展进行预测。

3. "工作坊"教研

建立学习共同体，是一种参与式工作坊研究制度。参与式工作坊是一个多人数共同参与的场域与过程,且让参与者在参与的过程中能够相互对话沟通、共同思考、进行调查与分析、提出方案或规划,并一起讨论如何推动这个方案,甚至可付诸实际行动,这样"聚会"及"一连串的过程",就叫做参与式工作坊。换句话说,工作坊就是利用一个比较轻松、有趣的互动方式,将上述这些事情串联起来,成为一个有系统的过程。

4. 跟踪式教研

是基于一定的目标在一定时间内跟踪教学情况进行的研究。可以是定点一个教师,或者一个学校教师群体;也可以是一周时间,或者一个学期;还可以是一个专题,或者一个难点。从而在一定时间内研究教学。

5. 主题式教研

以某个主题为研究抓手,有针对性地解决学科问题的研究。如散文、小说、戏剧、文言文、诗歌、作文教学内容的确定;阅读批判性思维的培养;概括能力、赏析能力的培养;主问题的设计、问题链的形成;预习作业的设计、课后作业与目标的一致性等进行的一系列教研活动,针对性极强。

此外,还有网络互动、全过程、行动研究等形式的教研。当然,有时混合式教研更能加强参与教研老师之间的交流,如:主题式和行动式教研结合;网络、微信、博客、网上与网下结合等。在教研工作中直面教学现场,面对教学中出现的问题,以课程标准为准绳,以新的教研方式为途径,与教师一起交流、讨论、实践、分享、反思和改进,推动语文课程改革。

第一章
直面问题——从现象回归本质

语文学科作为母语学习的课程,社会各界对语文教育教学改革一直很关注,语文教育界有识之士也在不停地反思和研究,并引发了热烈的讨论,如语文教育教学根本任务的指向,语言、思维、审美和文化之间关系的确定,教学内容选择的标准,教学组织形式的开发,教学与评价关系的处理等。这些讨论呈现出百花齐放、百家争鸣的景象,既有真知灼见,也有囿于自身局限的看法,我们需要拨开迷雾,回归语文教育教学的本真,走在语文课程改革的正途上。

形成"育人"气场

——学科教育价值的再思考

教育的目的是什么？就是人的教育。现代教育理念是以学生发展为本，其核心是学生全面发展、个性健康发展和可持续发展。语文作为母语的特殊性，语文教育教学在"育人"上又具有怎样的价值呢？

语文教育教学"育人"价值的实现，可以通过教师营造良好的教学气场来推进。所谓"气场"是一以贯之地凝聚于一体的能量场。这样的气场可以是一种吸引力、一种魔力，它使学生的内心聚焦于语文教育带来的对民族、对人生的审视，对审美、对心灵的濡养。语文教师在课堂上平等的对话，构建恰切的教学路径，激发学生去质疑、讨论、探究、思考，在品读文本中，明白做人的道理，进而发展良好的个性。可以说，语文课堂"没有了对话，就没有了交流；没有了交流，也就没有了教育"。只有尊重学生的独特生命，保持师生之间的平等人格，这样的语文教育才会自然生成，"育人"气场才能真正形成，"育人"价值才能真正实现。

一、坚定"育人"立场

语言文字是人类社会最重要的交际工具和信息载体，是人类文化的重要组成部分。曹雪芹说："世事洞明皆学问，人情练达即文章。"学生的生活即是语文，学生在实际生活中运用语文知识，增长语文才干，培养审美情趣和文化修养。语文教学在"育人"上，对孩子的终身学习和终身发展起到重要的作用，它为孩子一生打好精神底色、储蓄精神财富，当然，这样的底色是明亮而温暖的，这样的财富是丰富而简朴的。因此，语文教师在"育人"上应该有一个鲜明的立场。

语文教师要从常见的语文教育教学的误区中走出来。一是僵化的"育人至上"论。不顾语文学科的特点，盲目拔高甚至歪曲语文教学的"育人"功能，把语文课看成是思想品德教育课。这样的教学常常在具体可感的语言文字中剥离出所谓的"崇高、伟大、道德、正直"等空洞概念，把丰富生动的人物形象贴上干瘪的标签。语文课成了说教课，把"文以载道"

演变成了"道以覆文",课堂只见"道"不见"文",此时,语文教学中充斥着僵死而缺乏灵性的"道",这样的"道"逐渐成为学生厌恶的教条,"诗意"的语文不见了。二是冷漠的"育人非己"论。与第一种情况相反,把语文教学中应有的"育人"内涵看成是额外的负担,机械地肢解文本,教学中往往在遣词、造句、组段上用力敲打,把文章仅仅看成是语音、词汇的堆积物,交际工具的拆解和展示,把文字内的温度、句子中的热情、文章里的情操抛之脑后。其实这两种误区,本质是一样的,把语文教学及蕴含其中的"育人"价值简单地割裂开来。

二、建立正确的"育人"观

应该建立怎样的语文"育人"观呢？我们认为"育人"当然是语文教学的"题中之义",与语文教学是不可分割的、水乳交融的关系。无须矫揉造作地挖掘,无须熟视无睹地冷漠,更无须谈"育人"而色变地断然拒绝;而应该如《中庸》所描述的境界"致中和,天地位焉,万物育焉",在语文教学中找到"文"与"道"的交融点,使每个学生在语文学习中找到自己的位置,并得到充分的发展。也就是说使语文学科知识、语文能力的教学与思想教育两者有机融合。通过语言文字的体味、感悟和熏陶,让学生发现自己的情感价值和生命价值。这样的语文教学"育人"立场,能避免空洞的道德说教和眼中无人的冷漠。读一读《沁春园·长沙》吧！"鹰击长空,鱼翔浅底,万类霜天竞自由。"作者如椽大笔描绘秋天自然界的壮美景色,句式整齐,气韵充沛,灵性迸发,"击"展现了雄鹰面对强大外力阻碍的矫健。眼中景即心中情,人们看到的正是自己想要看到的,这里有作者年轻的身影,有迸发着生命热情、主宰天地的雄心壮志。一切景语乃情语,精美的语言里恰切地表达了作者的生命情怀,两者水乳交融,"育人"价值自然在语文教学的品读中实现。

三、"育人"教学内容选择的依据

在语文教学中,我们"育人"教学内容选择的依据何在？首先是以学习主体——学生的内心需求为准绳。学生的心理特点、生活体验和情感共鸣是先要考虑的因素。如高一正处在"青春断奶期"。既有青春期的躁动不安、无限憧憬,对社会人生的种种想象,又不可能对自我与他人、自我与社会的关系有正确清晰的认识,甚至唯我独尊的意识太强,与人相处难,融入社会难。品读《百合花》,感受战争年代人与人之间圣洁的情感,以及普通人的善良、淳朴的人性之美。探讨《邂逅霍金》一文,懂得人才的成长,很大程度上关乎他成才的土壤,剑桥大学宽松而友善的人文环境,提供给霍金自由思考和创造的天地,不被扰攘,不仅是源自霍金内心的宁静，也在于他人的自律，没有喧嚣的鼓吹和捧杀，这才是天才成长的基础，也是与人、与社会的相融之道。这些"育人"教学内容的选择是基于学生内心成长的需求，在语文教学过程中引发学生丰富的生活体验，进而激发他们的情感共鸣，自然而然地实现"育人"目标，无须另外附加。

　　语文"育人"教学内容的选择还要基于文本特点。语文教材中不少选文是文学作品，先哲曾说：文学是人学，是为了人的美好。语言文字的背后站着一个个活生生的有鲜明主体意识的"人"，因此，文本呈现的是人的心灵之声和生命之声，是人的愿望、情感、思想和判断。语文教学首先要寻找出文本最本质的意蕴，以及文本最显著、最独特的语言表现特点。萧红的《回忆鲁迅先生》一文，首先通过作者与鲁迅先生交往过程中生活琐事的描写，展示了作为良师益友的鲁迅先生的音容笑貌，还原了真实的生活化的鲁迅形象，表达出作者对先生的深情追忆。这是一个卸下了盔甲、毫无心机、拥有一颗赤子之心的真诚的人，或许这是直抵鲁迅本质、本色的。其次语文教学要寻找出文本独特的语言表达方式和行文方式。萧红是以一个女性的敏感和细心，以一个小说家的眼光，去体察、感受和描写鲁迅的。因此，她的关注点始终在细节，以及细节背后的生命象征意义，她的描写、叙述都有极强的可观性、可感性，接近于绘画。在这个意义上，我们也可以说，她的整篇回忆，就是一幅幅鲁迅的素描图。文章一开篇从性质、状态和程度三个方面描绘鲁迅的"笑"："笑声是明朗的，是从心里的欢喜""笑得连烟卷都拿不住了""常常是笑得咳嗽起来"。朴实的语言，把作者对鲁迅先生深刻的记忆刻画出来，教师引导学生抓住文本中这样琐碎的描写，在平凡事情中见鲁迅精神，伟大人物化为活生生的存在，不再是抽象遥远的偶像，而是有血有肉的、有自己的感觉和情绪的真实的人。这样的语文教学，其"育人"内容的确定正是紧扣文本独特的语言形式，在学生仔细品读中感受文本的意蕴，对学生起到潜移默化的影响，"育人"于无形之中，让语文教学的"育人"如春风化雨般自然妥帖。

语文教育教学观

——"人"的全面而富有个性的发展

什么才是语文教育教学正确的观念呢?这是一个有广泛争议的问题。只有在理论上认识清楚,才能指导自己的实践。如果脱离了学生作为一个独立个体的"人"的思考,就很难形成自己正确的语文教育观、课程观、教学观、学生观、教材观、知识观和文本观,也难以达成学生全面而富有个性的发展的目标。

一、我的教育观

语文教育观是对语文学科教育核心问题的认识。语文教育的目的是什么呢?是人的教育,是立德树人。这是由语文学科"工具性与人文性统一"的基本特点决定的,是由语文学科的核心素养决定的。学科核心素养是学科育人价值的集中体现,也是学生通过学科学习而逐步形成的正确价值观念、必备品格和关键能力。教育部 2017 年制定的《普通高中语文课程标准》指出:"语文学科核心素养是学生在积极的语言实践活动中积累与构建起来,并在真实的语言运用情境中表现出来的语言能力及其品质;是学生在语文学习中获得的语言知识与语言能力,思维方法与思维品质,情感、态度与价值观的综合体现。"[①]那么,语文教育究竟会对学生的一生产生什么样的影响呢?

有人曾说:当学生把老师所教的知识都忘掉以后,所剩下的部分就是教育的内容。的确学校教育中那些关于学科知识的内容,学生往往容易忘掉,而忘不掉的一般是所受教育获得的最本质的内容。它不关乎具体的学科知识,只关乎作为人的本质的东西。从这个意义上说,语文教育的核心是人的教育,是人生的教育,是生活的教育。语文教育的过程就是充实生命的过程,包括作为"人"的精神追求、价值关怀、哲学思考、历史眼光、思维方式、心理特征、审美品位、文化认识乃至语言节奏、表达风格,等等,这一切是一个有机融合的整体,在语文教育

---

① 中华人民共和国教育部.普通高中语文课程标准[M].北京:人民教育出版社,2017:4.

中,时时处处作用于学生、影响着学生。

人之所以称为人,当然不能只停留在生物学的层面。对人的教育首先是关于精神层面追求的教育:是生命的教育,是人格的教育,是爱的教育,等等。因此语文教育要树立育人的大目标。目中有人,把人的全面发展放在第一位。语文老师要把"教文"与"育人"的关系处理好,不仅仅是"经师",更应该是"人师"。"教文"使学生准确地运用祖国的语言和文字,具有一定的听说读写能力;但是"教文"不是最终的目的,"教文"要纳入"育人"这个大目标中,可以这样说,"教文"是手段,是过程,而"育人"才是语文教育的任务、目的。

英语学家陆谷孙先生曾"越界"谈汉语问题,"语言被智者赋予一种超越时空的力量,成为中国传统文化的精神线索。我说留住我们的精神线索,决不仅仅是从技能层面谈论提高汉语修养,而是要把尊重、敬畏、护卫、热爱母语作为一种文化意识和精神责任来看待"。[①] 的确,人民教育家于漪也给了我们答案,"文化是语言文字的命脉。教语文,站在文化的平台上,语言文字的表现力、生命力才会闪耀光彩,语言文字才是生动的、鲜活的。学语文不是只学雕虫小技,而是学语文学做人。语文教育就是教文育人"。[②] 育人是语文教育的题中之意、首要任务。语文教育是为学生的一生打好精神底色。

二、我的课程观

语文课程观是对语文的特点、性质、功能、目标、年段等问题的认识。语文课程究竟是一门什么样的课程? 2017年版《普通高中语文课程标准》作了明确回答,"学习祖国语言文字运用的综合性、实践性课程"。学习对象是"祖国语言文字";课程具有"综合性"和"实践性"的特点;学习策略是"在真实的语言运用情境中,通过自主的语言实践活动,积累言语经验,把握祖国语言文字的特点和运用规律";产生的作用是"加深对祖国语言文字的理解与热爱,培养运用祖国语言文字的能力;同时,发展思辨能力,提升思维品质,培育社会主义核心价值观,培养高尚的审美情趣,积累丰厚的文化底蕴,理解文化多样性"。

2017年版《普通高中语文课程标准》指出:"语言文字是人类社会最重要的交际工具和信息载体,是人类文化的重要组成部分。语言文字的运用,包括生活、工作和学习中的听说读写活动以及文学活动,存在于人类社会的各个领域。"当今世界,经济全球化趋势日渐增强,现代科学和信息技术迅猛发展,新的交流媒介不断出现,给社会语言生活带来巨大变化,对中华民族优秀传统文化的继承,对语言文字运用的规范带来新的挑战。时代的进步要求人们具有开

---

① 谭轶斌.语文教学:当从"祛魅"到"返魅"[J].现代教学,2014(17):36.
② 谭轶斌.语文教学:当从"祛魅"到"返魅"[J].现代教学,2014(17):36.

阔的视野、开放的心态、创新的思维，对人们的语言文字运用能力和文化选择能力提出了更高的要求，也给语文教育教学的发展提出了新的课题。"工具性与人文性的统一，是语文课程的基本特点"。

1. 工具性

1963年10月5日，叶圣陶老先生在《文汇报》上撰文指出，"语言是一种工具。工具是用来达到某个目的的，工具不是目的，比如锯子、刨子、凿子是工具，是用来做桌子一类东西的。我们说语言是一种工具，就个人说，是想心思的工具，是表达思想的工具；就人与人之间说，是交际和交流思想的工具。思想和语言是分不开的，想心思得靠语言来想，不能凭空想。可以说，不凭借语言的思想是不存在的"。也就是说，语言是表达思想的工具，是思维的物质外壳，是信息的载体。这种工具、外壳、载体都是只有人类才拥有的符号，因而，在符号的意义上把握语言的工具性是比较恰当的。正如吕叔湘先生在《人类的语言》一文中说的："人类语言的特点就在于，用无穷无尽的语言表达无穷无尽的意思。这是其他任何动物办不到的。"

把语文定性为工具并不错，不过有些人对工具的外延理解过分狭窄，对工具的内涵没有全面准确把握，尽管说语言的外延与生活的内涵相等，但人们并没有全面准确地把握这句话的内涵，生活不单单是学习和工作，也不单单是交际，甚至可以说最主要的不是学习、工作或交际。丰富的精神追求和丰富的情感世界才是生活的主要内涵。因此，把工具性和人文性相结合才能够准确地表达语文学科的性质。

2. 人文性

语文课程具有丰富的人文内涵，因为语文是最重要的文化载体，马克思、恩格斯在《德意志意识形态》一书中指出："语言是思想的直接现实。""语言和意识具有同样长久的历史；语言是一种实践的、既为别人存在并仅仅因此也为我自己存在的、现实的意识。语言也和意识一样，只是由于需要，由于和他人交往的迫切需要才产生的。"因此语言是现实的意识，语言和意识是密不可分的。各民族的语言都不仅是一个符号体系，而且是该民族认识世界、阐释世界的意义体系和价值体系。也就是说，语言不但有自然代码的性质，而且有文化代码的性质；不但有鲜明的工具属性，而且有鲜明的人文属性。语文课程人文属性的基本内涵是：培养学生对母语和民族文化的热爱；培养学生丰富健康的情感和对生活的热爱；培养学生独立的人格意识和良好的审美趣味。

当然，我们在强调语文课程的人文内涵时，并不是否定语文课程的工具性特征。因为在当下的语文教育中，泛化人文的现象比较普遍，把语文味丢掉了，把语文应有的工具性特征忽略了。如果只是谈人文精神、人文情怀，而忽视这样的精神情怀所建立的语言基础，那么就会给人凌空蹈虚的感受，因而语文课程要把工具性和人文性统一起来。

3. 实践性

语文是一门实践性非常强的学科，它需要听说读写的结合。首先它的产生来自于实践，是在人与人的交往过程中由于表达的需要产生对话、产生语言。同时是双向的，一方是说者，那另一方一定是听者。听的过程中需要对所听内容提炼归纳和准确理解。这里就伴随着一种逻辑的判断、推理的思维过程。在语文学习中，伴随着阅读和写作，阅读的过程是眼、耳、口、笔并用的过程，是动脑的过程，是思维的过程，而写作首先是一种对生活的积累、感受、思考和再现。陶行知提倡"生活即语文"，生活有多丰富，语文就有多精彩。生活本来就是实践性的，日子一天天地过，这里都有人的思想、感受、情感伴随而生，因此语文的实践性就丰富多彩了。

我们在理解实践性的时候往往只是局限在课堂上，而且局限在课堂上学生的练习，也就是说，把语文的实践性限制在功利的考试范围内，如果这样理解就偏狭了。我们知道《论语》开篇第一句，子曰："学而时习之，不亦说乎？"其中"习"，不是复习，不是练习，不是训练，而是实践。实践以生活为本位，指向学生素质的提升。

4. 统一性

语文课程的工具性和人文性统一，这是一个有机的整体，不能机械地加以割裂，没有人文就没有语言这个工具，舍弃人文就无法正确地把握语言这个工具。说语文课程具有人文性绝不排斥它的科学理性；说语文课程具有工具性，也绝不是削弱它的人文精神。

如果认为语文讲文化载体、讲人文就不科学，讲工具训练才科学。这也是一种误解。因为反映事物的本质，还事物以本来的面目，这种认识就是科学。语言是人类自身独有的工具，与大脑相互作用，与身体俱在。语言文字是文化的载体和结晶，怎能只重形式而忽视其内容呢？文化内涵是语文固有的根基，教材中的文章都是思想内容和语言形式的统一体，这两者不可分割，叶圣陶从修改文章的角度指出："修改文章不是什么雕虫小技，其实就是修改思想，要它想得更正确、更完美。"因而修改的不仅仅是语言文字，更是思想情感。

语文的人文性总是体现在语文的工具价值实现的过程之中。语文的人文性应该是语言文字本身意蕴的自然揭示，而不是刻意的夸大；是和谐融合而不是牵强附会，更不是拔高思想教育和人文教育。

三、我的教学观

教学观是指对教师的"教"与学生的"学"平衡处理达到教学最优化等问题的认识。首先语文教学要处理好教师与学生的关系。教师与学生之间，学生与学生之间，不能只是单向型的直线往复转换图景，而应该是网络式的辐射型的结构形式。

课堂教学是师生共同参与,形成有机整体的过程。教师的"教"作用于所有的学生,学生积极性被充分地调动,既向教师反馈又与同学交流,形成立体的思想、知识、情感和能力交流的网络。学生之间不仅可以切磋琢磨而且能充分展示自己的个性和才能,表现为"能者为师"的特点。发扬班级教学的特点,既能在同一时间内教授很多学生,又可以克服班级教学不重"区别"的缺陷。这样的交互图景使课堂氛围活跃,学习情境优化。

　　师生平等的教学模式,学生的主体作用得到更充分的发挥,学生主体地位得到进一步增强,学生以平等的身份与教师互动,教师扮演咨询者、辅导者和学习动机激发者的角色,教学采取民主参与方式,在教学目标设计、教学组织、教学方法等环节选择上,寻求学生的反馈信息,并作出相应调整。教师简问,学生多思,鼓励学生发表个人意见,或者学生主持课文学习,老师完全让位给学生,由学生组织、讨论、研究赏析课文,学生处在教学活动的中心,实现学生完全自主学习,实现教到不教的逻辑过程。

　　教学目标要集中。多目标等于无目标。对知识与技能、过程与方法、情感态度价值观三维目标的设置,不是每一篇课文的教学都要设置,也应该是有侧重点的。在具体的设置过程中,三者的关系不是简单的割裂,而是有机的呈现。

　　兴趣是最好的老师。语文教师应该把激发学生学习兴趣放在教学的首位。必须做到让学生能带着一种积极的、高涨的、激动的情绪来学习,开动脑筋思考,认真地投入读、写、口语交际的训练中,为获得新知识而欣喜,为语文水平的提高而欢乐、骄傲。语文教学中最怕出现学生冷漠、无动于衷的局面。教师要反躬自省,把酷爱语文的种子播种到学生心里,把酷爱思考的习惯传播到学生身上。爱因斯坦说:"我认为对一切来说,只有'热爱'才是最好的老师。"首先是运用语文知识本身的趣味,在品词、品句、品段和品篇章中感受语文的魅力。汉语文字美妙无比,鲁迅认为有三美:"意美以感心,一也;音美以感耳,二也;形美以感目,三也。"其次珍视学生学习的动力,学生动力来自于人自我发展的需要、自我成长的需要。要热情保护学生的发现,及时纠正、引导、深入发展学生的认识。语文教学还需要精心安排教学内容,把握教学节奏。组织富有成效的语言训练和思维训练等。

四、我的学生观

　　学生观是对语文教学中学生地位、价值等问题的认识。学生是学习的主体,教学中有三个因素,学生、学习过程和学习情境。其中最为重要的就是学生。没有学生就没有学习,也就没有教学,教师必须树立"目中有人"的观念,而这里所说的"学生"绝不是抽象的概念,而是一个个活生生的人,每一个学生都是具有个性特点的,都有自己的理想、兴趣、爱好,有自己的智慧和性格结构,他们的长处、不足、潜力、发展趋向、学习能力,作为老师都应该了然于胸,才能理解他们、尊重他们,带领他们在知识的海洋中遨游,使他们成为知识的主人。

每一个学生都是有差异的,不承认学生的个性差异,这样的教学就会无的放矢。同时,要认识到,每个学生都是一个发光体,教师是为"学"而"教"的,长期以来,教师考虑最多的是教什么,即教学的内容,似乎熟悉了教材,钻研教材,写好教案,向学生传授知识就觉得完成了教学任务。至于怎么教,学生才能学懂学会,相对而言考虑得较少,缺乏对学生学习过程的关注,以致学生对学习方法和学习策略的掌握较少,于是就出现了迁移能力薄弱的问题,这是教师典型的为"教"而"教"的现象。应该是为"学"而"教",以学定教。

学生的发展是变化的,不能以老眼光看待学生。更不能以所谓的"差生"和"优生"框死学生,而且对"差生"和"优生"的界定往往是以考试的分数作为唯一的评价标准,这样对学生的评价陷入了狭隘的功利的桎梏,会引导学生成为学习的机器。进一步说,学生在某一方面有差距,但是,在其他方面可能会很优秀,而且,学生是在逐渐成长和发展的。因而"目中有人"是教学的前提之一。

五、我的教材观

教材观是对教材性质、教材价值以及教材处理等一系列问题的认识。对教材性质的认识存在着把教材与课程等同、与教学内容等同、与考试内容等同等的误区。我们认为,教材不等于课程也不等于教学内容,更不等于考试内容。它是教材编写者根据自己对语文课程的理解,按照课程标准的要求编撰的,教材是为教学提供一种"凭借"。语文教材的教学价值在于:教学目的达到的凭借;学习资源的汇集;示范价值的体现;学生积累的材料。

在教学中,要充分发挥经典文本的教学价值,达到以点带面、举一反三的效果,对教材的处理必须坚持"用教材教"和"教教材"的统一。教材无非是一个例子,是语文核心素养培养的载体,不能被教材的内容牵着鼻子走。要根据文本特点、教学目标和学生实际情况,重新处理教材,对教材进行挖掘、重组和延伸,培养学生正确的价值观、必备品质和关键能力。

六、我的知识观

知识观是对语文学科的知识范围、知识内涵、知识在学科课程中的价值,以及知识在教学过程中的体现等问题的认识。语文课程必须以知识为支撑,在教学过程中,建立语文学科知识和语文课程知识是必须的,但是语文学科知识并不等于教学的内容,更不等于学生的能力,它只是学生学习语文的凭借。

语文课程知识,应该是一个中位的概念,狭义的知识观认为,知识主要是指可记忆的静态知识;广义的知识观"把知识定义为个体通过与其环境相互作用后获得的信息及其组织",包括自然知识、社会知识和人文知识,陈述性知识和程序性知识。中位知识概念介于两者之间,是包含了陈述性知识和程序性知识的语文知识,它必须能够满足学生语文学习的需要,而本身又不是语文课程的内容。

教学过程的知识处理,应该淡化知识的系统化、复杂化。不能把阅读教学知识化,写作教学知识化;而是让知识的学习和各种语文学习活动融合在一起,在语文学习过程中,融入知识的教学,根据具体的教学情况,随机渗透。

七、我的文本观

文本观是对文本内涵界定、文本作用、文本解读策略等问题的认识。所谓文本,从广义讲,是由人创造的、体现人思想感情的作品,包括文字、绘画、音乐等作品。从狭义讲,是指作者的文字作品。阅读教学中所说的"文本",指的就是文字作品,包括各种文体的文章,一般而言,偏向于指文学文本。文学文本具有相对独立性与可被再创作性,文本的构成中留有许多空白,它包含着阐释的多样性。作品本身给予读者的,并不一定是作者希望给予的,因此,不同的读者可以从同一作品中读出不同的意义来。教师对文本的细读是教学的基础。所谓细读,从字面上看,就是"封闭阅读",但是,实质上,"细读"是立足于文本本身的阅读。

依据语言文字本身解读文本。指多次重复地进行细致研读,把注意力持续集中在文本上,集中在文本的语义和修辞的多层次相互关系上,理解语言文字的本质力量。西方文学批评家提出的"语义分析法"和"词义分析法"都是语言分析最基本的、最有效的方法。从本质上说,这与中国文学中的"咬文嚼字"传统也是一脉贯通的。可见,语文教学中的文本细读,最根本的是要引导学生把文学作品作为相对独立而完整的"艺术品","仅仅面对文本",咀嚼语言,触摸文本,进入到文本之中去。正如闻一多先生说的"用'诗'的眼光读诗",悉心体味,感受和发掘"文本"中所蕴涵的丰厚内蕴。从品味文学语言开始,揣摩语言中所隐含的丰富的内蕴。"语义分析法"主要包括三种情况:从词与词的关系中揭示含义;从句与句的关系中揭示含义;从段与段的关系中揭示含义。

依据自己的知识储备和认识解读文本。指不要受到参考资料的束缚,不要把前人的定论作为自己的心得,不要盲从专家和权威的高见;也指不抱成见,不戴有色眼镜,不因自己的好恶而曲解作品;更是指要求读者结合自己的生活经验和阅读经验去感受、去解读文本。从自己感觉最亲切、最深刻、最新鲜的"词句"出发解读文本。那么,要求读者具有一定的文学文化素养,具有自主阅读的精神,具有较强的语言分析能力、解读细节能力、结构分析能力。新批评理论认为,解读文本的意义有二:一是要复原作者的经验,这就需要读者从文本出发,在文本中去发掘,真正地"进入文本";二是要唤起读者对自己生活体验的回忆或再度体验,读者对"诗"的阅读,与其说是理解诗人的经验,不如说是读者对自己生活体验的回忆或再度体验。

依据文本出现的背景解读文本。指将文本放在特定的历史文化语境中去解读。要对文本进行细致的解读,自然需要借助语言史、思想史和文学史的知识和理论,需要"情境还原",联系作者写作的具体而细微的情境,解读文本所蕴涵的深刻含义。作家的写作常常是在特定的情境下进行的。特定的创作背景、特定的写作机缘、特定的心情,作品的内容和主题也常常是特定的。阅读文学作品,如果能够进行"情境还原",进入作者写作的特定情境,与作者对话,"得作者之用心",进入作者的内心世界,就可以感悟到作者情感的脉搏和思想的跳动。这样,既可以结合本民族文学的突出特点,阐释文本所蕴涵的丰富意义及美学价值;又可以联系文学及文化发展与演变的背景,发掘文本的独特价值。

把握语言与思维的关系

——水乳交融，相融一体

高中语文学科核心素养提出四个概念：语言、思维、审美、文化，四者之间的关联不是简单的维度问题，不能简单地割裂开来，其概念本身就有相互的联系，本身就是不可分割的整体，是"四维一体"。就语言与思维而言，需要我们深入理解，把握两者之间的内涵及其关系。

语言是人类最重要的交际工具，是词汇和语法规则的总和。思维是对外界事物的概括的、间接的反映，思维是借助于语言来实现的。语言和思维是密不可分的，没有语言的思维是不存在的；语言把人们思维活动的结果，认识活动的成果记载下来，巩固下来，使交际和交流思想成为可能。思维是语言的内容，没有思维就不可能有语言。学生要学好语文，提高语文核心素养，就要在思维方面进行扎扎实实训练。语文教学需要重视学生直觉思维能力的培养。

一、重视语言学习的经历

思维和语言是并存的。首先要重视语言的学习经历。2017年版《普通高中语文课程标准》提出了语言的建构与运用，其实建构也是一种运用。从语言运用的角度看，有如下过程：语言积累，将积累经过思维活动，内化为认识和表达。高中阶段的建构是在已有的积累和理解语言的基础上实践运用，由此来实现建构自己独特的语言体系。从这个意义上讲，建构的第一步是解构。在语言积累和理解阶段，通过教师的帮助，学习语文学科已经建构好的语言规律和体系，并且多次运用逐步将其转化为自己的认知，而这正是高中阶段解构的对象，在解构中建构起自己的语言系统。解构的过程就是经过一定的语言实践，打破已有的认知，形成新的认知过程。

学生所学习的语言特点，依据年段的不同而有差异，中低年段学生主要学习语言运用的共性，即语言运用的规范。中高年段学生除了学习语言运用的规范之外，还必须感受文学语言，即基于规范又富有个性的语言变式，比如老舍、汪曾祺喜欢在作品中运用大量口语。学生通过对这些作家作品中语言的咀嚼，能丰富自己对语言的感受、品味和鉴赏。

从现代文类别的表述来看，文体概念也会随着学生年龄段的上升进行重组，例如初中年级出现的小说散文，都称之为记叙文，到了高中这个概念则不再出现。记叙文这个概念本身是不严谨的。记叙文、说明文、议论文、应用文的概念都是从方便教学的角度生发的，以学习语言运用规范为主的典范性文章。到了高中，只有论文的阅读要强调语言的规范，主要任务变成学习感受并转化为文学语言，所以记叙文的概念不再出现，这样的转化就是形成属于学生自己的语言认知，从而实现语言建构。

2017年版《普通高中语文课程标准》提出18个学习任务群，理想状态中的高中课文编写、单元组成、课堂教学都要区别于初中，即现代文教学不能像初中一样一篇篇、一段段分析，而是将一个单元构成一个任务群，将18个学习任务群转化为50多个主题情境。如对于散文任务群，通过语言实践运用，把握散文的语言个性化特点。

故而，探讨语言建构，要抓住解构后的建构。唤醒记忆、调动积累，不断使用经验，以及对语言认识的结构化。从解构到建构的路径之一是对语言形式的关注，这本身就是思维活动，所以语言和思维是相融的。

二、把握思维发展的类型

思维提升与语言建构密不可分。通过语言运用，获得直觉思维、形象思维、逻辑思维等思维能力的发展，促进深刻性、敏捷性、灵活性、批判性等思维品质的提升。

直觉思维。语感的形成与直觉思维密切相关。如《兰亭集序》第一段结尾"信可乐也"似乎在肯定前文所写内容，但是学生读到这里应该要有语感：本文重点不是欢乐的表现和价值。学生能够敏锐地通过语言形式产生语感，这就是直觉。教师则要把语感这种抽象的东西可视化、行为化、可测化。所以在课堂学习过程中，对这类思维能力的培养是需要通过语言训练形式来实现的。例如通过对语言的重组、补充、转换、调整等形式来实现直觉思维的提升。

形象思维。高中阶段，我们对形象思维的提升发展要有新的认识。在学习知识的同时要对知识重新认识，把描述性知识转化为阐释性知识，阐释性知识就包含形象思维的因素。例如修辞格，如果只是知道修辞格这个概念，对学生的语言运用价值不大，比如判断《荷塘月色》"树缝里也漏着一两点路灯光，没精打采的，是渴睡人的眼"所运用的修辞格，学生即使判断错了也未必影响对文本审美和对作者情感的理解。学生要掌握的是各种修辞格背后的形象思维，例如比喻背后的形象思维指向隐喻思维——相似即相同；借代则是相近即相关、相联系，其背后是转喻思维，即《警察与赞美诗》中把"警察"称为"铜纽扣"。这样，我们感受修辞格的时候，看到的不是修辞格本身，而是修辞格背后的思维轨迹，以及它对我们阅读轨迹的影响。

以前对于修辞格的学习总是从好的方面思考，例如《荷塘月色》中的三个比喻，但是从提升思维水平角度出发，我们会发现这样的比喻反而把读者的想象局限住了，忽视了荷花当时状态的其他特点对学生批判性思维品质的提升有帮助。在任务群教学中，教师可以通过形象思维的训练，让学生体验隐喻、转喻的差异，从而提升思维的灵活性。

逻辑思维。以前语文课堂不太关注逻辑思维，除了二十世纪八十年代中期，部编教材在高二阶段编排了形式逻辑的一些基础知识，如概念、判断、推理等。但实践证明效果并不好，重要原因之一是学生接受不了。后来就彻底去掉了繁琐的对概念知识的训练，但是在去掉概念知识的过程中还丢失了对学生逻辑思维的训练，这是值得反思的。

从考试看，近年高考语文试卷，思维容量、难度增加，减少支离破碎的题目，增强整体感，大大增加逻辑思维题目的分量。从关注文章内容转化为为文章内容服务的语言形式，文学及审美鉴赏都落实到具体某点而不是空泛的概念上。这些特点体现了新课标精神，考察学生的思维能力并由此拉开距离。根据这样的考试变化，教学要进行调整，增强对逻辑思维的训练。

落实到教学层面，如《简笔与繁笔》，以往把论点理解为"各尽其妙"。但是如果细看文本，二、三两段只是论据，不是观点，第四段段首是观点，但是这个理由能支持所谓的论点吗？第五段引用刘勰观点，也不能支撑，顾炎武的引用也支撑不了，所以这些所谓的"理由"并不能支撑"各尽其妙"这个论点，由此反思到底什么才是本文真正的论点？我们认为"然而，文章的繁简又不可单以文字的多寡论"才是真正的论点。论点的提出一定有理由支撑，也有前提条件，这篇文章的前提不是"应不应该简"，而是"繁简的标准和途径"。不能简单找论点论据，而是要让学生在具体的文章中，辨别提炼，找到一篇篇文章中论点和论据涉及的具体内容，在这一学习过程中内化为思维能力，使这样的逻辑推理成为自己的表达习惯。其实这样的教学与作文教学系列化密切相关，因为议论文写作的核心就是逻辑思维。在作文教学中依次开展"观点提出的假设前提成立吗？""理由能支撑观点吗？""几个理由之间有内在联系吗？""支撑理由的论据成立吗？"为主题的作文教学系列很有价值。

思维的发展与提升，不要过多纠缠于文章内容本身，要关注真正有价值的语言形式。不同的年段对语言学习和思维发展的要求有别。例如《老王》，如果在初中阶段，主要聚焦在老王这一人物形象的塑造上。如果在高中阶段，教师可以在这篇课文中开展逻辑思维的训练，即发现文章当中的矛盾点。例如"他蹬，我坐"一句显得多余，那么为什么要加上这句"废话"？这一句和他要表现的老实人、可怜人有什么关系呢？引导学生细读，发现文中这样的"废话"很多，为什么要写这些"废话"呢？通过矛盾点就能发现文本的秘密。于是进一步思考，一至七段记叙，八至十六段描写，叙述与描写之间构成怎样的内在逻辑？这样的内在逻辑和把文章引向"愧怍"这个主题的关系是什么？这样的梳理思考是基于行文逻辑的。所以高中没有必要过多纠缠于内容本身，重点是要找到语言内在的逻辑联系，需要把握的是作者的逻辑思考及其外显的语言形式。

三、关注语言与思维的交融

2017年版《普通高中语文课程标准》明确提出课程的性质、目的、任务就是学习语言的运用,既然是学习语言,那就不可能不谈逻辑和思维。有人曾说,语言是思维的外壳。但是我们知道语言不只是思维的外壳,它本身就是思维,语言和思维是交融的、是一体的。

思维离不开语言。思维以语言为工具,思维的成果需要语言来巩固。语言可以帮助思维逐步深化。语言可以帮助思维条理化。语言可以帮助将思维成果传递给别人。语言对思维具有很大作用。同样,语言离不开思维。语言的形成和发展都依赖于思维;语言的交际过程同样依赖于思维。

当然语言和思维也是有区别的。一般认为首先是职能不同。思维的职能反映客观现实,认识客观事物的特点、规律及相互间的联系和区别;语言的职能是为交际和思维提供工具。其次是特点不同。思维作为大脑的一种机能,其构造对全人类而言是相同的,客观世界对全人类而言是统一的,人类认识活动的基本过程也是一致的,都是由感性认识上升到理性认识,都必须遵循思维的基本规律,因此,思维具有全人类性;语言是社会约定俗成的,不同民族可以有不同的语言,因此,语言具有民族性。再次所属的范畴不同。语言是交际和思维的工具,属于物质的范畴;思维是反映客观事物的认知过程。

从语文核心素养的价值意义看,语言是基础、是根本。因为我们的学习对象是母语,一切都必须通过语言实践活动来实现。语言本身是文化的重要组成部分,是需要学习、掌握、运用的对象,所以它不仅仅是简单的载体。而语言背后的思维则是核心,思维不只和理科相关,如形式逻辑就是通过语言来实现的。汉语言是母语,我们的思维方式和汉语言是密不可分的,已经融入日常生活之中,的确语言和思维是水乳交融,融为一体的。

2017年版《普通高中语文课程标准》明确指出,语文是学习语言文字运用的综合性、实践性课程。语文的综合性是从语文自身特征出发的。综合性不单指语文课文涉及冗杂的知识,而且指语文自身的技能或活动的综合,即听说读写的综合。听说读写是语文课程中最主要的活动,通过它实现语文课程的学习与实践。这四者不是割裂的活动,尤其阅读写作不能割裂,学生不借助阅读无法实现写作能力的提高,因而教师要探究阅读和写作以何种形式结合,其中最有效的结合就是思维角度的结合。

实践性与语言运用相关,语言学习必须通过语言实践才能转换为学生能力。古人早就认识到这一点,"学习"本身就包括学得和习得两种状态,分别指在老师指导下的获得和在学生自身实践过程当中的获得,其中习得又分自然状态下的习得和非自然状态下的习得,后者和教师导向有关,通过教师指定的语言实践活动学生得以习得。这种"学习"都是通过语言运用来实现的。当然,语文学科的审美鉴赏,是通过语言运用来实现的;也是一个人的个体感受,是直觉心理,但也可以通过相关的"语识"来实现,因而它与语言建构和思维发展是密不可分的。文化传承指向传统文化,已然浸透在母语中;而文化的理解指向世界文化,需要比较、借鉴等思维活动才能完成。

在学科核心素养中,语言、思维、审美和文化四者是一体的。可以说语言是基础,思维是核心。在实际教学中,我们可以有所侧重,但绝不能把它们割裂开来。

重视语言形式的建构

——以现代散文教学为例

"语文课程是一门学习祖国语言文字运用的综合性、实践性课程。"[①]语文教学首先是对祖国语言文字的学习和运用。语言是人类交流思想的工具,是一种特殊的社会现象,由语言、词汇和语法构成一定特殊关系的逻辑系统。同时,语言不仅仅是一个交际工具或符号系统,还是思维的外显,语言本质上是一个民族的意义体系和价值系统,是一个民族的世界观。

语文学科核心素养聚焦学生的语言能力及其品质,思维方法与思维品质,情感、态度与价值观,以及审美、文化的综合培养。语言学习是语文教学的基础。在实际的教学中有两种倾向:一是窄化语言为工具,忽略其中蕴含的精神旨趣和价值追求;二是只突出语言中审美、文化的信息而忽略为之承载的语言及其运用的手法。特别是在当下过多强调语文的人文性时,需要重视对语言形式的研究。比如现代散文的教学,是以散文独特的语言形式及其所表现的思想情感为依据的。但是在百花齐放、百家争鸣的教学实践中,语言形式的内涵难以界定,也带来散文教学内容的难以确定。为了更好地实现语文教学的目标,回到语文教学的正途,我们对国内外现有的有关语言形式及散文教学内容确定的文献进行了阅读、筛选、分析、归纳,试图从语言形式的概念、语言形式的受制因素、语言形式与散文教学内容确定的关系、基于语言形式的散文教学内容确定的操作模式等方面来认识语言学习的重要性。

一、语言形式与散文教学

对于语言形式的界定,目前在现有文献中尚未出现统一的认识。我们根据教育部制定的语文课程标准的相关论述和语文教师在教学实践中的经验提炼概括为:语言形式是指文本语言客观的呈现状态,是语言文字依据作者思想情感表达的需要构造而成的各种外在和内在的组合关系。语言形式往往是基于静态语言而言的,一般包括两层意思:一是语言形态,即

[①] 中华人民共和国教育部.普通高中语文课程标准[M].北京:人民教育出版社,2017:1.

语音、文字、词汇、句子、段落、篇章的呈现状态。二是语言组合之间的逻辑关系。语言是思维的外壳,按一定的逻辑关系组成字、词、段、篇,体现各元素之间的内在联系。

散文教学内容的确定是指教师在教学层面上,对散文这一体式的文体特征发现其教学价值,遴选出适合学生的教学内容的过程。语言形式与散文教学内容是包含与被包含的关系。散文教学内容一定是基于语言形式的。语言形式是散文教学内容必不可少的载体。因而,散文教学内容的确定首先是对文本语言形式的辨别、理解和运用。

二、语言形式研究的基本现状

1. 语言形式是一种语言组合的关系

早在十九世纪中叶,现代语言学创始人索绪尔认为:"语言形式就是语言组合关系和聚合关系。"[①]对这两种关系的研究确定为语言理论的核心。他认为,人类的语言活动首先要区分言语和语言,语言是符号的关系系统,是言语活动中的社会性部分,而言语是个人为了交往的需要而使用语言的结果。语言是指抽象的语言系统,言语是指说出的话语。他进一步指出,语言是一种符号,包括"能指"和"所指"两方面,能指是实物的,所指是概念性的。语言体系是一个符号系统。语言中的各个要素,只有同其他的要素发生关系时,才具有价值。因而,语言的特点并非由语言和意义本身所构成,而是由语言和意义之间的关系构成的。由语词结合成的结构有两种关系,一是结构段关系;二是聚合体关系。一个单词的结构段关系是指一个单词与其前后可能出现的其他单词的关系。一个单词的聚合体关系,是一个句子中的一个词,它可以用另一个词置换,而不会使这个结构段不能接受。在索绪尔看来,语言形式的意义和价值在于语词的组合关系。

2. 语言形式选择具有多重的制约因素

语言作为工具,其形式的选择受制于它服务的主体。从社会文化的角度看语言,语言是一种社会行为,是人类生活的一部分,在人与人之间的社会交往中,语言形式的选择必然会受制于种种特定因素的制约,如说话人的角色、身份、地位、权势、与听话人之间的人际关系、说话时的场合、社会因素,以及听话人的社会文化特征等因素的制约。[②]

3. 语言形式教学是一种语法教学

一些西方学者认为语言形式的教学就是语法的教学。早在二十世纪九十年代,人们就发现任务型语言教学知识是一种只注重意思的实验型教学法,其效果有被夸大之嫌。因此人们对语言形式的关注开始上升,人们普遍认为,光靠完全置身于语言环境是不够的,有必要增加

---

① [瑞士]费尔迪南·德·索绪尔.普通语言学教程[M].张绍杰,译.北京:外语教学与研究出版社,2001:56.
② 徐明,丁素萍.语言形式选择的受制因素研究[J].西安外国语学院学报,2005(2):5.

语言形式的教学。对此,学者们认为有必要对语言形式给予适当重视。有西方学者提出了以下理论根据:(1)对语言形式的关注可以发展外显性知识。(2)对错误的语言形式,给予足够的重视,有益于促进学习者重构正确的语言形式。(3)语言形式教学能够提高学习效率。(4)语言形式教学对某些学习策略有所帮助。(5)语言形式教学能够提高语言学习者的学习能力。他们关注语言形式在教学中的价值。

4. 语言形式在"做中学"效果更好

语言形式教学一直是汉语教学的重要内容,也是汉语综合课教学的主要任务之一。传统的语言教学是以显性的语言知识讲解为主的,所做的练习也是机械操练和模仿使用。而当代的语言教学理念认为,语言教学并不是通过指导学习者系统学习语言要素使其获得交际能力的。学好一种语言也不是靠记忆一些孤立的词汇,然后组成有限的简单句子就能达成的。语言是在使用中学会的,这一语言教学理念,正在学界被广泛认可。[①]

的确,我们的教学中也关注语言形式,但是更多地关注了语言文字的理解,忽视了语言文字的运用。理解是关键的,然而运用更重要,学习语文的最终目的还是为了运用,当然,运用必须以理解为前提,运用也可以成为最高层次的理解,运用语言是语文课程的独当之任。

5. 语言形式是声韵变化的呈现

在我国最早提出语言形式这一概念的是著名的语言学家王力先生。他致力于语言音韵方面的研究,对语言在文学作品中所表现的美感进行了分析和概括,形成了自己独特的审美观点:语言形式美理论观。他认为:"诗歌要讲究声韵是为了整齐美、抑扬美和回环美。"[②]进而指出,这些音韵美不但旧体诗词有,新的格律诗也应该具有。不但诗歌,散文也要求节奏分明,声调铿锵。

语言形式美也可以说是语言的音乐美,虽然它们是属于艺术的两种类型,但是它们有相同的一点,音乐和语言都是用声音来表现的。语言的修辞手法中,对偶和排比在文学作品中的运用,也能形成语言的整齐美。

王力先生认为,在音乐中,节奏是强音和弱音的周期性交替,而拍子是衡量节奏的手段。在语言方面,我们也可以有意识地让它们在一定时隙中成为有规律的重复,这样就构成了语言的节奏美,形成诗中的抑扬美。

语言回环美,王力先生认为平仄交替,读起来抑扬顿挫,形成一种抑扬的美。回环大致说来,就是重复再现。也就是说,回环是在词语相同的情况下,巧妙地调遣它们,利用它们不同结构关系,形成回环往复的语言形式,达到回环美的效果。

---

① 陈作宏.基于"任务"的汉语语言形式教学探讨[J].民族教育研究,2012(4):114.
② 王力.略论语言形式美[N].光明日报,1962-04.

纵观我国古代文艺理论,对语言形式美的研究,从先秦到明清,曹丕、陆机、葛洪、刘勰等许多文论家都做了研究和发展。杜甫、王维等大诗人在诗歌创作中体现了他们对语言形式美的追求,对古人的理论进行了实践。对语言形式的重视是中国古典诗文的整体特色。

6. 语言形式是文化内涵的显现

一些学者在研究中国古典诗歌的语言形式在英译中的处理问题时,谈到了古典诗歌的语言形式。包括篇形、音韵、平仄、对仗。其实形式本身就是一种文化,作为一种概念深深根植于本民族的文化观念中。因而叶维廉的《埃兹拉·庞德的〈中国〉》中论及中国古诗英译的问题,认为最困难的地方是在英语中再现汉语句法所特有的语言形式。几乎所有的中国古诗的英译千篇一律地变成了英诗的结构,因而在形式上使人无法从译诗中领略中国古诗的特质。因此中国古典诗歌的语言形式是非常重要的文化形式,一方面它与诗歌的表达模式及精神紧密相关;另一方面它与中国文化语境共生共长,是文化观念的一部分。①

与此接近的观点还有:李白诗歌的语言形式具有独特性,在语音、词汇、短语、段落的重复表现中,具有相似性的特征。不仅使读者体会到诗句语言音乐般的声响效果,也表达了意义上的加深和情感上的增强,从而赋予诗歌更多的意蕴和内涵。"语言形式是体验、认知、语义、语用等多种外在和内在因素促成的结果,因此这里的相似性主要是强调语言形式反映人民对世界的体验和认知方式。"②

学者高宏存指出:中国古代艺术创作论在形式与内容、言与意、笔与意的关系上是后者决定前者,也就是说,中国艺术创作观就是"崇意"观。通过对中国美学"崇意"观——以意为主、意在言外和意在笔先等的细致梳理和整合,中国古典艺术对语言形式的超越和对主体心意的执着这一特征可以得到进一步地彰显。这一点与西方二十世纪英美新批评和结构主义的文本崇拜,把形式结构本身当成文学本体的理论极不相同,中国古典美学一直把诗文所表现的情志作为真正的本体,而语言形式只能是创作主体心与意的载体,是第二性的。③

三、对散文教学内容确定的研究

1. 从散文语体特征看散文教学内容的确定

语体是语言运用的功能变体,是为适应不同的交际领域、目的、对象的需要,在特定语境

---

① 骆传伟.形式、传统与翻译——析中国古典诗歌的语言形式在英译中的处理[J].浙江教育学院学报,2006(3):106-107.
② 李福印.认知语言学概论[M].北京:北京大学出版社,2008:28.
③ 高宏存.语言形式的超越与主体心意的执着——论中国古典美学"崇意"观[J].临沂师范学院学报,2008(4):63-66.

中由语言意义、语言结构和语言情感等因素构成的语言形式并形成独特的体系。在散文语体中，语言的运用是为情感表达服务的，语言符号的信息功能表现为语言的情感功能，是以传达情感信息为主的。

在语音方面，散文注重由语音的长短、快慢、节奏等来传达或单纯或复杂的情感。在词句方面，散文语体选词注重口语化与书面化、日常化与陌生化、客观化与主观化的和谐调配，以表达复杂的心情。在句式上，散文语体行文追求摇曳多姿，句子或短句散句，或长句整句，或长短整散结合。在形象方面，散文语体大量运用了比喻、通感、拟人、夸张等描绘功能的词和修辞方法，极大地增强了语言的抒情效果。作者充分利用语言各要素对审美客体形状、色彩、动作等方面的形象描绘，能给欣赏者一种如闻其声、如触其物、如临其境的感觉。在意蕴方面，散文语体的语言渗透着创作主体的主观意念，蕴含着创作主体的情感意图，表现出丰富的情感色彩。[①]

2. 从教学实践看散文教学内容确定存在的问题

散文教学内容确定存在的问题众说纷纭，在核心期刊《现代语文》上，呈现的代表性观点是："长期以来，我们老师一讲散文，往往停留在'形散神不散'，至多也只是'借景抒情''托物言志'等似知识又似套话的几句说法。"[②]作者指出当下在散文教学中有"两个误区"：一是过度注重对"形散神不散"这条散文创作规律的阐发，忽略了对文本个性的追求；二是过度注重对文章内容的阐释，忽略了表达经验的积累。对此，他提出两点对策：一是注重散文的文本体式，但这个方法的具体内涵，作者的阐释语焉不详。主要观点是要教师抓住散文文本的个性而不是共性"去体会作者的个人性情、微妙情绪和独特感悟"。二是注重语言的品味与感悟，但其内涵同样表述不清。作者只是例举了从修辞手法和句式特征两方面去品味与感悟语言。但显然这两方面是不足以涵盖"语言的品味与感悟"这个概念的。

3. 从与语言形式的关系看散文教学内容确定的观点

关于"散文教学内容的确定"的理论论述比较多。但直接和"语言形式"有关的比较少。下面呈现几种典型的观点。

戴杨钒在《从"教学目标分类"谈散文教学内容的确定》一文中，首先以布鲁姆的教学目标分类学为理论基础，分析了日常散文教学中存在的问题：（1）概念性知识和程序性知识的记忆、理解维度薄弱，甚至空白。（2）反省认知知识有所空白。（3）学生无法实现评价与创造。作者进而针对性地提出他的观点，认为散文教学内容的确定要注意三个方面：（1）散文教学内容要有连续上升的认知发展体系。（2）散文教学内容需要关注学生的认知需求。（3）散文

---

① 张海洲.从散文语体特征看散文教学内容[J].文学教育(上),2007(5):22-23.
② 曾大龙.散文教学内容确定的误区与对策[J].现代语文(教学研究版),2012(5):18-19.

教学内容需要实现学生自我阅读意识的培养。①

上述观点乃是基于布鲁姆的目标分类学而得出的,可以算有一定的学术思考。但是,事实论据较少,且有些事实论据与观点并无逻辑关联,所以这篇论文的理论价值也许更大一些,这是其一。

其二,陈文德从"文章体式""选文的教学功能",以及"学情"三个角度来确定教学内容。所谓"文章体式",就是指"叙事散文""抒情散文""议论散文"的教学各有侧重。"选文的教学功能"则是指文章在不同的单元承担着不同的教学任务,陈文德以《荷塘月色》为例,分别阐释其作为"定篇"或"样本"的教学内容之不同。关于"学情",陈文德指出要根据学生不同的学习起点,找到其"最近发展区间"②,以确定散文教学内容。

这篇文章的观点比较符合教学实际,但遗憾的是,作者仅仅把确定散文教学内容过程中的三种经验加以归纳,却没有道出这三个维度的内在关系,所以善则善矣,却仍不免给人以盲人摸象的感觉。

其三,成龙将散文教学内容确定的五个依据。(1)"'语文的'应该是基本要求"。(2)"教师的文本解读要紧扣散文的文体特征"。(3)"依据学生学习散文文本的最近发展区取舍相应的内容"。(4)"要有利于发挥'这一篇'散文文本的核心价值"。(5)"要有利于'这一篇'散文所在单元的教学目标"③。当然,我们细细分析,除了第一点是"放诸四海而皆准"的依据之外,其余四点也可以合并为三点(二、四两点可以合并)。

追溯这样的一种思考模式,较早提出类似观点的,大概可以找到韩向东提出的"文体—教学"的思考模式④。还有郑桂华提出的"辨体—识人—断文—定教"的思考模式⑤。它比韩文更细致一些,但思路是一致的。这种思路影响着后来的一些论文。

四、基于语言形式的散文教学的关注点

近年来,关于散文教学内容确定的探讨不少,但是还没有对这些研究进行系统的整理,也没有形成教学实践中操作性强的范式。特别是基于语言形式视野下的散文教学内容确定的研究更少,一线教师实践课例即使有,也是零散的,不成体系的,还没有形成一定规模的案例教学设计。因此整理该主题下的相关文献,厘清研究现状,梳理已有的研究成果,实属必要。

---

① 戴杨钒.从"教学目标分类"谈散文教学内容的确定[J].教学月刊(中学版下),2012(8):56-58.
② 陈文德.浅议确定散文教学内容的三个维度[J].中学语文,2012(34):21-23.
③ 成龙.散文教学内容确定的理据分析[J].中学语文,2012(13):26-28.
④ 韩向东.散文"教学内容"应如何定位[J].语文学习,2008(1):20-22+3.
⑤ 郑桂华.散文教学内容开发的路径与原则——以《听听那冷雨》为例[J].语文学习,2008(5):17-21.

1. 东西方语言形式研究的差异

纵观国内外对语言形式的研究,可以达成以下共识:第一,语言教学都重视引导学生对呈现在外的、直观的语词的组合方式的学习,也就是说重视语言形式的教学。第二,都重视学生在运用语言的实践活动中提升对语言的感受、理解和领悟能力。第三,中西方大多数学者都认为语言形式不仅仅是语词的结构关系,而且是体现民族心理、文化情怀等的精神因子。

但是,我们认为东西方学者对语言形式的研究有明显的区别,西方主要是以客观理性的态度解剖语言的结构,特别是语词之间的内在逻辑关系。以现代语言大师索绪尔为代表的语言学家直接把语言形式分解为两种状态,即"结构段"和"聚合体",他关注语言的客观组合规律,甚而明确指出"不研究语言的意义,而只研究语言的形式";明确表态"语言是形式的,而不是意义的"。然而,以刘勰为代表的中国古典文论家更加关注语言的审美情趣,尽管现代语言大师王力先生也提出了自己关于语言形式美的理论,但是他的切入点是以研究语言的声韵为基础的,由此构建了他的语言形式美的三个要素,即整齐美、抑扬美和回环美。可见,东方人更偏向于从感性的、审美的角度来感受、理解和欣赏语言形式及其美感。

因而,我们深切地体会到对语言形式的内涵界定,既要冷静地区分不同的语言形式的特征,又要从语言运用的效果来提升学生对语言形式的感悟和理解。

2. 散文教学内容确定研究的不足

散文教学内容的确定是近几年国内学者发起的语文教学研究的话题,以王荣生、郑桂华等教授为代表,形成了热烈的讨论,这是切实的课堂教学研究,解决了文学文本教学的泛化倾向。在对现有文献的梳理中,关于散文教学内容的确定达成了以下共识:依据两个层面来确定散文教学内容,第一层面是文本体式特征,即基于文本样式的特点选取有代表性的语言形式进行教学;第二层面是学生的学习状况,即了解学生在学习该篇散文时的困惑和需求,引导学生由"已知"走向"未知"。

就第一个层面的"文本体式"而言,首先要关注作者个性化的言语表达和语句章法;其次要关注作者所见所闻极其个性化的言说;第三,要关注作者的所思所想及其独特的情感表达。[①]

我们认为"关注作者个性化的言语表达和语句章法"是直接涉及文本的语言形式的,但是语言形式与"言说的对象以及独特的情感认知"是怎样的关系呢?作者并没有提及。同样,在众多文献中对此内在的关联都没有充分的论证。研究往往比较笼统,即使是课例研究,也常常是依据两个层面,全方面呈现散文教学内容,多是宏观的分析。而具体到某篇、某类散文的"文本体式"或者"语言形式","文本体式"和"语言形式"之间的关系还没有详细的论述,因而

---

① 王荣生.散文教学内容确定的基本路径[J].中学语文教学,2011(1):9-11.

这是该课题研究可以填补的空白。

3. "语言形式"与"散文教学内容确定"关系研究的局限

中外学者尽管对语言形式有深入细致的研究，然而，这样的语言形式与情感表达的关系，还没有形成系统的序列。特别是语文教学是以语言文字的积累、感悟和运用为核心的，而散文正是凭借独具魅力的语言文字来描摹客观景物，抒发内心情感的。每一个词、每一句话、每一个段落是由千变万化、灵动优美、悄怆幽邃语言组合而成的，语言文字就像一只只飞舞的精灵浸透着作者的心血。

因而，我们认为更需要对散文的语言形式与情感表达的特点做精细分类，这正是国内外学者研究的缺失点。几乎找不到直接把语言形式的分类、特征及表达效果与散文教学内容的确定勾连起来的论文，尽管在散文教学内容的确定过程中是不可避免地要去思考它的语言组合规律，然而，还没有形成一套完整的、可供操作的序列。只有这样的语言形式而不是那样的语言形式才能表达这样的思想情感而不是那样的思想情感，其中内在的逻辑关联需要清晰的阐述；需要建构对语言形式学习领悟和运用的可供操作的方法和途径。

基于学习任务群教学的思考

——新课标视域下统编教材的使用

统编教材创新教材体系按照人文主题和学习任务群双线组织单元。单元学习以任务为核心,突出真实情境下的语文自主实践活动。那么在具体的教学中,如何细化、分解统领单元的大任务,使之结构化？如何设计真实的、富有意义的语文实践活动？如何落实单元人文主题的需要？的确,这是教师面临的最大挑战。下面以统编教材必修上第三单元为例加以说明：

本单元属于"文学阅读与写作"任务群,人文主题是"生命的诗意"。以时间为序,多篇组合,编排了三课。包括曹操《短歌行》、陶渊明《归园田居(其一)》、李白《梦游天姥吟留别》、杜甫《登高》、白居易《琵琶行(并序)》、苏轼《念奴娇·赤壁怀古》、辛弃疾《永遇乐·京口北固亭怀古》、李清照《声声慢(寻寻觅觅)》。这八篇作品汇集了不同时期、不同体式的古诗词经典,展示诗人不同的人生境遇、情感世界和审美追求。通过本单元的学习增强对人生的感悟,加深对社会的思考,认识古诗词的当代价值,激发对中华优秀传统文化的热爱之情,提高自身的思想修养、文化品位及文化自信。阅读本单元作品,逐步掌握"知人论世"和"以意逆志"鉴赏诗词的基本方法,尝试写文学短评。

一、确定单元学习目标

本任务群的学习目标与内容,在课程标准中有四个维度的论述,分别是"课程目标""学习任务群""必修学习要求",以及"学业质量水平标准,水平一和水平二"。具体而言,通过对语言的品味,感受形象,体验情感；把握诗歌的内涵,理解作者的创作意图；多角度欣赏作品,发现诗歌独特的艺术创造；撰写出自己的阅读感受和见解。有欣赏文学作品的兴趣,进而喜欢欣赏文学作品。

依据2017年版《普通高中语文课程标准》编写的教材是落实单元学习目标的载体。首先要读通、读懂和读透单元学习任务、单元导语和学习提示,并且明确三者之间的关系。我们可以分五步切入到单元学习目标中。首先把握本单元学习任务涉及的内容，即古诗词中寄寓的社会思考和人生感悟；其次明确任务的指向，即对作品的感受、理解、梳理和表达；再次掌握落实任务的方法，即通过"知人论世"和"以意逆志"，了解作者的内心世界，在想象中进入时代现场、进入作品之中；进而查询真实可靠的资料，借助学习资源，形成对作品的艺术手法和思想情感的认识；最后把自己对作品的理解、感悟，通过讨论、朗诵等方法与他人交流。

在对课程标准、教材及学习任务深入把握的基础上，根据高一年段学生的知识积累、心理特征和认知水平等现状，依据"阅读与鉴赏""表达与交流""梳理与探究"三方面的语文学习活动，以学生关键能力、必备品格与价值观的形成为指向，确定本单元学习目标：

（1）了解作品的思想情感与作者生平、创作背景之间的关系，体察诗人对社会的思考、对生命的追求，理解诗人的精神境界。

（2）把"知人论世"与"以意逆志"结合起来，了解诗人生平及时代，调动自己的积累，通过想象和联想体验作品描绘的人、景、事、物的特点，再现历史现场，聆听诗人的心声，感受诗人的脉搏，进入诗人的情感世界。

（3）通过与诗人及作品密切相关的社会学、文化学、心理学等视角的运用，多维度立体地理解诗人及作品，把握诗人的初衷和作品的原意。在阅读鉴赏相关书籍的基础上，积累知识，开阔视野，激活思维，形成自己的鉴赏路径。

（4）聚焦自己感受最深的一点，在"知人论世"的鉴赏阅读中，理解诗人和作品，撰写文学评论。通过读和写的结合，认识作品思想的当代价值，发现诗人生命的诗意，提高审美品位，继承传统文化的精神内涵，增强文化自信。

二、细化单元学习任务

体现以学习任务群为中心的单元学习，要先明确单元所承担的"任务"是什么，然后以"任务"来带动整个单元的教学。单元学习任务是设计单元教学方案的主要依据。本单元有三项任务：

（1）查询、收集、整合与诗人及作品相关的资料，达到"知人论世"，理解作品；结合自己生活及阅读经验"以意逆志"，探寻作者经历与作品思想情感的关系，把握诗人的人生感悟和生命情怀。

（2）通过"知人论世"和"以意逆志"的方法，在想象和联想中穿越时空，再现诗人笔下的生活场景，用设计朗读脚本的形式，呈现诗人及作品的丰富意蕴，在班级组织朗读会，用声音呈现诗人的情感和思想。

（3）比较不同人生经历所呈现的不同作品的艺术匠心，深刻理解诗人及作品的思想意蕴，读出自己的感受和心得，抓住感悟点，运用叙议结合的方法，撰写文学评论。

关键是要细化学习任务，如对任务一的分解。"知人论世"要探讨诗人所在历史现场的时间节点的确定；依据的资料是否可靠、是否真实，并对此探究；运用资料理解作品、作出合理判断的路径；把"知人论世"与"以意逆志"结合在一起，深入体察、理解诗人的精神世界。"知人论世"是中国古典文学批评中的重要观念、重要方法，也是赏析古典诗歌的一种非常重要的解读、欣赏方法。怎么"知人论世"呢？联系诗人、联系全篇，建立解读作品的背景系统，然后以此观照、解读作品，从而领悟诗人要表达的原意。通过再造想象，穿越时空，体验当时的情境，梳理作品的意象，感受作品的意境，理解作品的节奏韵律及诗歌深刻的意蕴，鉴赏作品独特的艺术匠心。学生运用"知人论世"方法阅读作品时常常出现误区，因而教学要对症思考，寻找突破的方法。具体而言：

（1）"知人论世"需要借助前人的评论解读作品，但是不能划等号。知人是指了解诗人的生平事迹及性格特点，可以借助前人的评价，但前人评价不能代替诗人本身的人生轨迹。论世是指作者生活的时代和环境等，把握要准确，要区分自己的主观臆想，抽丝剥茧，接近历史的本来面目。

（2）"知人论世"不是鉴赏诗歌唯一的方法，不能奉"知人论世"为圭臬，有时把作家和时代用一一对应的僵死而机械的方式解读，这样得出的结论似是而非。其实，时代和作家的心灵有时呈现出极为复杂的关系，需要调动自己的知识储备和人生思考来理解诗人及作品。

（3）"以意逆志"就是以己意迎取作者之志，用自己的心灵去追寻诗人心灵的踪迹，明了诗人之用心所在，而不是一味地拘泥于字面之意义。"以意逆志"要求读者是以追求诗人之志为旨归，因此，读者应平心静气，对作品反复涵咏，仔细体味，用真挚的情感来读诗，以求得诗人之用心所在。只有把"以意逆志"和"知人论世"相结合，才能更好地理解作品。

（4）"知人论世"不是仅仅凭借诗人的经历、风格、时代等静态的材料，为诗人及作品贴上空洞的标签，甚至是贴歪、贴错标签，而是从诗人具体的人生处境和心理状态中去透视作品，真正了解诗人创作时的特定生活处境和精神状态，具体而微地进入诗人的身心里探索。

再如对任务三的分解。在"知人论世"和"以意逆志"的基础上，对作品的理解、分析和鉴赏，感受生命的不同形态；提高艺术和审美的能力，丰富内心世界，从而形成读者的人生观和价值观。需要表达与交流，一是口头的，二是书面的。在文学短评的撰写中，可细化为：

（1）明确撰写文学短评路径。采用圈画、眉批、点评等方法，阅读作品；调动已有的、个人的阅读经验；运用已经领悟到的创作和鉴赏的规律，以及初步的文学审美能力，写出自己对作品独到的感受。

（2）确定作品独特的艺术手法。写文学短评，要把握经典作品被世人称道的独特的艺术手法。如曹操《短歌行》运用比兴手法和典故表述心志，陶渊明《归园田居（其一）》用白描呈现日常生活画面,李白《梦游天姥吟留别》用瑰丽的想象表现梦境等艺术手法,加以评论。

(3) 理清手法与意蕴之间的关系。写文学短评,还必须梳理作品艺术手法与深刻意蕴之间的关系,只有这样的手法才能表达这样的情感,找到手法与情感的内在联系。比如情与景是怎样建立联系的,由此评论才能更加深入和全面。处理好书面表达的几组关系。如"评"和"感"的区别;"点"和"面"的关系;"叙"和"议"的融合。写出自己感受最深的地方。

三、单元学习课例

第1—2课时:江水悠悠万古情。

黄河、长江是我们伟大的母亲河,本单元中的四首诗词都与长江有关。长江自西向东,浩浩荡荡,奔流不息。她养育了华夏儿女,见证了人民的艰辛奋斗,也见证了历史发展的辉煌。从古至今人们将感受到的离别忧愁,相逢喜悦,山川壮丽的豪情,生活的苦闷,贬谪的忧伤,家国罹难的哀痛都向长江母亲诉说。长江已然成为我们民族的精神力量。今天,假如回到古代,与诗人相伴,做一次长江之行! 泛扁舟、登夔门、上赤壁、依江楼,与白居易、杜甫、苏轼、辛弃疾等诗国巨匠、词坛圣手,心灵对话,与浩瀚的母亲河做一次心灵的交流。

本课时预期目标:

(1) 依据诗人的年谱,与他们同行,理解诗人当时的心境和精神状态,感受时代之风,抒发人生感叹。

(2) 分析作品体式与情感表达的关系。

(3) 理解长江对华夏子孙的养育之恩。

活动1:

(1)《登高》和《琵琶行(并序)》都描写了长江之景,找出具体描写的诗句。

(2) 分析写景诗句的特点及在表情达意上的作用。

(3) 依据诗人年谱,感受诗人的心境,辨别体裁,理解诗人的情感。

活动2:

(1)《念奴娇·赤壁怀古》和《永遇乐·京口北固亭怀古》都是怀古之作,都借用发生在长江上的故事抒怀。借助词人的身世处境,辨析两首词用典以及抒发的内心情感的异同。

(2) 这两首词,都写到了长江之景,写法是否一致? 用意是否相同?

活动3:

(1) 联系苏轼的《前赤壁赋》《后赤壁赋》,分析《念奴娇·赤壁怀古》一词中,词人在滔滔江水中获得的精神滋养。

(2) 辨析《登高》和《念奴娇·赤壁怀古》在体式上的差异,分析与词人各自表达情感的关系。

（3）面对长江感慨，长江默默无语东流，也许你能从长江的涛声中听出她的应答，请你替长江母亲，向杜甫、苏轼说说母亲的心里话。

综上，确定单元目标后，明确单元任务：以"知人论世"与"以意逆志"之法，感受、理解作品及其人生诗意。在任务的细化中分解"知人论世"的路径，在情境设置中强化学生与诗人感同身受，走进历史现场，与诗人心灵对话，并参与作品的再创造。

确定合宜的教学内容

——因文、因人、因时制宜

现代散文教学历来备受关注，从阅读教学看，散文是主导文类；从写作教学看，散文化趋势明显；从教学测试看，散文阅读是必考内容，而且所占比值较大。但是，长期以来，散文教学内容确定的随意性极大，在所谓的"形散神聚"的诱导下，各类散文教学难逃统一的陈腐的窠臼。针对这样的现状，上海师范大学王荣生教授明确指出散文教学存在三大问题：(1)散文教学不符合散文体式。(2)散文教学不考虑当下阅读文本的具体特性。(3)不注重散文中蕴涵的情感而去关注散文中所涉及的事物。[1]

的确，我们在听课过程中，常常遇到执教者对散文这样处理。

课例一：萧红的《回忆鲁迅先生》，执教者先抛出问题：为什么要回忆鲁迅？回忆鲁迅的意义和价值在哪里？接着让学生接龙式阅读全文，然后用列表的方式概括文章的主要内容，最后引用学生曾经学过的鲁迅作品，对作为文学家、思想家和革命家的鲁迅作深入的理解。似乎把散文当成了议论文来教，没有关注散文的体式特点。把作者对鲁迅先生生活琐事的细腻描写和鲜活形象的塑造，抽象出来作为认识理解鲁迅先生的证据，这样的教学，让散文的意趣荡然无存。

课例二：史铁生的《合欢树》，执教者先梳理文章的前半部分，通过抓住"十岁那年""二十岁""三十岁时"等时间词，梳理"我"成长的艰辛；接着探究后半部分"合欢树"的象征意义。执教者割裂了文章前后的内在联系，没有抓住"这一篇"散文独特的魅力，仅仅突出了运用象征手法"这一类"散文的特点，而且对"合欢树"象征意义的理解不全面。

课例三：肖复兴的《小溪巴赫》，执教者在开头、中间、结尾播放巴赫的《勃兰登堡协奏曲》《爱的协奏曲》等名曲，引导学生体会巴赫独特的音乐魅力以及伟大的人格美。这样处理淡化了肖复兴借助"小溪"这一意象对巴赫的认识、体验、感悟和表现的过程，以及肖复兴酣畅华美的语言、对伟大而平凡的巴赫的敬仰之情。执教者关注的是本篇散文涉及的事物，接近于音

---

[1] 王荣生.散文教学内容确定的基本路径[J].中学语文教学，2011(1)：9.

乐欣赏课。

在实际的散文教学中，执教者往往把老舍的《想北平》、郁达夫的《故都的秋》、汪曾祺的《胡同文化》上成单纯的"古都"文化欣赏课；即便是作为散文来教学，对于同一题材，却忽视了作为"这一篇"散文的独特的言说方式和情感体验的认读理解，上成千篇一律的散文写作手法探究课。

散文究竟要"教什么？"，必须明确散文"是什么"以及散文教学追求的核心价值内容。对散文的定义，学界无定论。作家孙犁认为："散文并非文章的一体，而是许多文体的总称。"的确，散文的外延是宽泛的，这是介于文章和文学之间的"两栖"文体，呈现为短评、小品、随笔、速写、特写、游记、书信、回忆录等多种形式。但是散文也有最核心的审美取向，季羡林在《漫谈散文》中指出："散文的精髓在于'真情'二字。"可见，"真情"散文是源自于作者对生活中真实的人、事、物的体验和思考，又通过个人化的、个性化的语言来表现，带有强烈的主观色彩，即便是描写的客观景物，在文中往往打上了作者心灵的烙印。同样，不同经历和不同文化积累的读者感受和领悟也是大相径庭的。构建学生对某一篇散文的认读理解，就不可避免地因文制宜、因人制宜和因时制宜，尽可能将日渐流失的人文价值、人文底蕴找回来，逐渐恢复散文教学的文学趣味，从而提升学生语言感受的敏锐力，这就是散文教学追求的核心价值。

一、因文制宜，就是散文教学要根据散文的体式特点来教

找出"这一篇"散文独有的言语表达、言说对象和情感认知。

萧红的《回忆鲁迅先生》，这是一篇写人叙事的散文，"人"是伟人，然而，"事"却是平凡的琐事；同时，是一位敏感细腻、纯洁率真的女性作家的散文；而且是对"良师益友""恩师慈父"式的熟悉、亲近的伟人的描写的散文。

萧红文字的特点是细腻、抒情、清新、流畅。本文笔法从容淡静，看似平静的表述下面流动着深沉的感情，用这种笔法写鲁迅这样一个伟人，最恰切不过了，这正是萧红文章的不平凡之处。萧红是把鲁迅当亲人和师长一样回忆着。萧红文章没有空洞的话，她甚至不发表意见。只是客观真实地呈现生活细节，只是把她看到的和她感觉到的搬到纸上。把一个伟大的人物描写得有血有肉，可知可感，令人倍感亲近。

萧红对鲁迅先生的爱戴与仰慕，那种深厚的情感，深埋于《回忆鲁迅先生》一文中。恰因为她独特的视角，她不是将鲁迅当作一个"思想家、革命家、文学家"来歌颂，而是从日常生活里看似琐碎不足道的细节里，层层叠绘出一个鲜活的鲁迅。使得《回忆鲁迅先生》成为众多纪念鲁迅的文字中最出色、最感人的作品之一。

一代伟人一生中最后的光阴，就永远定格在这样优美的文字中，所以说，读这样的文字就

是要沉浸在具体而微的语言中,同作者一起感受鲁迅先生的开朗、热诚、关心青年、关爱家人、矢志创作、珍惜时间、热爱生活、博爱苍生等人格魅力,也感受作者对先生真挚的怀念之情。

执教者从三个环节展开教学:

环节一:初读课文。讨论萧红笔下的鲁迅是一个什么样的形象?

熟悉文本内容,通过鲜活的文字触摸有血有肉的鲁迅形象。

环节二:再读课文。从关键语词中品味鲁迅"平凡"而又"不平凡"的真实人生。

品味鲁迅的十次"笑":"笑声是明朗的""笑得咳嗽起来""明朗的鲁迅先生的笑声冲下楼梯来""冲破忧郁心境的展然的会心的笑",等等。

品味鲁迅的"眼光",为什么让人感到"一个旷代的全智者的催逼"?

环节三:三读课文。萧红是用什么方法塑造鲜活的鲁迅形象的?

"萧红式"的典型细节和白描手法。

整堂课执教者紧紧扣住本篇散文的言语方式展开,探究萧红笔下作为普通人的鲁迅形象。环节一是沉浸文本不可或缺的有效途径,是学生对本文把握的学情调查,是课堂生成的前奏。环节二重锤敲打最具代表性的"萧红式"的观察角度和描写力度。环节三调动学生的生活经验和知识积累,体会出鲁迅的平凡和幽默。如有学生找到的细节是:X先生要搬了,"周先生在地板上绕了两个圈子,问我说:'你看他到底是商人吗?'"当我说"是的",鲁迅先生"很有意思的在地板上走几步",是"贩卖精神上的……"等语句,通过朗读、品味、比较和辨析,有学生谈到"应该是在思考",有学生说"鲁迅先生这里是故意卖关子、兜圈子,就是为了吊萧红的胃口,比较风趣幽默",等等。学生读出了一个平凡的鲁迅,把圣坛上的鲁迅请下来,还原为一个生活中的良师益友的鲁迅形象。真正让学生体会到了萧红笔下"这一个"亲切的鲁迅,感受到了"这一篇"散文的独特的魅力。

二、因人制宜,就是在教学中充分重视学生的主体地位

根据学生兴趣、爱好、知识结构、发展目标的差异,有针对性、选择性地确定散文的教学内容,满足学生发展的需求。

散文教学首先就要从学生的需要出发,从学生已有的知识积累、生活经验和对未来发展的需要出发去确定散文的教学内容和选择教学方法。从大的方面说,这里涉及教学目标的制定问题。尽管教学常常是不可完全预设或者不可预设的,尽管"非预设性教学"是一种非常新颖的而且是颇为符合新课程理念的教学理念和教学方法,但是,客观地说,就像一篇文章总得有个"主旨"一样,一篇散文总要有需要解决的核心价值问题,而这个问题的产生往往是文本体式的特点与学生对这一篇独特散文情感认知障碍的交集。

不可否认,散文是学生中学阶段接触最多的文体。从学生实际出发,散文阅读要解决什么问题。首先要解决四个概念:作品、作者、读者、世界。作品是集中表现作者思想的载体,也是学生要进入作者世界的载体,学生读到的首先不是作者思想,而是作品里所表现的世界,作品的世界不一定等同于现实世界,这是作者眼中的世界;而学生读到的世界,又不等同于作者的世界。因此,需要朗读、讨论、比较、质疑来沉浸到文本中读出自己,读出情感。

同时,学生对散文的阅读鉴赏是需要有过程的。从一堂课来说,内容太多,学生就没有沉浸文本的时间。内容多不等于容量大,这个容量指的不是内容的多与少,而是学生思维的容量,学生自主活动的容量。所以要集中,我们追求的是压强,而不是接触面。要学生有自己的体验、积累、消化和吸收的过程。

在课堂教学中如何根据学生的学情确定散文教学内容,特级教师步根海老师的教学实录《合欢树》(节选开头部分)给我们启发。①

师:《合欢树》读过没有?(生答:读过了)读过了,那我们看看有什么问题。我说过的三类问题,请大家提出来讨论。先自己看看,拿出笔写写。如果已经想好了,或者举手,或者站起来都可以。

〔点评:课始,教师没有任何华丽的语言,而是单刀直入,请学生提出问题。从学生的疑问处入手学习课文,这体现了"以生定教"的理念。〕

(学生看书、思考、做笔记后开始提问)

生:第9页,"我心里一阵抖",为什么作者不愿去看小院子,后来又后悔前两年没有去看,后悔但始终没有去看?

生:也是第9页,为什么最后一段说"有一天那个孩子长大了,会想到童年的事,会想起那些晃动的树影儿,会想起他自己的妈妈,他会跑去看看那棵树。但他不会知道那棵树是谁种的,是怎么种的"?

师:也就是"孩子"在这篇文章里有什么寓意。

〔点评:教师及时对学生的问题进行归纳,这对学生归纳能力的提高起到潜移默化的影响。〕

生:题目是《合欢树》,为什么前面大部分都没有讲到合欢树,最后一小部分才讲到合欢树,这合欢树到底代表着什么?

师:你说的这些包含着两个问题:一个是结构上的,一个是它的内涵。

〔点评:教师又及时对学生的问题加以明确,意在引导学生从两方面去思考。如果在课堂上经常有这样的潜在的思维训练,长此以往,学生的思维能力是会得到提高的。〕

---

① 谭轶斌.让语文课堂更精彩——兼评12个教学案例[M].上海:上海教育出版社,2009:128-129.

生：第 8 页，"我摇车离开那儿，在街上瞎逛，不想回家""我摇着车在街上慢慢走，不急着回家"，这两处作者心情有什么不同？

师："摇车""不想回家""悲伤也成享受"，怎么理解？

生：第 8 页倒数第 4 段第 3 行："'你小时候的作文不是得过第一？'她提醒我说。"母亲这样提醒，是不是因为母亲对他的写作实在没有信心？

师：提醒的目的何在？

〔点评：此处教师又对学生的问题加以概括。学会质疑是学好语文的方法之一，在学生质疑的过程中，教师不是无所作为的，而是不断地加以有效引导。〕

生：为什么小时候作文获奖，他对母亲说，而母亲急着说她自己，作者 20 岁时母亲却又主动说起作文获奖的事，而且记得那么清楚？

师：还有没有？（没有学生再举手）没有了。我们现在不急于解决问题，先搞清楚什么叫读懂文章。所谓读懂，首先在于懂得文章写了什么，你阅读时在语句上有没有遇到障碍；二是思考作者这样讲的意图何在，为什么要这样表现；三是读懂文章背后所隐含的深刻思想。思想背后有感情因素，感情因素背后隐藏的又是什么？这是我们读这篇文章主要要解决的问题。

讨论之前，我们进一步感受一下这篇文章。请一位同学读一遍好不好？（一生读全文）

〔点评：只有走进文本，深入地触摸文本，学生才会有自己独到的感受。因此，教师在课堂上不惜花时间让学生在预习的基础上再一次读文本，这可谓"磨刀不误砍柴工"。〕

的确，步老师在课堂上充分了解学生对文本的把握，然后制定出教学目标，其实从根本上说，还是要从学生的实际出发，学生"说"了才算。即制定教学目标，首先要考虑学生的要素，要考虑学生的需要。其次，根据学生的阅读体验来确定散文教学的内容。这就是说，首先要让学生自己去读，然后从学生阅读的"体验"和"经验"中挖掘"这一篇"散文教学的核心价值。

三、因时制宜，就是在散文教学中要体现课程意识

这里的"时"指可能面对的不同年段的学生，由此散文教学就要求有不同的教学目标，即便是同一篇散文，不同年级教学目标也是不一样的，这是有科学序列的。

高一，注重初、高中过渡，达到无缝衔接，扎实基础，培养良好的语文学习习惯。如：背诵、默写、课堂笔记、读书笔记，形成良好的阅读习惯。工作重点"学会圈划评点"的读书方法。因此，散文教学的重点，应该是通过经典词、句的圈划寻找、咀嚼品味，感受"这一篇"语言的个性。如在《故都的秋》里，郁达夫赋予故都的秋一系列诗意的高雅的话语，然而不时又穿插一些平民的俗语进去。"古人所说的梧桐一叶而天下知秋的遥想，大约也就在这些深沉的地方"

中有"雅"到极致的"梧桐一叶而天下知秋"的融入;也有"这秋蝉的嘶叫,在北平可和蟋蟀耗子一样,简直像是家家户户都养在家里的家虫"中"俗"到直白平常的"蟋蟀耗子"的陈述。老舍《想北平》的语言通俗、纯净而又简洁、亲切有浓郁生活气息。如"面向着积水潭,背后是城墙,坐在石上看水中的小蝌蚪或苇叶上的嫩蜻蜓,我可以快乐地坐一天,心中完全安适,无所求也无可怕,像小儿安睡在摇篮里"。短短几句,简洁的语言写景、状物,营造恬静的氛围,抒写出作者身处"我"的北平的安适自足的意趣。笔笔到位,如同天成。

高二,提升学生语文思维的品质。做好知识积累、文学积累和文化积累,开阔视野。重点是通过"质疑"等方法,探究文本前后内容的逻辑关系。

高三,语文学习十几年积累后的飞跃,形成自觉的语文意识和语文素养。散文教学不仅仅是个性化语言的感受,也不仅仅是文本内在逻辑关系的梳理,更应该是文化的浸染和认同。

这样的课程意识,可以通过"同文异构"来充分地体现和认识。著名特级教师步根海老师曾用《胡同文化》这一篇课文先后分别给高中三个年级授课——一篇课文,三组教学对象,三个目标定位,上出三堂各不相同独具特色的好课。高一年级,步老师着眼于妥善处理初高中的教学衔接,培养高一学生的阅读圈划能力,在诱发学生提问的基础上稍作归纳点拨,点到即止。高二、高三两个年级,步老师首先启发学生自己根据所处年级的特点反思自身的语文学习情况。随后,高二年级着重解决前后文意的联系贯通问题,高三年级则近一步上升到了对"文化"概念的全盘考虑和深化上。

我们再来感受一下,步老师在高一、高二教学《想北平》时不同的教学设计。

高一课堂简述:

环节一:提问。读后产生哪些问题?(5分钟)

环节二:沉浸。想怎样的北平?从两个方面找:不是……是……(15分钟)

读一至三段,再读四至七段。这两部分是什么关系?(浑然一体)

环节三:体验。由学生自由说出"不是……是……"的具体内容。启发找出具体而微的语句,感受"我的北平"。(15分钟)

环节四:深化。要落泪?为什么落泪?体会作者以"贫寒"的身份而"享受"到的清福。(5分钟)

这堂课,步老师根据高一的学情,结合课前的预设,自然生成各环节,如行云流水,环节一,教学的目标从学生的疑问中产生;环节二,通过朗读引领学生熟悉具体的内容;环节三,突出"这一篇"散文的特点,在具体而微的个性化语言中,体验感受。环节四,来一点理性的思考,作进一步的深化,挖掘"落泪"背后的个人情感和审美意趣,并且与高二年级挂钩。

高二课堂简述:

环节一:提问。在读的过程中产生了哪些问题?(5分钟)

为何想？怎样想？虽然……可是……

思考，从第二段看，"真爱北平"又与第一段哪些内容可以构成想北平的？

环节二：情感倾向。第二段结尾说"说不出"；第三段结尾说"说不出来"两者一样吗？"说不出"的是什么？"说出"的是什么？

环节三：结构梳理。第四至七段，自己阅读自己概括，说出了什么？第四至七段，可以合并吗？是第四、五、六段为一层，第七段为一层；还是第四、五段为一层，第六、七段为一层？为什么？

这一教学设计，步老师紧紧抓住作者内心"说不出来"与"不再说了吧"的矛盾的心态，整体阅读、把握文本，探究、梳理文章的内在逻辑关系，感受、感悟语言文字下的意蕴。体会、体验老舍特有的言说方式和表达情感的逻辑力量。这时需要逻辑的、整体的思维，比高一年级有了更高的理性的要求。因此，同一篇课文，在高一重视对文本语言的感受；高二重视对文章内在逻辑力量的把握。

教学与测评有机结合

——由文章作者答不出题目的争议说开去

近几年有报道称,原作者答不出命题者用自己文章命制的高考阅读题,原作者惊叹:"这些出高考试题的想得真多!"同时,原作者的批评直指阅读答案的机械呆板、过分解读,进而批评高考语文测评的缺陷,批评语文教学的偏差,甚至借此批评高中语文教育的弊端。

语文教育引起社会的广泛关注是好事,但是我们呼唤理性的批判而非哗众取宠的聒噪,这是无益于问题的冷静思考和有效改进的。客观地讲,原作者完成自己文章的阅读题得低分与命题质量差就构成必然的逻辑关系吗?我们认为未必。这里牵涉作品的解读问题,接受美学认为:作家的作品,只要与读者构成对象关系时,作品就已经突破了孤立的存在,融汇了读者的经验、情感和艺术趣味。也就是说,作品是被审美主体感知、规定和创造的对象。作品一旦发表,一旦被读者阅读,就已经不再是作者本人的认知了,"仁者见仁,智者见智"会衍生出丰富的意蕴。由于个体素养、喜好、趣味和经历的不同,作者与读者,甲读者与乙读者,对同一部作品的领悟也会千差万别。即便是同一部作品,由于时代的差异,对作品的解读也可能是截然相反的。而且,客观世界、作者眼中的世界、作品呈现的世界和读者眼中的世界不是同一个世界,会有不同的欣赏角度,不同的体验感悟。当然,命题者会依据作品的语言文字的特点读出别样的情思。这样,命题者的欣赏体验与作者原意之间会形成不对称状态。因此,不能够也不应该认为原作者做自己文章的阅读题得低分,就可以肆无忌惮地嘲弄命题者,指责语文老师和语文教学。学者王宁在《雅克·德里达和他的解构理论》一文中这样总结:"阅读必须始终针对某种关系,这种关系是作者未察觉到的,居于他驾驭和没有驾驭所作用的语言形式之间。这种关系并不是阴影和光亮、虚构和力量的某种数量上的分布,而是批判性阅读所应当产生的一种指义结构。"①作品发表后,作者已经赋予了读者广阔的想象、延展、欣赏或批判的空间,而语言形式之间流露的丰富意蕴是作者无法驾驭的。

作品解读的多义性,似乎正符合原作者所说的"本就要鼓励学生有自己真实的感受和独

---

① 王宁.雅克·德里达和他的解构理论[J].南方文坛,2001(2):11.

特的见解,根本不存在标准答案"的说法。的确,对意蕴丰富的文学作品的解读不可能是唯一的,但是作为考试检测的特殊性,不得不给出相对集中的切合作品语言文字本身的解读,也就是大家议论纷纷的"标准答案"。上海高考给出的答案表述为"答案要点及评分参考""答案要点及评分标准""答案示例及评分标准"。这样的表述对"答案"只是提供"要点""示例"而已,既没有穷尽答案,又没有确定这是唯一的不可更改的答案;只是"评分"的"参考"或者"标准"。这样的评判不是要框死学生的思维,而是要尽可能地作出相对客观公正的评分判断。一般说来主观测试题的评分用时最多,评判最为谨慎:一是在阅卷前做大量的采样工作,最大限度地找到学生答题时各种可能的合理的解读;二是对每一位阅卷老师的培训,尽可能抓到阅读材料和学生答题的核心内容;三是在评分时,留给学生"言之成理即可""自圆其说即可"的发挥余地;四是每一题的评分由两位教师背靠背完成,如果超出误差值,再由仲裁组终评的监督机制。这样的答案设置和阅卷流程并非有些人所说的只有用一条唯一的僵死的标准去限制学生,真实情况是阅卷时最大限度地从学生答题角度考虑,不扼杀每一名学生可能的独到而正确的理解。当然,有个别教师的僵化的评分个例是让人痛心的,但这绝不是高考语文评分的常态。

其实,人们对一套试题承载的东西要求太多。既要客观公正地检查学生语文学习的成果,又要让学生思维自由地驰骋;既要有相对客观的评价标准,又要给学生个性化的表述;既要有基础知识的渗透,又要有迁移能力的测试。一套试卷所承载的要求往往是对立的,然而命题和阅卷又必须把二者统一起来。从这一点说,命题者是在"走钢丝",在高空中寻求一种相对的平衡。

尽管原作者的感叹不一定说明这是命题的问题,但是也为我们的语文教育教学提供了思考问题的角度,那就是不得不反思我们当前的语文教学和考试评价的现状,进而思考三个问题:教什么?考什么?怎么样实现教与考的有机结合。

第一个问题,教什么?

这里涉及语文教学的核心问题:是关注作品的语言形式还是关注作品的内容。也就是说,语文学科的工具性和人文性,哪一个是教学的第一位,这是争论的焦点,两者看似矛盾,实则可以统一。因为我们在学习作者语言表达的同时,不可避开他所要反映的人文情怀,而这情感更决定了作者遣词造句的选择。作为语文教师,我们在教学中从作者语言出发到了解作品的内容,还必须回到语言的表现形式,引领学生沉浸、体会,并学习作者的表达方式,这才是语文教学的本质。当然,语文教学要教动态的语言形式,而不是教静态的僵化的语言知识。需要在一定程度上讲授注音、词义、句子成分的辨别、文章结构的把握、段落大意的归纳概括,等等,更应该引领学生沉浸到作品中,感受动态语言的魅力,探究在语境中的语义,特别是品味和梳理行文过程中词、句、段之间的内在逻辑联系。

因此，我们要教语文最核心的动态的语言形式。所谓语言形式，就是作品所呈现的语言文字的构成状态。从语用角度说，包括遣词、造句、修辞运用和语言风格的形成。从动静呈现角度看，既指静态的词、句、段的组合状态；又指词、句、段内在的勾连、照应、伏笔、铺垫，等等。从宏观微观角度看，既有整体的语言特色的构建；又有局部的语言运用的锤炼，等等。由研读作品的语言进而领会作者的思想情感，领会语言文字所承载的文化。或者说，我们的语文教学要引领学生探究人文情怀、民族文化和作者的思想情感是如何表现的，即用了什么样的语言形式、篇章结构、表现手法来凸显的。

当然，教什么？无疑是要培养学生阅读和写作能力。学生通过作品阅读来获得理解力、分析力、判断力，等等，作品只不过是一种媒介形式，一个具象的可以为学生感知到的事物，但我们不能本末倒置，不能把浮于表面的简单的物象看作是我们语文教学的重点。要知道，语文教学最重要的，不是教学生如何解题，而是教他们自如地思考和批判地思维。

语文教学探讨了这么多年，始终未能得出让人十分满意的答案。作为语文学科，它必须有一套表达自身体系的客观标准，不是任何人都可以指手画脚的。然而，这类体系正是应和着我国应试教育而生，这似乎是它无法逃避的宿命。考试制度不改，高考评价制度不变，我们的困惑依然存在。所以我们需要教授学生如何解题、如何规范写作，于是才有了前面所说的原作者惨败于阅读理解题目之下。不是命题者错了，而是必须有一个分出胜负、优劣的标准，而这个标准需要有人去定，只不过定标准的人被称作为命题者。同时，我们也必须看到，出现这种情况的原因，除了外在原因外，还在于语文学科本身的特点，譬如汉语言的博大精深，引发的诠释的丰富多彩，势必形成多样性和差异化，然而，统一考试的局限性、阅卷的标准化和评判的公正性又与之形成冲突，这是永远都存在的问题。因此，教什么，要回到语文学科的本质上，回到语文自身的体系上，回到语言形式上，这是有相对客观的标准的。

第二个问题，考什么？

考试的目的是通过检测对学生现阶段学习语文的水平作出高下之别、程度之分的评判。特别是高考，是为高校选拔人才，这是要强调区分度的。"考"是以"教"为前提的，因此，考的内容一定是"教"学生的内容，这里要避免两个误区：第一，是不是一定要穷尽"教"的内容。不管是考试时间的规定，还是在特定的考试时间内阅读量的限制，要做到"教"的内容都考到，这是不可能的。由此引出了第二个问题，考什么就教什么。这样的恶果是把"教"的范围缩小，把语文教学行为功利化。

我们清楚地知道"教"的是动态的语言形式，那么"考"的时候当然要"考"语言形式，以及由此领悟到的思想情感、人文情怀。通过考题的设置，让学生沉浸到作品中，运用筛选、比较、分析、概括、鉴赏和评论对作品作出正确的推理和判断。

从语文本体知识的角度看，要考查的是课文所涉及的著名作家、作品以及相关的文学、文化的常识、经典名篇的背诵、常用词语在语言环境中的意义,特别是文言实词的意义以及文言虚词的意义和用法,文言词法和句式以及综合运用这些文言知识所进行的文言句子的翻译;要考查学生阅读文本的过程中筛选并整合文中信息的能力,分析词句段在文中的含义和作用,分析文章的思路、结构和写作特点,概括段落大意和全文的主旨并揭示写作的意图,还能够根据文章的内容进行推断和想象;要考查作品中富于表现力的词语和句子,作品的艺术形象、表现手法和语言风格,进而考查作品的思想意义和艺术价值;要考查学生记叙文、议论文、说明文和常用应用文的写作。

从语文能力的角度看,考查学生识记与理解的能力、分析与综合的能力、鉴赏和评价的能力、表达应用的能力等。试题虽然是从阅读和写作两个部分对考生进行测试的,但是两部分有交叉。譬如学生在回答主观性试题的时候,特别是鉴赏和评价类的题目,其文字表述的清晰、准确已经涉及学生的写作能力;反过来,学生在写作的过程中,也需要调动已有的知识储备,并在正确理解的基础上准确运用,这也就涉及学生识记、理解、分析和综合的阅读能力。

因此,考什么涉及的就是学生需要掌握的语文基础知识和语文基本能力,并由此考查学生认知到的作品的思想情感和人文情怀,当然,语文的考查一定是建立在对"活"的语言形式的理解和把握基础之上的。这里引出了第三个问题,就是怎么考的问题。

第三个问题,教和考如何结合?

教和考的有机结合,从当前的考试形式看,仍然要落实在试卷的题目上,我们尽可能规避偏狭,走上语文学科的正途,回归语文学科应有之义。

1. 避免肢解式的静态语言分析,倡导动态语境的把握

所谓肢解式的静态语言分析是指把阅读材料只是作为"语料"来使用,单纯地去考查注音、字词的写法,以及文中关键词语的选择,这类题目只是简单地检测了学生的识记内容和汉语语法知识,对学生语文知识的积累、阅读能力的提高,以及语文素养的提升是没有多大意义的。特别是选拔性的考试,它应该注重的是学生思维品质的检测,要遴选出具有创新思维品质的学生,因此,任何一个考题的设置,一定是基于对语言文字的准确使用,并能生动地、清晰地、完整地表达自己的体验,因而,提倡在动态的语境中去考查学生的读音、释词、辨句、析段和鉴篇的能力。譬如在古代汉语中,一个词语的读音变化往往蕴含的是它的词性的变化,而词性的变化带来的是它意义的变化,这是在语境中的临时的意义的变化,那么从这个意义上去考查它的读音,其实已经考查了在动态语境中辨析它的丰富的意蕴。再比如,词语的选用,2012年上海高考语文卷阅读部分第2题,根据文章的意思,可依次填入第②段空格的词语有"都""通常""大多",命题者设置了四种排列组合,表面看似乎都可以,但是基于全篇内容的关涉和照应,文献综述"都"比较详实,专门的文献综述"通常"是一流学者撰写的,而相关著述的引证"大多"采用间接引用的形式,由此,词语的选用一定是勾连上下文而形成的。这样的考查题目是有意义的。

2. 避免断章取义的局部分解，倡导整体感知和提炼

所谓断章取义的局部分解就是指把充满"文脉"和"灵气"的文章割裂开来，并由此设置考题。这样的考查不能让考生充分地感受该篇作品个性化的语言形式、独特的表达方式和丰富的思想情感。如果只是把作品作为纯粹的"语料"来呈现，这样势必误导学生，把文章看成是没有生命力的解剖物，譬如 2012 年上海市普通高中学业水平考试语文试卷现代文阅读部分第一个文段，选用了杨绛的作品《老王》，一是只节选了其中的一个片段，老王临死前僵直着身子为我送来香油和鸡蛋，我用钱侮辱他，老王失落而"直僵僵地镶嵌在门框里"，身心承受着打击。二是这样的心灵震撼引发作为知识分子的杨绛先生的愧怍之情，这样震撼人心的内容在考题中，并没有体现。特别是前三个题目的设置，分别是正确注音的选择、标点符号的选用和词的选择，给人细碎的分割的感觉。没有考查出学生对这个语段最震撼人心内容的体悟和鉴赏。当然，学业考的功能决定了题型和题目的难度，但是，我们也可以采用随文考查，而非相对集中的方式。相反，在考试过程中，题目的设置一定要基于整体的感知和把握，才能真正激发学生阅读的兴趣，考查出学生应有的理解能力。譬如 2012 年上海高考语文卷阅读部分第 12 题 "'冬阳'在行文中着墨不多，却是标题的一部分。联系全文，对此加以评析"，"冬阳"在文中两次出现，一实一虚，既点出了故事发生的时间，又烘托了童年生活的温馨美好，还奠定了全文温暖的基调，因此，"冬阳"与整篇文章有着内在的联系，体现了作者构思的巧妙。这是要求学生在整体阅读的情况下作出的合理的评判。这样的考题是有意义的。

3. 避免主观随意的诠释，倡导以文解文的逻辑思考

所谓主观随意的诠释是指读了作品以后漫无边际地凭主观的猜测想象而作出的理解和分析。这样造成的恶果是对作品无限地拔高、夸大或者缩小，歪曲了作品的本意。应该在文本所呈现的词语、句式特点、篇章结构的品味中，把握作品的思想情感和价值追求，建立的根基就在语言文字本身，这样形成的考题及答案才是有文可依的，并不是空穴来风的臆断。譬如 2012 年上海高考卷阅读部分第 16 题"从情景关系的角度，赏析本诗前两联是如何表达作者情感的"，赏析所依托的语言文字集中在"江林"的"秀发"所体现的树木的茂盛，"云日"的"复相鲜"所体现的云日交相辉映色彩艳丽的美感，当然由此在鲜亮的自然景色之中体现的人的情感的喜悦；颔联"春心"的广阔辽远又体现了喜出望外的情绪，这里是景中含情、情中有景、情景交融的抒情方式。这是在文本内在的勾连中去体会作者丰富的情思，这样的考查是有意义的。同样，材料作文的写作在对材料的审读的过程中也是要基于材料所呈现的语言文字，作出准确的分析。在 2012 年上海高考卷作文题中，如果对"微光"的理解发生了偏差，就容易把信仰、坚韧、责任、宽容等不相关的东西和它等同起来。特别是如果忽略了材料中的修饰语"闪过的微光"中"闪过"一词，没有品出它稍纵即逝的特性，也很难举出相对应的例子。

没有对"舍弃"与"认出"的准确界定,也就不能够找出"天才"和"人们"的区别,就很难领悟到该材料所引发的对自身灵感珍惜的意蕴。以文解文的逻辑思考,应该贯穿在高考测试中。

主观随意的诠释在提供的参考答案中要尽量避免。要为科学的评卷提供有效的参考标准,任何一个答题点的拟定都应该在作品中找到依据,并且以 0 分、1 分、2 分、3 分这样的层次区分的形式出现,提高操作的准确性。

总之,我们以积极的心态去面对原作者的批评。破坏一个事物是容易的,但要建设它却十分困难。需要努力构建语文教学和语文考试评价的科学序列,并非是以僵化的模式和思维去误导学生,而是要积极寻求教和考有机结合的科学性。简单地说,"教"语文最客观、本质的学科本体知识,即语言形式以及承载的文化精神。同时,要考查学生在品味语言形式中所积累的基础知识、形成的基本能力和濡养的人文精神,更要努力探索基于动态语言形式的教和考的有机结合的合理性。

第二章
把握内核——从形式深入内涵

万丈高楼平地起,学习母语来自生活实践和阅读提升,其中阅读的语言实践活动是语文学习的基石。教学中,通过语言品读,深入到语言形式的内部,感受作者语言表达的独特性,丰富自己的语言体验,形成自己的语言感受力,才能走进作品中、走进作者的内心。在语文学科核心素养中,语言是基础,它是思维、审美和文化的载体及重要的组成部分,在阅读中理解字、词、句的含义,需要把握谋篇布局的匠心,分析独特的手法,挖掘深刻的主题,等等,才能从语言形式深入到语言内涵。由此发现文本独特的教学价值,理解作者丰富的情感和深邃的思想。

从语言形式到语言内涵

——散文教学内容确定与学习策略指导

有老师针对当前教育教学中语文被萎缩、语文被夸大、语文被虚化等现实问题,倡导"本色语文",主要有三层意思:一是"语文本原"。立足母语教育的基本任务,明确语文课程的基本定位。母语教育最基本的任务是培养孩子热爱母语的感情、激发孩子学习母语的动力、提高孩子运用母语的能力。二是"语文本真"。探寻母语教学的基本规律,实践体现母语基本特点的语文教育。三是"语文本位"。体现语文学科的基本特点,实现语文课程的基本价值。本原,是目标和任务;本真,是规律和途径;本位,是方法和效果。"本色语文"就是按照语文的规律教语文,按照语文的规律学语文;把语文课上成语文课,用语文的方法教语文。[①] 这样的论述对当前语文教学正本清源是有一定意义的,进而引发我们对语文教学的核心内容究竟是什么作进一步思考。

语文教学首先要遵循语文自身的规律,由当前侧重对文本内容的关注转向侧重对文本语言形式和内涵的关注,这样的教学有利于提高学生的语言敏感力,真正提高学生的语文能力。语言形式中的"语言"是指用怎样的语言形式来表达思想内容;语言内涵中的"语言"是指为什么用这样的形式而不是用那样的形式,要探究"这样"运用语言的内在规律。当然,对"语言形式"的把握,最终要落实在对文本思想情感的理解上,落实到语言中所体现的人文意趣的传递上。

我们认为:语文教学在于教师通过恰切的教学策略的运用,有效地激发学生的兴趣,引导学生沉浸咀嚼文本独特的语言形式,进而归纳提炼语言规律,准确把握这样的语言组合所表达的思想内容和人文情怀。

从这个意义上说,语文教学就是从语言形式到语言内涵的教学。这是一个螺旋式上升的过程,是一个从语言的外显特征到内蕴规律的探索过程。这样的语文教学不是窄化语文、陷入工具论的窠臼,而是基于语文教学的本质特征提出的对语文教学规律和价值的正确认识。

---

① 黄厚江.享受语文课堂:黄厚江本色语文教学典型案例[M].北京:教育科学出版社,2012:12.

语文首先是对语言的习得、积累和运用，同时也是思维的开掘和提升，离开了语言学习的语文教学是从来没有的；语言学习也包括对语言本身所承载的思想文化的学习，这是语文的题中之义，因为语言是一个民族文化的载体；语言也是审美的载体之一。因此，语文是聚焦语言的，是语言外显的形式和语言内在的规律，以及人文情怀的水乳交融。从语言形式到语言内涵的教学囊括了语文的交际功能和人文精神，抓住了语文教学的核心内容。

一、语言形式和语言内涵的理解

我们知道语言形式是文本语言按照一定逻辑的组合体。而所谓语言内涵一方面指语言内在所拥有的丰富意蕴，以及词语、句子、段落之间组合的逻辑规律，另一方面指语言所包含的思想意义和人文精神。语言内涵的领悟往往需要动态的语感培养。通过对文本语言的感受、领悟和积累，从而提高语言的运用和表达能力、思维的品质、传递人文的精神意趣。在听、说、读、写、思的过程中，运用语言和创造语言。

由语言形式到语言内涵的学习，往往体现在对文本语言的学习中。语言学习是指在语文课堂教学中引领学生沉浸到文本的语言中，并通过对文本语言构成方式的品味、鉴赏和评价，把握文本语言之间的逻辑关系，理解作者所要表达的思想情感和人文情怀的教学过程。

从语言形式到语言内涵，表面上是从"语言"再到"语言"，实际上第二个"语言"已经发生了质的变化，因为它揭示的是语言运用的规律，更重要的是从语言本身去探究文本所包含的思想情感、审美意趣和人文精神。所以这不是简单地研究语言文字的语言学，也不是不见森林只见树木的文本碎解；而是通过沉浸文本的语言形式发现语言运用的规律，进而深切地体会作者所表达的审美、思想及文化的认识。

二、"语言"教学的发展历程

高中语文教学对文本"语言"的研究，是语文日常教学中的"重头戏"，但是还没有形成相对完整的系统。近百年来的语文教学，由于对"语言"教学的认识，在不同的历史时期有不同的看法，形成了不同的语文教学思潮。从国内研究资料看，综合梳理"语言"教学在各时期语文教学中的地位，大致上分为五个阶段。

第一个阶段，二十世纪三四十年代至五十年代末六十年代初，以胡适、叶圣陶、吕叔湘为代表："练习使用本国的标准语，以为表情达意的工具。"五十年代颁布的《初级中学汉语教学大纲（草案）》指出："语言既是交际的工具，同时也是生产斗争和发展的工具。"据此，语言的"工具性"在相当长的时间里主导着语文教学。

第二阶段,五十年代末六十年代初至七十年代末八十年代初,思想政治挂帅,语文课上成了"政治课",往往忽视了语言的积累、训练,游离于语言形式教学之外。

第三个阶段,七十年代末八十年代初至八十年代中期,语文教材按照文学史编排,于是语文课变成了"文学课",同样语文教学偏离了语言形式的教学。

第四个阶段,八十年代中期至九十年代,基于语文教育教学理论科学化不够,针对"少慢差费"的现象,引入西方现代科技的"三论"为语文教学服务,使"信息论""控制论""系统论"的运用形成"标准化考试",这一阶段的"语文味"到了消散殆尽的边缘。

第五阶段,九十年代至至今,呼唤人文精神的回归,注重人文精神的培育,于是语文课上成了"文化课"。

各阶段对"语言"的教学都或多或少地出现了偏离,教学中对"语言"准确而恰当的定位一直是语文教师努力寻求的方向。不同阶段不同程度上出现的失误,分别是窄化、游离、泛化、固化、虚化了"语言"教学。"语言"教学应该回归语文课堂,应该在语言教学内容确定和语言学习策略指导上有恰切的设计。

三、从语言形式到语言内涵的途径

实现从语言形式到语言内涵的教学任务有两条途径:语言教学内容的确定和语言学习策略的指导。

语言教学内容的确定,总体上要因文制宜、因人制宜和因时制宜,例如散文的教学,散文的语言最具个性特点,在研读文本时,要找出"这一篇"独有的语言形式,才能体会作者独特的思想情感[①]。

语言学习策略不是指某一具体的操作方法,而是指引导学生体验学习过程,形成正确的思想方法,能独立自主、主观能动地进行学习。引导学生沉浸到文本的语言形式中去,调动已知、唤醒经验来体验、感受未知或新知。在体验的过程中,或共鸣之,或质疑之,从而不断地形成对语言的新认识,调整或重构认知结构。

这里包含着"教"与"学"两方面的问题。教师"教什么""怎么教"与学生"学什么""怎么学"同等重要。在语文教学中要实现从语言形式的品味到语言内涵的领悟,这两个方面不可偏废,都是达到目标的重要途径。教师是课堂教学过程中学生学习的引导者,在学生无方向处指明方向;在学生浅表层次阅读时提出新的有价值的问题,激发学生思考;在学生无法独立解决问题时帮助学生,给支架、给资源、给线索,等等。使学生成为真正的学习主体,能够在学

---

① 王荣生.散文教学内容确定的基本路径[J].中学语文教学,2011(1):9-11.

习过程中独立思维,从而达到对语言形式和语言内涵的学习、积累和运用。

四、语言形式及语言内涵教学实践的序列

语言形式与语言内涵是相辅相成的,对它们的研究尽管有所侧重,但二者往往是交融在一起的。为了表述清晰,我们从语言形式的角度切入,探讨这样独特的语言形式是怎样体现文本语言内涵的。

第一,语言的音乐性与非音乐性。

语言形式最直观的感觉是由它的声音所带来的听觉上的变化和审美感受。中国语言文字大多是形声字,具有表音和表意的功能,因此,一旦组合形成词语和句子,就会产生种种音乐效果。语言的音乐性与非音乐性一般指向文本的词语和句子。

不同的词语组合将产生不同的听觉效果。"双声"响亮,"叠韵"绵远,而简单的"叠词"也能给人以复沓回环的听觉享受,如滴泉的"叮叮咚咚",流水的"涓涓汤汤",具有整齐的听觉美感。即便是单词的组合,由于韵母差异也会形成或高亢或低沉或缠绵或兴奋等的心理感受。

不同的句子组合也会产生不同的听觉美感。如果单是整句,或形成气势磅礴的气韵,或产生不容置辩的推理;如果单是散句,或许能避免呆板的情感表达,或许听起来活泼,自然流畅。整散结合、错落有致,在听觉上更是美不胜收。如果是长短结合的句子,能产生自然顺畅的听觉效果。单是长句或能表达严谨的逻辑推理;单是短句或能产生急促的表情达意的效果。

句子的语气不同,在表意上也是千差万别的,或陈述或反问或祈使或疑问或设问等等,就会产生不同的语调效果和情感效果。当然,词语和句子的音乐性和非音乐性的组成只要有利于作者情感的表达和思想内容的体现都是好的,因此不能简单地说音乐性就好于非音乐性,或者非音乐性好于音乐性。

例如《合欢树》中插叙了合欢树成长经历这段文字,母亲"在路边挖了一棵刚出土的'含羞草',以为是含羞草,种在花盆里长,竟是一棵合欢树"。"第三年,合欢树却又长出叶子,而且茂盛了。"在这两个句子中,"竟"与"却"两个字下得很有功力,朗读时不显单薄,而是给人以心灵的震撼。"竟"是"竟然"的意思,意想不到的意思,这里有惊喜、惊异和惊诧;"却"有转折的意味,当以为是含羞草却长出合欢树的时候,已经是生活给予的惊喜了。然而三年后,更加震撼的是却长出了叶子,而且是繁茂的。这里有怎样的意想不到的生命蓬勃的力量,在这个单音词里包含的不仅是对合欢树成长的惊讶、震撼,更是蕴含着对自我生命成长历程中饱满的生命力量的赞叹,甚至就是对生命本身不可遏制的向上力量的惊叹。这是非音乐性的两个词,然而却极为丰富、真实地表达了作者此时的内心情感,那是好的,是妙的,是值得咀嚼和回

味的。

第二，语言的形象性与非形象性。

语言的形象性和非形象性是指这样的语言组合所产生的直观的形象感或者抽象的理性美。它往往指向修辞手法和表现手法产生的审美效果。

例如《合欢树》一文中表现手法的运用别具匠心。这篇散文最难懂的是文章多次提到那棵合欢树的影子，多次提到那个小孩儿"不哭不闹，瞪着眼睛看树影儿"，结尾又落在那个小孩儿身上"有一天那个孩子长大了，会想起童年的事，会想起那些晃动的树影儿，会想起他自己的妈妈，他会跑去看看那棵树。但他不会知道那棵树是谁种的，是怎么种的"。有人认为：史铁生是从那个小孩儿身上折射出他自己，想到自己的童年；那个"树影儿"，他和母亲当初一起经历过的事情，也是母亲和他一起走过的那一段回忆。也有人认为：合欢树象征了天下所有母亲感人至深的母爱。还有人认为：小孩儿与树影儿的反复是一种生命的循环、母爱的延续。其实，他们的共同指向都是象征手法的运用，这是一种形象化的表现手法，对此表现手法的把握直接影响着对文本主旨的理解。

语言的形象化，往往把抽象的、难以言说的思想情感具体化，由此，调动读者积极的思维活动，参与到语言理解的延展和丰富中，个人生活经验的不同决定了延展的具体内容千差万别，但是都要基于文本形象化的语言指向展开。语言的形象性为学生思维的延展提供了广阔的空间。

第三，语言的结构性与非结构性。

语言形式除了外显的静态的形态呈现，还有段落内句子之间，以及段落之间的组合关系，这些关系既可能是合乎逻辑的，又可能是表面上有悖逻辑的，实际上却是有利于思想情感表达的。

例如《合欢树》前半部分以时间为序记叙我的成长经历，与第八段插叙的合欢树的生长过程相吻合，而且也是以时间顺序来展开的，这样的照应，构成了一种类比的关系。这是一种有意为之的结构安排，虽然标题是合欢树，全文共 12 个自然段，但是真正写到合欢树却在文章的后半部分，第七段才第一次出现，"你妈种的那棵合欢树今年开花了"。作者在段落组合上别具匠心，前边的叙事过程尽管所用篇幅较多，然而为后面描写合欢树做了铺垫，形成张本，凝聚了力量，是为抒发对母亲的愧疚、怀念以及对生命历程的感悟服务的。[①]

段落之间按照一定的逻辑关系组成文章。一方面是生活逻辑、生活发展的自然过程；另一方面是作者记叙描写的写作过程，表达逻辑。这两个过程的不同组合将产生截然不同的表达效果。从语言形式的呈现看，生活逻辑与表达逻辑构成非结构性的差异，没有产生一般意

---

① 谭轶斌.让语文课堂更精彩——兼评 12 个教学案例[M].上海：上海教育出版社，2009：133.

义上的重合,而是形成反差,由此产生强烈的艺术感染力。

第四,语言的目的性与非目的性。

语言形式与创作的目的性是密切相关的。由作者所要表达的思想情感的需要而选择相应的语言形式。严格地说每种语言的呈现都是有目的的,即便是那种貌似随意散淡、质朴无华的语言,似乎没有明确的目的指向,其实这是一种"豪华落尽见真淳"的语言回归,不过把目的隐藏起来了。因此,只有这样的情感表达才会运用这样的语言形式,这是"唯一"的。通过研究创作的目的性,可以探究语言形式的丰富多彩。

例如《合欢树》第七段写我和母亲曾经住过的小院,"院儿里的老太太们还都把我当儿孙看,尤其想到我又没了母亲,但都不说,光扯些闲话,怪我不常去。我坐在院子当中,喝东家的茶,吃西家的瓜"。这些文字的叙述,表面上看跟主旨的表达没有多大的关系,似乎是一些"闲笔",但是这样细碎的生活内容的选择和随意的语言表达,都是为了引出"终于"提到母亲、提到合欢树而设置的。院儿里的老人怕提到母亲而伤我的心,所以故意避开这个话题,然而终究是避不开的,还是要说到母亲说到合欢树,作者用"终于"这个词,表达了一种压抑已久的伤痛、懊悔、怀念的情绪和情感,这一个词有三层意思:一是时间的等待;二是头脑里的酝酿;三是行动的努力。这不是"最终"的意思,而是老太太们仔细考量以后不得不说出的话,压抑有多久、有多深,爆发出来的力量就有多持久、多强烈。

在貌似"闲笔"的语言中,貌似无目的的叙述中,却带有作者情感的深深的印记,意想不到地给人以强烈的震撼。

第五,语言的风格性与非风格性。

语言形式与作者的语言风格是唇齿相依的,一个作家的语言风格是相对稳定的。但是为了表达情感的需要有时一篇文章的语言却一反常态,形成一种独到的语言表达,体现一种非风格性。例如陶渊明的语言风格是质朴自然的,然而在《读山海经》《咏三良》《咏荆轲》等作品中表现出摇曳多姿、慷慨激昂的语言风格,这正是他"静穆悠远"与"金刚怒目"思想情感的不同体现。

例如史铁生的语言风格是质朴的,然而《合欢树》一文的语言却在质朴之中透出理性、深沉、哲思玄想之美。特别是在结尾部分,作者写到"悲伤也成享受",单独拆开"悲伤"和"享受"都很好理解,然而一经组合,就在这平易的语言之中包含了深沉的生活哲思。回忆过去,母亲的形象历历在目,母亲陪我走过的艰辛路程,我的悔恨,使人"悲伤";然而,我真正理解了母亲的良苦用心,可以含泪微笑着告慰母亲的在天之灵,也相信母亲能感受到我的这一份迟到的愧疚眷恋之意,因此,这或许就是人生的一种"享受"吧。

文本的语言是否能体现作者的风格并不是最重要的,研究语言形式的风格性与非风格性,目的是研究这样的语言风格所呈现的语言形式是否深刻地表达了作者的思想,是否强烈地震撼着人们的心灵。

综上所述,语文教学的起点在语言形式,进程在语言规律,终点在语言所包含的思想内容和人文情怀。我们认为这样理解的语文教学,才能充分体现语文学科的性质和特点,充分实践语文学科的课程标准,充分展现语文作为交际工具和文化载体的功能。从语言形式到语言内涵,就能回归到语文教学的本原、本真和本位。

厘清语言表达的矛盾点

——对《合欢树》中"悲伤也成享受"一句的理解

教读史铁生的《合欢树》,学生往往被倒数第二段噎住,觉得难以理解。

原段内容为:我摇着车在街上慢慢走,不急着回家。人有时候只想独自静静地呆一会。悲伤也成享受。

"悲伤"何以能成为"享受"?在语言的运用及其情感的表达上是矛盾的。在教学中,紧紧扣住这一对矛盾,从五个角度引导学生感受体悟。

一、名家评论

王安忆曾经评价史铁生的散文:在叙述中流露出原初面目的情感,情感经过历练逐步趋向理性,理性最终孕育着哲学的果实。"悲伤也成享受"正是作者经历生活历练后,在文章结尾部分自然流露出来的对生活的感悟和哲理思考,凝重而释怀。

二、文脉梳理

在文章的阅读中,首先引导学生梳理第一段到第六段的内容,作者从十岁、二十岁到三十岁成长的经历,也伴随着母亲一生的变化,由"聪明""好看"到因我残废而"全副心思"为我操劳,经过十年"已不年轻"到衰老"有白发",最终积劳成疾,离我而去。在这艰辛的过程中,我"故意笑"母亲关于我作文获奖的回忆,也把自己的烦躁悲伤变为对母亲的吼叫和埋怨,竟然喊出"别浪费时间啦",尽管如此,母亲忍受着巨大的痛苦还是为我操劳,因疾而死。学生能够体会到我对母亲深深的歉疚,感受到了作者成长过程中真实的"原初"的情感。

接下来阅读第七段到第九段,母亲离世后我回到小院,在老太太们拉家常时,"终于"又提到了母亲以及母亲种的那棵合欢树,而且,今年开花了。于是,作者插入了对合欢树成长过程的回忆,母亲带回来时以为是"含羞草"而"竟是一棵合欢树";第二年合欢树没发芽,母亲叹息;第三年合欢树却又长出叶子而且茂盛;第四年母亲把它移栽在窗前的地上,希望它开花;第五年我们搬家了,悲痛弄得我们把这棵小树忘记了。这些对合欢树的回忆和描述,与前文中我的成长经历自然而紧密地联系起来了。这些理性的叙述压抑着奔突的情感,合欢树的影子何尝不是我的化身!何尝没有寄托着母亲对我的殷切期盼!又何尝不是我们母子在艰难岁月中所走过路程的见证!合欢树啊合欢树!生命中的痛苦、欢乐、艰辛、舒畅、苦闷、愉悦等复杂的生命体验都蕴含其中。

此时,再引导学生体会"悲伤也成享受"的意味,就有着落了。因为对合欢树成长经历的理性思考,"孕育出的哲学的果实"就能够水到渠成地解读了。这个"也"字不能少,因为"悲伤"和"享受"是不能划等号的,从字面意思讲,两者构成相反的情感倾向,但是加上"也"字就有了一种由转折而包容的趋同意味,就把相反的两极有机地结合起来,表达的意蕴更加厚重。尽管如此,这两个语义矛盾的词有机融合,仍然需要进一步引导学生体悟。

三、美学依据

列夫·托尔斯泰曾说:有一个小孩一不留神走进了森林,结果在森林深处遇到了熊,他心里十分害怕,就奔啊跑啊逃啊,一股劲儿的终于走出了困境。第二天,小孩子给朋友和老师讲述他昨天的经历,这个时候他脸上充满了一种喜悦和骄傲的神情,而不是在森林里感到的死亡的恐惧和威胁。因为中间已经有了一个时间的距离,按照美学最基本的原理,美是由距离而产生的。史铁生因为有了这样一段不平凡的经历,所以他在回忆时才能产生"悲伤也成享受"的感叹。

四、朗读沉浸

在引导学生阅读第十一段时,要关注语言内在的逻辑联系,注意这个段落它是由三个句子构成的。一个人沉思的时候,前边一个"漫漫",后边一个"静静",于是进入了一种寂静的境界,但是,史铁生一个句子给出一个句号,造成一个断裂,在凝重里引出了下面最具哲理意味的一句话,那就是"悲伤也成享受"。因此,在朗读时,每一个句号要有适当的停顿,要把"慢慢""静静"的感觉读出来,要把"悲伤也成享受"这种体验性的句子读出来,要把这一哲理性的感受读出来。要读出面对合欢树告慰母亲在天之灵的苦涩与一丝欣喜。

五、手法品味

如果学生还不能充分理解这句话的意思,可以从独特的手法品味。极大的矛盾落差的感受却奇迹般地交融在一起。"悲伤"是生活的纪实,有因我的残废为母亲带来种种磨砺;有自己生活中的郁闷、痛苦、挣扎和升华等人生的体验;有少不更事时对母亲的顶撞甚至无端的怨恨责备,等等。把最亲的人作为情感宣泄的对象,这是对母亲愧疚的真实情感,这当然是无法言说的"悲伤"。"享受"是精神的彻悟,这是在历尽人生沧桑以后所感悟到的母亲对我的殷切期盼的美好,即便"上帝召回"母亲,她仍然幻化成这合欢树来注视我,来护佑我,我终于体会到了母亲的良苦用心。于是,心中的愧疚之情也豁然开朗,母亲会在天国之中为我的醒悟而微笑。史铁生也是满含着热泪却带着微笑面对着天国中的母亲,这似乎应该是一种"享受"吧!这样的写法增加了行文的张力,产生了回味无穷的艺术感染力。

我们通过借助名家的评论进行文脉的梳理,通过对列夫·托尔斯泰故事的讲解,通过句子之间逻辑关系的体味,通过生活情景的还原,通过朗读的沉浸,通过独特手法的辨析,使学生能深刻地理解那富有哲理的生命体悟。"悲伤也成享受",这样的情感表达和体悟,避免了对人物情感世界理解的窄化,呈现出人物立体的、丰富的情感世界,引发对人物情感价值的深入思考。

探寻诗歌语言的精妙

——谈《蒹葭》的用词之美

《诗经》是中国诗歌的源头,其语言质朴典雅,是华夏先民原始的生话化状态的表达,仿佛天籁之音,发之于天地,汇而为篇章。特别是词语的选用散发出古朴、悠扬的韵味,如用陶埙吹奏出的远古的荒凉和生命的绝唱。

《蒹葭》是诗经国风中的秦地民歌,其用词一反秦地民歌的慷慨激扬而独具凄婉柔美意蕴,别具一格。法国作家福楼拜有一句名言:"你要描写一个动作,就要找到那个唯一的动词,你要形容一个东西,就要找到那个唯一的形容词。"在教学中,首先是引导学生通过朗读沉浸到诗歌的语言中,品味那个"唯一"的动词、形容词的精准,感受独特的语言形式的美妙。

《蒹葭》在词语的运用上具有两个特点:一是对同一事物选用不同的词语从不同的侧面表现,具有"横看成岭侧成峰,远近高低各不同"的美感;二是对微妙的情感变化却选用相同的词语表达,具有"咬定青山不放松,立根原在破岩中"的美妙。本诗不管词语的"变"与"不变",都是为表达情感的需要,都追求选词、用词的"唯一"性,都极准确贴切地运用词语。

一、品味同一事物选用不同词语描绘而产生变化的美感

柔美而坚韧的"蒹葭"是起"兴"之物,作者对此的描绘在三章中分别用了"苍苍""萋萋""采采"三个叠词来形容;对艰险的寻觅道路的描绘分别用了"长""跻"和"右"三个形容词。这样的用词是否有悖于福楼拜所说的要找到"那个唯一的形容词"呢?

学生经过讨论,认为不但没有违背这一原则反而凸显选词的精当和唯一。

"苍苍""萋萋"和"采采"都是写蒹葭生长得茂盛,但是植物的生长过程却存在形态、色彩等的变化,而这三个词语分别展现了蒹葭生长过程中由春季的"深青色"到夏季的"银灰色"再到深秋"泛白"的色彩变化,正是这一变化过程自然而然地预示了主人公对"伊人"寻觅的漫长以及寻觅不得的惆怅和哀婉。

诗歌总是为表达思想情感服务的,主人公在寻觅"伊人"时,左顾右盼,踯躅徘徊,翘首以

待,思念忧虑,长时间追寻的情态,通过描摹起兴之物"蒹葭"的变化活化出来。

"长""跻"和"右"都是写寻觅道路的艰险,但是三个形容词从三个角度立体地展示了路途的艰辛。"长",突出其"远",如天涯海角,邈不可期;"跻",突出其"高",如星辰闪烁,难以攀登;"右",突出其"曲",如九曲黄河,蜿蜒迂回。三个形容词生动展示了寻觅过程的无助、无望和无奈,把主人公的凄婉愁思淋漓尽致地渲染出来。

通过进一步讨论,我们明白《诗经》重章叠句的表现形式,在对同一事物、同一情感的描绘中却有微妙的变化,体现在对个别词语的调换上,这些变化的词语,使整首诗歌摇曳多姿,在庄重中透出活泼,在严整中透出灵异,在简约中透出丰富。这好比音乐中的复调,是为其主旋律服务的。

另外,整首诗还有"为霜""未晞"和"未已"写白露由早晨到中午的变化,写出主人公伫立江边遥望"伊人"之久;"一方""之湄"和"之涘"写主人公追寻"伊人"时距离的变化,由远及近、由朦胧到清晰,突出心情的急切;"央""坻"和"沚"写"伊人"所在位置的变化,这是主人公对追寻不得而内心的想象之境的呈现,在幻化中更增添一种迷离而朦胧的情致。

前两组词语由教师引导学生理解,后三组由学生自由讨论总结,深入体会《诗经》选词、用词之妙。

二、品味对细微情感变化却选用相同词语表达而产生的美妙

《蒹葭》的主旋律是什么呢?请看各章反复的句子。

第一章:溯洄从之,道阻且长。溯游从之,宛在水中央。

第二章:溯洄从之,道阻且跻。溯游从之,宛在水中坻。

第三章:溯洄从之,道阻且右。溯游从之,宛在水中沚。

"从之"就是整首诗歌的主旋律。从出现的频率看,反复出现了六次,频次最多,突出追寻者情感的急迫;从词意看,突出了对"伊人"追寻的主题;从情感的表达看,突出了紧紧相随相依的忧伤;从主人公追寻过程的情态看,突出了跟随时的渴望企慕。

关键是"从"这一词语能否更换,是不是在此诗中"唯一"的动词呢?是不是具有不可更改的美感呢?学生纷纷换词,尝试品味。

第一章:溯洄寻之,道阻且长。溯游依之,宛在水中央。

第二章:溯洄觅之,道阻且跻。溯游望之,宛在水中坻。

第三章:溯洄求之,道阻且右。溯游盼之,宛在水中沚。

同学在讨论中认为:

"溯洄"句动词"从",换为"寻""觅"和"求",主人公逆流而上追随,内心情感由迷茫到清

晰,由缓慢到急迫,虽寻觅仍然不可得但是没有停止。

"溯游"句动词"从",换为"依""望"和"盼",主人公变化方向顺流而下追随,内心感受,由切身之近到遥遥可望,由遥不可及到热切盼望,即便不可得但仍然不绝望。

讨论中更多的意见是:尽管把"从"换成六个其他动词,表达的意思丰富了,情感细腻了,行文摇曳多姿了,但是主人公那种坚定、执着、锲而不舍地追寻的精神淡化了、消解了。原文重复六次的"从之"恰恰是本诗感人至深的地方,是本诗反复呈现的主旋律。这正是福楼拜所渴求的不可更改的"唯一"的精妙准确的词语。

对词语的细心体味,正是让学生体悟出《诗经》在动词选用上的变与不变构成的重章叠句的美妙,体悟出由词语的变与不变所展现出独特的表意功能,体悟出变与不变都可以做到选词、用词的"唯一"、精准。

品味语言的复调效果

——借"一场梦"塑造人物形象

小说中人物形象的塑造,决定小说的品质。人物性格的丰富和复杂往往成为小说的亮点。丰富和复杂往往是人物性格多层次、多侧面的立体呈现,这是有别于单一的、样板化的、脸谱化的人物形象。人物形象最生动的地方,也是思想最深刻、最具有艺术魅力的地方。特别是要品味作者描写人物时,精心打磨的独特的叙述语言,语气的选用、语序的组合,构成独特的语势,从而使人物独具个性特点,塑造出富有魅力的人物形象。正如车尔尼雪夫斯基所说:"在整个感性世界里,人是最高级的存在物,所以人的性格是我们所能感受到的世界上最高的美。"人物性格的发展方向,不是朝同一逻辑方向运动,而是双向逆反运动,由肯定、否定等因素组成多维度、多向度的立体网状结构。学习海明威的《老人与海》,主人公桑提亚哥之所以吸引人,就在于他性格的丰富和复杂。

二十世纪英国著名作家爱德华·摩根·福斯特在《小说面面观》一书中提出扁平人物和圆形人物这两个概念,或称为"简单性格"和"复杂性格",把具有复杂性格的人物形象地称为"圆形人物"。这一理论也适合于对桑提亚哥的分析。

当然,小说家塑造丰富而复杂的人物性格的途径是多样的,而内心独白在《老人与海》中,对桑提亚哥的塑造起到了重要的作用。细读文本会发现"一场梦"在节选部分出现四次:

他想:这也许是一场梦。

他想,能够撑下去就太好啦。这要是一场梦多好,但愿我没有钓到这条鱼,独自躺在床上的报纸上面。

"它们准是把它吃掉四分之一了,而且吃的净是好肉,"他大声说,"我真盼望这是一场梦,但愿我根本没有把它钓上来。鱼啊,这件事可真教我不好受。从头错到底啦。"

我希望这真是一场梦,他想。

一、从语气表达看,情感由弱变强

梦有什么特点?梦不是现实的,而是飘忽不定的。梦既可以寄托美好的希望,又可能乘载阴暗和邪恶。梦往往是对现实的不满、反抗的逃离或美好的期冀,等等。

面对即将出现的巨大鲭鲨,老头桑提亚哥已经非常疲惫了,鲭鲨"毫不畏惧而且为所欲为",老头的绳子也断了。"他想,能够撑下去就太好啦。"于是老头向捕获的大马林鱼望了一眼。这是他奋斗的果实、生存的依据,然而为之奋斗有所收获却即将带来更大的挑战甚至是灾难。心里想"这也许是一场梦",第一次出现"一场梦",情感上有些许的畏惧和退缩,但是生的渴望将帮助他战胜不可一世的鲭鲨。

"这要是一场梦多好,但愿我没有钓到这条鱼,独自躺在床上的报纸上面。"第二次出现"一场梦",用"要是"替代了"也许",语气更为强烈些。同时,"但愿"一词,引入了想象的生活内容:没有挑战、没有风险躺在家里的安逸、闲适。似乎增加了面对困境的畏惧、惶恐和退缩的情绪。此时的内心活动为下文揭示的生存理念做铺垫,"可是一个人并不是生来要给打败的","可是"转折之词具有千钧的力量。"尽可把他消灭掉,可就是打不败他",这就是"硬汉"精神,也是那个时代的精神。"硬汉"并非一味地强硬、并非一味地宁折不弯,而由畏惧、惶恐甚至退缩再到坚定和执着,反而由情绪的对立,增强人物存在的真实感、性格的丰富和复杂。在表现上具有更强的张力,这是人物内心逆反运动形成的立体的网状结构。

杀死两条丑陋贪婪的犁头鲨后,第三次出现"一场梦"。"我真盼望这是一场梦,但愿我根本没有把它钓上来。鱼啊,这件事可真教我不好受。从头错到底啦。"老头对大马林鱼有忏悔有内疚,被犁头鲨吃掉了四分之一。"真盼望"语气更强烈,从而表现出对现实的出离感也更强烈。

第四次出现"一场梦"是在等待鲨鱼们的到来,等待那不可避免的更大挑战的到来。"我希望这真是一场梦,他想。"即便不确定,然而,也许结果会很好!现实存在着种种难以预料的困顿和凶险,老头内心存在着种种惶恐、畏惧甚至是退缩的情绪,但是,桑提亚哥直面它们,这些都统统抛在脑后,于是一个坚强的人挺立在茫茫大海之上。在语气上,第四次"一场梦"充满思索后的强烈渴望。

二、从语序分析看,重点更加突出

文中四次"一场梦"的出现,运用了反复的技巧,为表达强烈的情绪和情感服务,对读者形成持续不断的心理刺激,引发读者阅读的兴趣。但是从语序看,四次"一场梦"前后的语言形成变化,由此表达的重心也随之变化。

第一次,"他想"在前,"一场梦"在最后,正常语序,这是正常的情绪表达。"也许"一词所表达的猜测也较为委婉。这是老人在第一次遇到鲨鱼来袭时,脑海里掠过的一丝丝恐惧、退缩的念头。第二次在"一场梦"后边加上了"多好"一词,这是一种感叹的语气,加强了后悔的意味。

而且后文用逗号紧紧连上一句"但愿我没有钓到这条鱼,独自躺在床上的报纸上面"。把可能在家里的平安享乐具体描绘出来。第三次在"一场梦"前加上表达内心情感的"真盼望",同时在"但愿"后加上"根本"的否定,强烈表达出内心的折磨。第四次出现"一场梦"是放在"他想"的前面,强调突出希望这样的际遇不要存在的内心折磨,表达的情感最为强烈,重点更突出。

三、从语势感受看,由猜疑走向坚定

四次"一场梦"在文中的出现,在语势的形成上,由简洁到丰富再到繁复最后简练,这是从量变到质变的过程。情感的表达由不确定到逐渐丰富;由逐渐强化浓厚再到强烈的肯定。

第一次"他想:这也许是一场梦"。平静的叙述,面对即将到来的挑战,在内心还没有适应过来。第二次"这要是一场梦多好",表达的情感似乎清晰一些,打败鲭鲨后,回过神来了,但不希望这样的困境缠绕着自己。第三次不仅责怪犁头鲨凶残地吞噬大马林鱼,而且深情表达自己的内疚之意。"大声""啊"和"啦"等修饰和表达语气的词强化了这样的情感表达。第四次"我希望这真是一场梦,他想"。语势简练,情感坚定。面对敌手已然接受。从惶恐、退缩、疑虑、内疚中挺立而起,成就一个丰满真实的"硬汉"形象。

四、从语意表现看,内心更加强大

文中出现四次"一场梦",表面上是老人面对残酷现实发出的内心呐喊,不愿发生,从当下的困境回到先前的舒适中去,然而,不得不直面残酷的现实,面对茫茫大海的无助、面对穷凶极恶的鲨鱼、面对损失殆尽的果实。每一次经历内心的恐惧、迷茫和痛苦的思索,再直面现实,顽强拼搏,再次回归内心的折磨。

第一次梦境是"也许"的猜测,第二次梦境是"要是"的渴望,第三次梦境是"真盼望"的呐喊,而第四次梦境是"希望"的强烈。每一次对梦境的描述,就是一次对内心惶恐和畏惧的抚慰,更是一次又一次强烈的自我认同和肯定。这正是丰富的人物性格的必然写照。

海明威的《老人与海》是一个人生的隐喻,"硬汉"不仅仅要战胜外在之敌,更要战胜心中之敌。"一场梦"这一意象,正是老人"心中之敌"的呈现。代表着人内心的痛苦和折磨,人面对困境时的飘忽不定的内心,甚至代表着退缩逃避的心理。然而,实际上每一次内疚就是一次心灵的抚慰;每一次惶恐就是一次反击的前奏;每一次退缩就是一次能量的聚集。这是以柔衬刚、以退衬进、以弱衬强、以怯衬勇。"一场梦"既有痛苦、懦弱人性的折磨,又有充满希冀的美好向往,甚至有敢于直面困境的自豪。人物形象在看似矛盾的两极间游走,从而展现出丰富而复杂的人物性格,形成立体的"圆形人物",充分展现人物形象之美。

挖掘文本独特之处

——《病梅馆记》中的"奇"美

文章高手往往"出常用奇","常"指平常、普通、一般的地方,然而放到语言环境中,却带来奇崛美妙的感受。引领学生沉浸,品读,玩味出为文的妙处。奇崛之处在于用词、用句的别具匠心,浓缩了作者的情感世界,往往能击中读者内心深处最柔软的地方,引发联想、共鸣和思考。正如鲁枢元在《作家的艺术知觉与心理定势》一文中所说:"优秀的作品,字里行间似乎包含着诉之不尽的意蕴和情致,一个词就是一个表象,一句话就是一个意象,一段话就是一种意境,作家仿佛把生活中的有关经验、意绪、思维、情趣全部浓缩在作品之中了,这样的作品令人陶醉,令人回味无穷。"这是一种难得的阅读体验,其美妙奇崛不亚于登高山,潜深海。

《病梅馆记》是龚自珍的一篇字字珠玑的小品文,只有276字,写于四十八岁辞官回乡时。二十七岁中举,二十九岁出仕做官,三十八岁中进士,到四十八岁回乡,其中有二十年在朝为官。因主张改良,又狂放不可近,故为保守派不容,一生困厄下僚,深感朝廷用人制度的缺陷,于是有感而发,以梅喻人,字字含情,行文美妙奇崛。

一、奇在通篇记"梅",实则写人的巧妙

病态的梅,它的弯曲、倾斜、稀疏,是遭受育梅者的"绳""斫""删""锄""夭""遏"的戕害,其实正是封建王朝大兴文字狱对正直士子迫害的真实写照。这样写,既规避了文网的陷害,又表达了作者内心的同情、痛苦、愤懑和呐喊。

二、奇在以"喻"为论,言在此而意在彼的隽永

作者巧妙运用了比喻的手法,不直说,但是含蓄隽永,让人体味到内心的真实情感。是一种生动形象的精妙表述。借"梅"之遭遇,浇心中块垒。

三、奇在托"物"为显,言"志"为隐的含蓄

所谓"物"即文中反复描写的病梅,这是显性的,是作者所凭借的表达情感的载体。而"志"则隐含在作者对病梅的态度中,"泣"之伤心欲绝,"誓"之决心巨大,"穷"之不离不弃;同时,隐含在作者对病梅的呵护、治疗的过程中,"纵""顺""毁""埋""解""复""全""贮"等动词,描述了对病梅治疗的具体方法,这些凝练的动词,形成的迫切情绪表达与疗梅之心吻合。

四、奇在说明、记叙、描写、议论、抒情的推进

第一段,说明产梅之地众多,评价梅的标准,"文人画士"的险恶用心,育梅者的残忍,表达自己的愤慨之情。第二段,通过记叙描写,表达自己治疗病梅的行动和决心。第三段,用"呜呼"来抒发强烈的情感,又发愿表达治疗病梅的决心。整篇文章变换不同的表达方式,层层推进,富有感染力和逻辑力量。

五、奇在每段之中的波澜

第一段有三层意思,由产梅之地的铺垫,到评梅标准的呈现,再到文人画士促成病梅的叹息,由远及近,由大到小的展开。虽然"文人画士""未可明诏……""又不可以使……"但终究有帮凶,"明告"鬻梅者,对"梅"的摧残成行了。第二段先写见到病梅内心的感受,突出其哭泣的忧伤,再选用精妙的动词,描绘治疗病梅的过程,最后甘受辱骂而开辟馆舍来贮存之,也是三个层次。最后一段文字,一方面表示惊讶,另一方面表示反问,最后又以感叹来收束,也是用了三个层次来推进。也就是说,全文用了九层意思来表达自己的情感。

六、奇在句式的变化

"江宁之龙蟠,苏州之邓尉,杭州之西溪,皆产梅"。用排比构成整句,表明产梅之地的广泛,读来朗朗上口,音韵和谐。"呜呼!安得使予多暇日,又多闲田,以广贮江宁、杭州、苏州之病梅,穷予生之光阴以疗梅也哉!"尾段的句式以散句为主,参差错落,表现了一种焦虑、急迫而又坚定的情绪。

七、奇在以小见大的手法

短短几百字的文章，用雄辩的笔锋、排比的句式形成充沛的气势，生动形象地表明了作者对统治阶级迫害人才的愤懑和抗争，达到了四两拨千斤的艺术效果。

八、奇在语序变化的旋律美

或曰："梅以曲为美，直则无姿；以欹为美，正则无景；以疏为美，密则无态。"固也。
又不可以使天下之民斫直，删密，锄正，以夭梅病梅为业以求钱也。
梅之欹之疏之曲，又非蠢蠢求钱之民能以其智力为也。
有以文人画士孤癖之隐明告鬻梅者，斫其正，养其旁条，删其密，夭其稚枝，锄其直，遏其生气，以求重价。

如果说第一句对梅的三种形态描述顺序是 ABC，那么，第二句是 ACB，第三句是 BCA，第四句是 BCA。第一句总说，第二句侧重后半句，第三句侧重前半句，第四句侧重后半句。语序和侧重点的变化，作者独具匠心，行文错落有致，摇曳生姿，恰切地表达了内心起伏不定的情感，语言形式为内容服务。

九、奇在词类活用的意趣

"未可明诏大号以绳天下之梅也"，"绳"是一个名词，在语境中活用为动词，用绳子捆绑的意思，引申为约束，生动、形象、直观。

"斫直、删密、锄正"其中"直""密""正"是形容词做名词，笔直的杆、繁密的叶、端正的枝条构成并列式的动宾结构，生动地展示了生气蓬勃的梅花遭受残害的情形。

"夭梅病梅"其中的"病"字，名词的使动用法，使梅生病，表明对原本正常生长的梅花的摧残。

文中多处词类活用使行文流畅，富有动感，充满生气。

十、奇在语气变化的表意效果

第一段结尾："文人画士之祸之烈至此哉！"感叹语气，表达愤慨之情。第二段结尾是陈述语气，"辟病梅之馆以贮之"，舒缓而坚定。第三段结尾："穷予生之光阴以疗梅也哉！"又是感叹语气,突出坚持到底的决心。

十一、奇在 23 个"之"的委婉

如果把全文的 23 个"之"字去掉,既会使句子结构产生混乱,又会造成指代不明确,更重要的是本文迂回委婉的情味就荡然无存了。在惜墨如金的行文中,却反复用了 23 个相同的字,读来气运连绵,绵里藏针,不能不叹服作者行文的精妙。

十二、奇在 3 个"皆"的坚定

"皆产梅",一个"皆"字,既说梅分布之广,又说梅产地之多,暗喻天下人才不可胜数,江浙一带人才济济,为下文"江浙之梅皆病"先铺垫一笔。"梅皆病"着一"皆"字表明梅无一例外被摧残,这一字力透纸背,自然引发"文人画士之祸之烈至此哉!"的愤慨。第三个"皆"字,"予购三百盆,皆病者,无一完者",伤痛之情溢于言表。一个平常的"皆"字乃点石成金之笔,能够充分调动读者的艺术知觉去回味感知作者内心的伤痛。

发现语言运用的技法

——以《世间最美的坟墓》为例

"铺陈"一词,在文学作品的阅读中使用频繁,特别是鉴赏诗歌、赋和散文时,很少有不提到"铺陈"二字的。这是一种独特的语言组合方式,也是语言修饰的独特技法。其实,"铺陈"又称"敷陈",是详细叙述的意思。从字面看,"敷"是铺开、摆开,"陈"是叙说。

明代高琦在《文章一贯》中说:"叙事有十一法……铺叙:详叙事语,极意铺陈。""用事十四法……列用:广引故事,铺陈整齐。"高琦只是注意到"铺陈"的叙述特征。"铺陈"作为一种语言写作技法,运用是广泛的。叙述、描写、议论、抒情等表达方式及用典、讽喻等表达技法都可以采用"铺陈"方法来组合。文学作品的"铺陈",特别是诗歌、赋和散文中的"铺陈",指的是运用一定手法,不吝啬笔墨,一步一步地详细地铺张渲染,形成氛围,以达到对诗歌、赋和散文旨意的深入开掘。

散文中的"铺陈",还有另一层意思,就是作者全面细致地构建叙述、描写和抒情的层次;用繁丰的语言周到、细致地描述事物,细腻真切地表达作者的情怀;在行文的迂回和铺展之后,凸显作者的思想倾向。如此行文就有了丰盈的形象,就有了特别的韵味,就有了十足的魅力。

茨威格在《世间最美的坟墓》一文中,四次描绘人世间最美的托尔斯泰的墓冢,巧妙运用了"铺陈"手法。

一、渲染

繁复的语言叠加,从不同角度描绘事物,达到烘云托月的效果。

"这将被后代怀着敬畏之情朝拜的庄严圣地,远离尘嚣,孤零零地躺在林荫里。顺着一条羊肠小路信步走去,穿过林间空地和灌木丛,便到了墓冢前。这只是一个长方形的土堆而已,无人守护,无人管理,只有几株大树荫庇。"

第一次描写托尔斯泰墓冢,对"将被"后代朝拜的"圣地",作者抓住"远离尘嚣""孤零零"的特点;"羊肠小路""林间空地"和"灌木丛"的寻常;"无人守护""无人管理"和"大树荫庇"的简朴来描写。托尔斯泰的坟墓无非"只是一个长方形的土堆而已"。在凸显这个土堆之前,作者是从自身的感受写起的,从坟墓与外部世界的关系写起的。托尔斯泰生前因反对宗教的狂躁而被东正教开除,因反对沙皇暴政而被压制,因反对暴力而被革命者讥讽,因要把财产分给穷人而遭到家人抵制。死后,坟墓只能"孤零零"地躺着,不只是墓地环境的"静悄悄"。当然,这正是他所希望的。这是第一层的渲染。第二层,通往坟墓的路径,并非宽阔的、经过修饰的墓道,而只是一条不起眼的"羊肠小路",人们已经淡忘他,忘却的是托尔斯泰对生命价值的追求。在经过第二层次的渲染后,强调了"这只是一个长方形的土堆",接着又从两个层次来引发进一步的思考,一是在用语上的强调,"而已"一词,表达伟大的托尔斯泰的坟墓"仅止于此",简单、无所装饰、纯粹、回归本真。作者用"仅止于此"的语义来渲染出托尔斯泰坟墓的"不起眼",他对生命价值的追求,知音寥寥。二是用无人守护和管理,墓地开放,唯有几株大树的陪伴,展现了托尔斯泰不同寻常的平民化的坟茔。因此,第一次描写托尔斯泰坟墓时,作者就从四个角度、不同层次渲染出墓地的孤寂、简朴,为下文的推进作好了张本。

二、反复

相同词句的多次出现,形成主调,达到强化突出的效果。

"它只是树林中的一个小小长方形土丘,上面开满鲜花——nulla crux, nulla coroma——没有十字架,没有墓碑,没有墓志铭,连托尔斯泰这个名字也没有。"

第二次描写托尔斯泰坟墓,与第一次描写相比,在"一个"与"长方形的土丘"之间加上了一个修饰性的词语"小小"的,在反复中有变化,强调视觉上的感受,坟墓太小,不起眼。两次相同的描写凸显了托尔斯泰坟墓外在的形式还是那样的简朴,"一个长方形的土堆"。然而,这是人们按照托尔斯泰的愿望来修建的。不同的是第二次描写用了"开满鲜花"描述"土丘"给人的直接的视觉感受,是全篇素雅背景上的一个亮点,这是托尔斯泰人格魅力和高贵精神的展现,是托尔斯泰对人类大爱之心的折射。仔细体会"没有……,没有……,没有……,连……也没有"的句式,再次阐明了托尔斯泰坟墓的简朴。通过反复核心词"长方形的土丘"来表现托尔斯泰坟墓的特征,也引发人们深入思考。这又是"铺陈",第一次描写托尔斯泰坟墓,注重墓地周围环境的渲染,而第二次描写托尔斯泰坟墓,聚焦在坟茔本身,从不同角度铺展,凸显了作者对托尔斯泰深刻的理解和无限的崇敬,也表达了托尔斯泰的思想不被世人理解的深深遗憾。

三、虚写

虚写在本质上是调动人的想象,预支未来或者非眼前的景象,来丰富人的感受认知,达到对所描绘事物的理解。

"夏天,风儿在俯临这座无名者之墓的树木之间飒飒响着,和暖的阳光在坟头嬉戏;冬天,白雪温柔地覆盖这片幽暗的土地。"

第三次描写托尔斯泰的坟墓,换了一个全新的角度。作者拜谒托尔斯泰坟墓的时间是初秋时节,然而此处却写夏冬季节,夏日"风儿在俯临""飒飒响着""阳光在坟头嬉戏"。即便是寒冷的冬日,也有温柔白雪的覆盖,大地给予他无限的温暖。这是多么美丽、多么和谐的景象,托尔斯泰与自然交融在一起,回归到"朴素"的本真。这是作者面对托尔斯泰坟墓的畅想,是与托尔斯泰的交流,是对托尔斯泰的敬仰,作者希望激发起人们对精神脊梁的崇敬,对人类智者的追怀。这一次由"虚写"构成的铺陈,完全是作者在拜谒托尔斯泰坟墓以后所产生的丰富的联想。进一步展示了托尔斯泰人格的魅力和对人类文化进程的深刻影响。如果没有这一笔"虚写"的铺展,也很难对前面"实写"内容延展和丰实。更重要的是托尔斯泰坟茔的美丽,唤醒人们内心崇高的道德感,由此更深层次地拓展了读者的阅读想象空间,构建出立体而多元的"铺陈"的艺术之美。

四、衬托

除了对事物本身的描写外,还借助他物来表现,由此凸显该事物。

"残废者大教堂大理石穹隆底下拿破仑的墓穴,魏玛公侯之墓中歌德的灵寝,西敏司寺里莎士比亚的石棺,看上去都不像树林中的这个只有风儿低吟,甚至全无人语声,庄严肃穆,感人至深的无名墓冢那样能剧烈震撼每一个人内心深藏着的感情。"

第四次描写托尔斯泰坟墓,没有局限在坟墓的本身,而是拓展一笔,写了享誉世界的政治家拿破仑、文学家歌德和莎士比亚的坟墓,那些坟墓或建筑在宏伟威严的教堂之内,或题写了让人们生畏的墓志铭。然而,托尔斯泰的坟墓,只有"风儿低吟""全无人语声",自然简朴到了极致,却闪耀着思想的光芒,震撼着人心。这是作者又一次的"铺陈",以名人们威严的灵寝衬托出了托尔斯泰坟墓的简单、不起眼,更衬托出托尔斯泰独特的精神力量,突显作者对托尔斯泰坟墓的深深敬意。这样的"铺陈",让人们深刻认识到世俗的繁复不一定真正建立起威严,反而简朴、平凡能体现"人,生而平等"的信念,这是一种超越自我、超越国度、超越宗教的"大爱"。第四次描写托尔斯泰的坟墓,从深层次映衬托尔斯泰的伟岸。

五、对比

运用对立的事物、情感,鲜明地突出强调。

前面四次写托尔斯泰的坟墓,分别以渲染、反复、虚写、衬托四种不同的技法来"铺陈",从不同的侧面展示出托尔斯泰坟墓"逼人的朴素",也揭示了托尔斯泰回归自然、回归本我的人文情怀。就全篇而言,还采用了对比的技法来"铺陈"。

文章开头,劈空一句:"我在俄国所见到的景物再没有比托尔斯泰墓更宏伟、更感人的了。"其中,"宏伟"何以见得?顺承文章的第三句写到的托尔斯泰的坟墓,只是一个长方形的土堆而已,这里构成极大的反差,因此作者所说的宏伟不在于外形而在于内涵,指的是托尔斯泰坟墓留下的是纪念碑式的逼人的朴素,指的是震撼人心的力量。在对比中,以小见大,给读者视觉和情感强烈的冲击,引发读者阅读的渴望和思考的深入。

在想象托尔斯泰坟墓无论在哪个季节都是那样美的时候,作者又感慨道:"这个小小的、隆起的长方形包容着当代最伟大的人物当中的一个。"其中,"小小的""隆起的"长方形土丘与"伟大"人物形成强烈对比。

当然还有"外界的尘嚣与此地的偏僻""环境的安静与内心的震撼""高大挺拔的树木与小小的土丘""开满鲜花与奢华装饰",等等对比。从而构成有效的"铺陈",从不同的角度来展现托尔斯泰坟墓和托尔斯泰精神力量的不同一般,激发人们对托尔斯泰的全面而深刻的认识。

"铺陈"作为一种写作的语言运用的技巧,在行文中往往用语繁复。可以是一个词一个句子甚至是一个段落的复沓组合;也可以是在叙事、描写、抒情、议论中从不同层面展现相同的情感倾向;还可以是调动渲染、反复、虚写、衬托、对比等技法,聚焦一个事物,展开立体的描述,从而挖掘出这一事物内在的本质的意义,在读者的阅读体验中产生丰富而深刻的感受,引发情感的共鸣。

丰富语言感受

——对《饮酒·结庐在人境》一诗的"评点式"品读

陶渊明作为中国历史上经典的文化人物,一千多年来,对中国文化心理、人格塑造和价值取向都产生了深刻的影响。他高擎的旗帜上书写着反对世俗的精神、保持节操的品格和亲近自然的本性。《饮酒·结庐在人境》一诗就是他精神世界的内心独白。

西方哲人叔本华指出:我们不难看出,凡是为野心所驱使,不顾自身的兴趣与快乐而拼命与苦干的人,多半不会留下不朽的遗物。反而是那些追求真理与美善、避开邪想、公然向公意挑战并且蔑视它的错误之人,往往得以不朽。所以谚语云:"名声躲避追求它的人,却追求躲避它的人。"这只因前者过分顺应世俗而后者能够大胆反抗的缘故。陶渊明毅然远离世俗的行动成为回归自我的象征。我们可以通过"评点式"品读,顺着语言文字本身走近陶渊明的精神世界。

一、结庐在人境,而无车马喧

"结",用绳、线、皮条等绾成的疙瘩。远古有"结绳记事"之说,事情简而又简。"庐",茅屋,极其简陋的房子。在纷纷扰扰的人世间,如"结绳"一般搭建茅草屋,对物质的追求淡到了极点。开篇的叙述为下文做铺垫。"而"一转,本该车声隆隆、人声鼎沸的世俗世界变得极为安静,形成极大反差。"车马喧",是你争我夺、互相倾轧、奔走钻营的各种丑态的写照。诗作开篇第一、二句抛出矛盾,引人深思。

二、问君何能尔? 心远地自偏

"问君",设问,明知故问、无疑而问。舒缓了刚刚构成的紧张矛盾;着一"尔"字,拉长了悠扬的语义。紧接着抛出了一个"远"字,强调内心的感受在于"远离","远离"超越了现实的污浊、无奈。

怎样理解"远"？"远"字开头的诗句有：远上寒山石径斜，白云深处有人家。（杜牧《山行》）山远近，路横斜，青旗沽酒有人家。（辛弃疾《鹧鸪天·陌上柔桑破嫩芽》）远看山有色，近听水无声。（王维《画》）

"远"字结尾的诗句：日暮苍山远，天寒白屋贫。（刘长卿《逢雪宿芙蓉山主人》）道之云远，曷云能来？（《雄雉》）谁谓宋远？跂予望之。（《河广》）视而不臧，我思不远。（《载驰》）相去日已远，衣带日已缓。（《古诗十九首》）

"远"是一种高远的意趣。"冀州刺史杨淮，二子乔与髦"刘孝标注引晋荀绰《冀州记》："乔字国彦，爽朗有远意。"（《世说新语·品藻》）"分首芳草时，远意青天外。"（贾岛《送集文上人游方》）"我来武夷山，远意超千古。"（熊钵《游武夷山》）

在"远离"中求心安。于是，顺理成章地引出"自"。不经意间，陶渊明点透了人生惬意的秘诀，全在于主观的心理掌控，全在于自我内心的认同。这是超然物外的绝妙。

三、采菊东篱下，悠然见南山

这两句以客观景物的描写衬托出诗人的闲适心情，"悠然"二字用得很妙，说明诗人所见所感，非有意寻求，而是不期而遇。苏东坡对这两句颇为称道："采菊之次，偶然见山，初不用意，而境与意会，故可喜也。""见"字也用得极妙，"见"是无意中的偶见，南山的美景正好与采菊时悠然自得的心境相映衬，合成物我两忘的"无我之境"。如果用"望"字，便是心中先有南山，才有意去望，成了"有我之境"，就失去了一种忘机的天真意趣。

四、山气日夕佳，飞鸟相与还

山中的景象和气息在夕阳西下的时候更加的好，更加的美。此时，天边飞鸟一起回归巢穴。这是作者见到的田园风光。一般人重视"采菊东篱下，悠然见南山"所特有的田园风光之美，而忽略"山气日夕佳，飞鸟相与还"这样的景致，更没有觉出这一看似平淡自然的景象背后所包含的作者的心灵世界。

为了谈清楚这个问题，引入关于"日夕佳"的讨论。最容易想到的是唐代诗人李商隐"夕阳无限好，只是近黄昏"的哀叹。尽管作者是极尽赞美之能事，然而更大的悲哀席卷而来，那就是此时已黄昏时分，已到夕阳陨落之时，那前面的好，也只不过是回光返照的生命的辉煌而已。那么夕阳为什么被陶渊明用来渲染田园的美好呢？田园之美既符合陶渊明的审美意趣，更是陶渊明精神追求的意象。在古今中外的作家中，都有相似的描绘。

比如，村上春树的《挪威的森林》中关于"年少的憧憬"的描写："当我恍然领悟到其为何物的时候,已是十二三年以后的事了。那时,我为采访一位画家来到新墨西哥州的圣菲城。傍晚,我走进附近一家意大利比萨饼店,一边喝啤酒嚼比萨饼,一边眺望美丽的夕阳。天地间的一切全都红彤彤一片。我的手、碟子、桌子,凡是目力所及的东西,无不被染成了红色,而且红得非常鲜艳,俨然被特殊的果汁从上方直淋下来。就在这种气势夺人的暮色当中,我猛然想起了初美,并且这时才领悟她给我带来的心灵震颤究竟是什么东西——它类似一种少年时代的憧憬,一种从来不曾实现而且永远不可能实现的憧憬。这种直欲燃烧般的天真烂漫的憧憬,我在很早以前就已遗忘在什么地方了,甚至在很长时间里我连它曾在我心中存在过都记不起了。而初美所摇撼的恰恰就是我身上长眠未醒的'我自身的一部分'。"①

这样美的夕阳就是少年时代的憧憬,一种从来不曾实现而且永远不可能实现的憧憬。这样的憧憬是烂漫的,这样的追寻是永无止境的,就像诗经《蒹葭》中对"所谓伊人"的追寻一样,没有穷尽,然而美就在这里。

又如,美国著名作家杰克·凯鲁亚克《孤独天使》所描写的夕阳:"此时,落日橘黄,带着疯狂的激情迅速变暗。朝向遥远的南方,那里有我未来将要热爱的姑娘们的玉臂,粉雪守候在世界的脚底,那里的城市闪着银光。湖面像一个灰蓝的硬底锅,在雾气迷蒙的山底等待着我划着菲尔的船渡过。杰克峰的山额轻云缭绕,冰雪覆盖着上千个橄榄球场般大小的山坡,绵延交错,在夕阳下泛出淡淡的粉红色,看上去就像山脊上蹲着一个令人生畏的冰雪巨人。金角峰在灰色的东南方依然闪着金光,西北角拓荒者山的巨大丘陵俯瞰湖水,阴郁的浮云正在变暗,仿佛在某个秘密的熔炉里煅造着黑夜,不时火光闪耀;群峰如同墨西拿醉酒的武士般朝着落日蜂拥而去——那时圣乌苏拉仍然童贞美丽;我甚至毫不怀疑,只要稍加诱惑,霍佐敏山就将追日而去——幸而,它仍然停留在此,陪伴我共度暗夜。日影飞逝,星辰如雨水般倾落在雪峰之上,四面皆黑,唯有霍佐敏山仍然留着最后一抹淡粉的亮色,稍微偏向北方。每个夜里,北极星如约降临,闪烁着暖橘黄或是暖绿色的光芒,有时则是冷橘色、冷蓝色或石青色,以变幻的色调暗示着不同的预言,称量着这个金色的世界——"②即便是作为美国"垮掉的一代"的代表作家,在面对夕阳的时候,也没有颓废的伤感和哀嚎,而更多的是一种对远方美好未来深深的企盼和不可名状的渴求。这是源自于内心那种对探寻神秘未知美好世界的冲动。

再如,胡兰成《今生今世》中也有类似的情感流露:"我小时候每见太阳斜过半山,山上羊叫,桥上行人,桥下流水汤汤,就有一种远意,心里只是怅然。我在郁岭墩采茶掘番薯,望得见剡溪,天际白云连山,山外即绍兴,再过去是杭州上海,心里就有一样东西满满的,却说不出来。"这究竟是种什么样的情感,虽然满满却说不出来呢? 也许和村上春树、杰克·凯鲁亚克

---

① [日] 村上春树.挪威的森林[M].林少华,译.上海:上海译文出版社,2001:251-252.
② [美] 杰克·凯鲁亚克.孤独天使[M].娅子,译.重庆:重庆出版社,2008:9.

所表达的情感一样,是一种对美好未来的憧憬。

当然,我们引用这几段文字,无非印证陶渊明之所以选择描写"山气日夕佳"的原因,在这里见不到日暮黄昏的哀伤,而是一种对美好生活的憧憬、向往,甚至这样的黄昏美景正是作者对最富有诗情画意的田园生活的最美的最精致的呈现。那回归的飞鸟正如经历官场浮沉后回归精神世界的作者。因此,这两句寓精妙于平淡之中。

五、此中有真意,欲辨已忘言

真意,淳真自然之意,《庄子·渔父》:"真者,所以受于天也,自然不可易也。故圣人法天贵真,不拘于俗。"那么这一"真意"是万物运转、各得其所的自然法则吗?是对远古纯朴自足的理想社会的向往吗?是任其自然的人生哲理吗?是直率真挚的品格吗?诗人都没有明确地表示,只是含蓄地提出问题,让读者去思考。忘言,《庄子·外物》:"言者所以在意,得意而忘言。""真意",我们可以理解为人生的真正意义,那就是人生不应该汲汲于名利,不应该被官场的龌龊玷污了自己自然的天性,而应该回到自然中去,去欣赏大自然的无限清新和生机勃勃!

出语平淡,朴素自然,却也寄情深长,托意高远,蕴理隽永,耐人咀嚼,有无穷的理趣和情趣。

然而,陶渊明的恬淡悠远恰恰是经历了现实的奋斗、痛苦的煎熬、世俗的无奈之后,找寻到的精神的救赎。正如朱光潜说:"他厌恶刘宋是事实,不过他无力推翻已成之局,他也很明白。所以他一方面消极地不合作,一方面寄怀荆轲、张良等'遗烈',所谓'刑天舞干戚',虽无补于事,而'猛志固常在'。陶渊明的心迹不过如此,我们不必妄为捕风捉影之谈。"

能够深入理解陶渊明的还有鲁迅先生,他在《且介亭杂文二集·题未定草集》中说陶渊明的诗,"除论客所佩服的'悠然见南山'之外,也还有'精卫衔微木,将以填沧海;刑天舞干戚,猛志固常在'之类的金刚怒目式",又说:"陶潜正因为并非是浑身静穆,所以他伟大。"

第三章
教学设计——从单向转为双向

　　语文课堂教学是学生思维培养的重要阵地，它是一个动态推进过程，是师生共同完成的学习活动，是一个矛盾统一的进程。语文教学设计不仅仅是单向的，根据课程标准的要求完成教学任务；还要双向思考，注重学生的兴趣和课堂生成。在特定的时间和空间里，通过问题的提出、师生的对话，激发思维的火花，解决问题抑或发现更深层次的问题，从而提高阅读和表达的能力、鉴赏力、审美力。在语言活动中，学生获得直觉思维、形象思维、逻辑思维、辩证思维等思维能力的发展，促进深刻性、敏捷性、灵活性、批判性和独创性等思维品质的提升。

体会思维品质的深刻性

——以《延陵季子将西聘晋》教学设计为例

教学设计的前提是课标分析、教材分析以及学情分析,特别是要围绕教研的主题展开,由此确定教学目标,教学的重难点,教学的方法、环节、活动以及教学资源的运用,预习、课后作业,等等。

一、设计理念

围绕区域"落实核心素养,打造精品教育"主题,基于标准的课堂实践,设计本次高中语文教研员教学展示课,聚焦一线教师关注的热点问题,力图实践新课标;理念,主要思考点在于:第一,落实语言素养,如何平衡单篇与整本书阅读教学的关系;第二,在阅读教学中,如何融合语言学习与思维品质提升的关系;第三,关注学生学习经历,如何在预习、课堂教学及课后作业评价中提高教学效率。

第一个问题涉及本节课的定位。新课标的"课程内容"确定了18个学习任务群,第一个是"整本书阅读与研讨"。旨在拓展学生阅读视野,建构阅读整本书的经验,形成适合自己的读书方法,提升阅读鉴赏能力,养成良好的阅读习惯,最终形成正确的世界观、人生观和价值观。阅读一部长篇小说,或者一部学术著作,或者利用书中的目录、序跋和注释等相关资料深入研读作家作品。在实施过程中往往以单篇或单章节带动整本书的阅读,单篇是支点,同时单篇也是范式,本节课以单篇为切入点,构建整本书阅读的路径。

第二个问题关于思维的培养。特级教师步根海先生,多次论述语文学科教学中语言是基础,思维是核心,思维提升与语言建构密不可分。思维包括直觉思维、形象思维、逻辑思维、辩证思维和创造性思维。本节课通过学生的"子史"对读,在深入理解语言文字的基础上进行比较辨析,提升学生思维的深刻性、敏捷性、灵活性、批判性和独创性等品质。

第三个问题涉及学生的学习经历。在阅读中形成对整本书阅读路径的提炼。由个别到一般的归纳推理,学生在阅读实践中感受并形成一般性的阅读规律;再由一般到个别的演绎推理,把普适性规律运用于各章节内容的阅读中,带动整本书阅读的深入推进。

二、教材分析

课文《延陵季子将西聘晋》编排在华东师大版高二第二学期语文教材第五单元《〈新序〉二则》中,共选入两篇文章,即本文和《宋人有得玉者》。本单元其他课文还有《廉颇蔺相如列传》《谏太宗十思疏》和《训俭示康》。通过史书、奏疏、子书等类型的文章呈现中华民族的传统美德这一主题。对文本的准确理解是教学的前提,既要思考文章的思想意义,又要思考用什么语言形式来表现这样的主题思想,同时思考这一类文章如何阅读。

三、学情分析

大同中学高二学生,授课班级已经学习了司马迁的《鸿门宴》《廉颇蔺相如列传》和班固的《苏武传》,学生对史书有一定的认识,了解史记作品的叙事特点和人物塑造的方法。但是对子书的学习还存在于感性阶段,特别是对"子"与"史"两种文类差异及其价值的理解还不够清晰。《〈新序〉二则》正好能弥补学生知识的缺陷,通过同一历史事件在司马迁的《史记》和刘向的《新序》不同呈现的比较阅读,梳理整本书阅读的路径,形成"史"与"子"两类文章的意识,为进一步探究古人的修身治国平天下的心路历程及价值取向服务。

四、教学设计

1. **教学目标**

(1) 比较"史"与"子"对同一历史事件的不同呈现,构建文类意识。(2) 运用对读等方法,形成对《新序》整本书阅读的路径。(3) 细读文本,理解并评价作者的写作意图。

2. **教学方法**

问题设计,讨论交流。

3. **教学课时**

第二课时。

4. **教学重难点**

(1) 重点:梳理《新序》一书的阅读路径。(2) 难点:认识"子书"的特点。

5. **教学资源**

整本书《新序》,《史记·吴太伯世家》。

6. 教学过程

(1) 环节一：探究"子书"特点

活动1："史"与"子"两类文章对同一事件记载的内容有何不同？写法有何不同？

文本一：延陵季子将西聘晋，带宝剑以过徐君。徐君观剑，不言而色欲之。延陵季子为有上国之使，未献也，然其心许之矣。致使于晋，顾反，则徐君死于楚。于是脱剑致之嗣君。从者止之曰："此吴国之宝，非所以赠也。"延陵季子曰："吾非赠之也。先日，吾来，徐君观吾剑，不言而其色欲之。吾为有上国之使，未献也。虽然，吾心许之矣。今死而不进，是欺心也，爱剑伪心，廉者不为也。"遂脱剑致之嗣君。嗣君曰："先君无命，孤不敢受剑。"于是季子以剑带徐君墓树而去。徐人嘉而歌之曰："延陵季子兮不忘故，脱千金之剑兮带丘墓。"

——刘向《新序·延陵季子将西聘晋》

文本二：季札之初使，北过徐君。徐君好季札剑，口弗敢言。季札心知之，为使上国，未献。还至徐，徐君已死，于是乃解其宝剑，系之徐君冢树而去。从者曰："徐君已死，尚谁予乎？"季子曰："不然。始吾心已许之，岂以死倍吾心哉！"

——司马迁《史记·吴太伯世家》

史：一般是典型事件，真实。

"其文直，其事核，不虚美，不隐恶。"

——班固《汉书·司马迁传》

子：一生一书，融入作者的精神意趣。更强调作者自身的理解感悟和追求。因而更具有主观色彩。

活动2：作者为什么把季札归入"节士"中？作者又是如何塑造这一人物形象的？

① 对"节士"的理解。

子贡问曰："何如斯可谓之士矣？"子曰："行己有耻，使于四方，不辱君命，可谓士矣。"

——《论语·子路》

"士之为人，当理不避其难，临患忘利，遗生行义，视死如归。"　　——《吕氏春秋·士节》

"忠""信""廉"为"士"之操守，"三者在乎身，名传于后世"。

② 对塑造人物方法的理解。

细节描写，体现合于"义理"的精神特质。

烘托陪衬，突出人物精神品质方面的感召力。

寓理于事或直述其理，蕴含作者政治理想和人格追求。

活动3：作者的写作意图是什么？对此如何评价？

"正纲纪，迪教化，辨邪正，黜异端，以为汉规监者，尽在此书"。　　——(宋)高似孙

"议论醇正，不愧儒宗"。　　——《四库全书总目》

作者的意图是振兴汉世,宣扬儒家道德教化。警醒世人遵从本心,把至真至诚的道德信仰放首位;劝谏君王以诚治国,才能得到百姓拥戴,国家长治久安。

(2) 环节二:梳理阅读路径

活动1:为《新序·节士》人物群分类并举出代表性人物。

人物类型	忠君报国	拼死进谏	刚正廉洁	笃行孝悌	信守诺言	其 他
代表人物	申包胥、苏武等	关龙逄、比干等	子罕、申徒狄、鲍焦、郑相、石奢等	止(许悼公太子)、急(卫宣公之子)等	柳下惠等	屈原、申生、饿者等

活动2:梳理"子书"整本书阅读的一般路径。

故事内容的概括→人物类型的分析及人物形象的塑造→写作意图的体现。

活动3:依据《新序》的内容,为每一卷拟写小标题。

目 录	小 标 题	目 录	小 标 题
卷第一	圣 贤	卷第六	刺 奢
卷第二	明 君	卷第七	节 士
卷第三	义 士	卷第八	义 勇
卷第四	治 士	卷第九	善谋上
卷第五	仁 者	卷第十	善谋下

环节三:布置课外作业。

再读《新序》,依据整本书阅读的路径,选其中一卷向他人作介绍。

感受思维品质的敏捷性

——发现《草莓》的教学价值

《草莓》编排在华东师大版高中语文教材高二年级上册,属于散文单元。尽管这类文章是演绎概念、阐发道理的,但从散文的角度看,与《想北平》《我所认识的蔡孑民先生》属于三种不同的类型,因而具有独特的教学价值。

一般说来,学生读《草莓》时,凭直觉和十多年语文阅读和学习的经验,也会问借什么物,说什么理,这是没有多大问题的。但是学生在预习中提出读不懂,倒不是真的读不懂,而是觉得与他们一般读到的借物说理的文章思路不太符合。的确,《草莓》一文似乎没有用明显的语言形式来体现行文思路,学生尤其读不懂叙述与议论的关系。也可以说不叫读不懂,而是往深里思考后,发现一些与他们平常的阅读思路不同的地方。由此产生的疑问构成了本节课教学的起点,可以在提升学生思维的敏捷性上作引导。

细读文章,就能体会到"草莓"是一种象征,象征妙龄十八的青春。然而"惴惴不安"的个性特点是草莓无法表现出来的。作者通过对"草莓"的描绘是要引发人生的思考。于是作者从天气、味道、心性等六个方面将九月与六月进行比较。学生读出象征手法是没有问题的,但是怎么读出象征背后的东西,是有难度、具有挑战性的,这是阅读的障碍之处,也是教学的疑难之处。

从而需要从整体上探究行文思路,把握作者的写作意图,这是解决问题的钥匙。探究思路有两种方法:一是从主旨开始。如草莓引发的思考是什么?作者对于妙龄十八和理性大厦的态度是怎样的?二是从草莓开始。如作者一开始想表达什么?他所表达的东西与草莓有什么关系?要一步步探讨下去,在交流互动中提升学生思维的敏捷性。

教师可以根据学生阅读的疑问,特别是从文章由叙述到议论似乎显得突兀入手,可采用第二种方法组织教学。作者想要表达的哲思,很难用一两句话表现出来。而学生正好提出草莓和主旨到底是什么样的联系?于是,就此形成教学的切入口。从第一段来看,似乎想表述眼中所见的景象会令人产生一种错觉和误解,正因为这种误解,凝聚到第二段的草莓身上。但第一段还表述了秋天与夏天不同的味道,同时在第三段有强化,那作者为什么要在第一段点出？是值得思索的。

教师引领学生再读文本，读出自己的感受。第一段写秋收，把误解的味道冲淡了。要引出误解，才能引出后面的思考。可能作者写这些的意图是"夏意"中隐含着"秋意"。由误解"一切基本上都没有变"到"意外"发现草莓，恰恰是要纠正第一段的误解。由草莓把他的思绪引向六月，从而纠正"以为一切都没有变"的错觉。于是就把六月和九月进行了具体的比较。

照理来说，这里没有褒贬，但是从作者的行文思路来看，我们感觉到与作者本想表达的旨意不那么协调的东西。"枯黄""灰惨惨"，作者这样写想表达什么？是想夸张地表述六月和九月是有很大不同的。

我们读文章就要关注比较特别的语言，要让学生产生基于自己生活经验的思考，让学生在对困惑的解释中，更贴近文本的意旨。且不说作者对与不对，作为阅读者应该有批判力的基本思考。在梳理作者行文思路的过程中，让学生思考与已有经验不协调的东西。这是推敲行文思路，也就是一至三段写了什么，与草莓有什么关系？

当然，对行文思路的推敲还在于，前部的叙述、描写与后部议论是怎么关联的。第四、五段的"常以为"与前文有关联。"我以为"与实际的差异，"我们常以为"与实际的差异，这之间是相关的。接下去，他对十八岁有几种表述"妙龄十八""带着桃色眼镜的""若明若暗的""激动不安的""不可取代的"。"草莓"能够象征的是"妙龄十八""不可取代的香味"。其他的东西是"草莓"不能象征的。不是如教参所讲的"对青春逝去的慨叹"。因为青春期之后到来的是成熟期，这也是人生的一种美，应该没有对其进行批判，而是认为人生就是这样过来的，当然也不能简单地理解为"珍惜青春"。

课堂要解决的是怎么敏捷地捕捉、梳理作者的写作思路，要引导学生从不自觉到自觉地梳理。由对作者情感表达的"误解"中解放出来，达到真正理解作者的真实意图，从而产生对文章理解的顿悟。这就是《草莓》的教学价值之所在。由此，引发我们思考，确立一篇散文教学价值的依据究竟在哪里？

首先，明白阅读散文的核心是什么？一般来说散文是写实的，写的是现实生活中的人、事、物，是作者眼中、心中的，未必与现实等同。通过这个人、事、物表达怎样的情感、认识、观点，散文都有一条贯通全文的感情或思想的脉络，主要通过这一篇文章个性的语言来表现。阅读散文就是要发现独特语言下的行为脉络和思想情感，发现在不合常规的语言表述背后的写作意图。

其次，明白高中语文教学的主要任务是什么？根据2017年版新课标的要求，培养学生语文学科的核心素养，即语言、思维、审美和文化，落脚在对学生鉴赏力、审美力、思维力、批判力等能力的培养上。批判力是思维力的一种，既包括逻辑思维的因素，也包含语言思维的因素，还包含批判的因素。而批判力又与审美力、鉴赏力是密不可分的。怎样在课堂中培养学生以批判力为统领的三个力是语文教学的重中之重。

第三,明白高中语文教学的年段要求是什么？小学和初中以学习掌握语言应用规范和文章构成要素为主,初中的散文、小说可以从记叙文的角度来确定教学内容,让学生感受基本的语言和文章构成的要素。高中阶段应该是以文学作品的阅读和鉴赏为主,但不是架空初中阶段的内容。首先关注的不是作品本身,而是语言的表现,高中阶段以感受文学语言为主。文学语言是基于规范的、富有个性的语言的变式。这是由作者的个性和这一篇文章的个性决定的。文学语言代表着民族语言的最高级形式。高中阶段所讲的文学鉴赏,首先是文学语言的感受力。

可见,确立一篇散文的教学价值在于文本独特的行文思路、学生实际的批判能力和文本富有个性的语言变式,而多次的"顿悟",学生思维的敏捷性就能逐步增强。

提升思维品质的灵活性

——激发、概括、呈现学生的问题

孔子说："学而不思则罔,思而不学则殆。"语文教师在解决学生学习经历中遇到的"疲惫"和"迷惘"时,逐步形成语文教学过程,这是一个充分激活学生思维的过程。语文教学本质上是语言的教学,语文教学过程是对学生进行思维的历练过程。"人是语言的动物",语言和思维是密切相关的,两者往往是合二为一的,是不可分割的有机整体,思维是内核,语言是载体。因而,语文教学过程是引导学生由"貌似懂"到"不懂"到"懂一点"再到"真懂"的过程,是由"语言形式"到"思想情感"再到"语言内涵"认知的螺旋式上升的过程。在教学中,学生思维容量的大小是决定语文教学是否成功的关键,从而,语文教学过程中教师对学生问题把握的敏感程度具有重要的作用。以《我们是怎样过母亲节的》和《想北平》两篇教学设计为例加以说明。

《我们是怎样过母亲节的》一文编排在沪版高中语文教材高一第一学期第二单元。教学目标:(1)分析矛盾冲突中人物的言行,把握人物特征。(2)从情节标题入手,揣摩作者的意图,领会作品的主旨。预习作业:梳理小说情节。"事"与"愿"违。教学过程:(1)导入。(2)梳理情节。(3)把握人物形象。(4)探讨小说主题。(5)小结。(6)布置作业:① 从内容和写法的角度,谈谈你对小说最后一句话"总之,我们大家都感觉到了,我们所做的一切得到了最大的报偿"的理解。② 以母亲的视角,根据文意,合理想象,从母亲看到的、听到的、想到的三个方面,对课文第五段的场景加以描写。不少于500字。

《想北平》一文编排在沪版高中语文教材高二第一学期第四单元。教学目标:(1)通过对作者四个"说不出"的研讨,把握"说不出"的原因及内涵,体会作者对北平真挚而深沉的情感。(2)通过对关键句的品析把握作品的语言特点。教学流程:(1)由学生质疑导入,引出重点问题:四个"说不出"原因及内涵究竟是什么?(2)品味第一至三段中的关键词、句,体会作者对北平真挚而深沉的情感。(3)结合学生对后半部分的质疑,组织学生继续对重点词、句作品味、鉴赏。(4)课后作业:① 对作者的四次"说不出"写一段赏析文字。② "想北平"能否改成"爱北平"? 为什么?

语文教学关注学生学习经历,就是关注学生学习中遇到的种种障碍、种种疑惑,由此生成教学过程。关键是教师对学生问题的发现、引出、呈现决定着教学水平和教学质量的高低,特别是问题设计是基于语言文字、认知心理和课堂结构的交集而产生,语文教师要把握好四个"度"。

一、问题设置应该适度

语文教师课堂问题的提出首先要基于对学生疑问的梳理、归纳和概括,既不能太琐碎太狭小,也不能太宏阔太宽大。对学生遇到的问题要结合本课的教学目标和学生的实际水平有所选择、有所引领。如果问题太大,失之空泛,无法落实文本理解;如果问题太小,囿于狭窄,无法拓展思维的空间。要找到文本理解障碍之处与学生认知困惑之处的交集,由此归纳出真问题,适合该文、该班学生学习的问题。

《我们是怎样过母亲节的》是一篇小说,但是课本注释为节选自《外国散文欣赏》,看作是一篇散文,当然读者可以有多种体验。如果倾向于小说,也可以有多种阅读的体验,如以情节的梳理为主的,单从文本看,是细节更好一些,当然细节是构成情节的重要方面。从结构分析入手、从标题入手、从环境入手,也完全是可以的,当然也可以从视角入手,关键是引导学生思考为何要探讨这个细节,在前后的反差中感受表达怎样的情感?要读出细节的魅力,才能读出文章的主旨,因为细节是为表现文章的主旨服务的。母亲生日的幸福在哪里?她的含泪又表明什么?家庭成员的回报细节与情感表达的内在逻辑联系究竟是怎样的?这是需要教师引领学生认真品读的,课堂的问题应该从学生品读中产生的问题中来,然而不是对学生提出问题一一解答,是要从作者情感表达的根本性角度出发,梳理一到两个核心问题,顺藤摸瓜进行探究。

《想北平》一文的教学。为什么要想"这样"的北平,教师没有直接回答,而是先抓住"说不出"进行剖析,在引领学生仔细咀嚼文本的语言文字中,让学生讲出"说不出"是什么?表达的情感是什么?"说不出"与"说出"两者间的内在联系是什么?在联系每一次"说出"的具体内涵的比较中,领悟作者对北平特有的情感,以及这样的语言而非那样的语言表达了这样的情感,也就是这样独特的语言形式能表达这样独特的情感。这样就能够让学生贴着问题进入课堂、进入文本和进入作者的情感世界。

二、问题提炼要有高度

学生预习的困惑和课堂上学生的提问往往是琐碎的枝节的,教师对具体问题要进行提炼,智慧地抓住主要问题,并且善于呈现问题。提炼后要往上走一走,具有一定的高度,在一定范围或者程度上超越学生现有的认知水平,由此激发对语言文字和思想内涵的好奇心、想象力,促成探究的欲望和实践。学生遇到的无非是两类问题:形式的和内容的。形式指向文本的结构、表现手法和语言特点;内容指向作者的情感和思想。

《想北平》一文的教学,对作者情感表达的委婉曲折是学生理解最难之处。为什么"说不出",多次"说不出",要看看解决的问题有多细碎多深入,然后归纳整体性的问题,阅读的主要目的不是读一篇两篇文章而是对阅读的语言形式及背后蕴含的文化价值和审美品位去体验、把握和内化。

《我们是怎样过母亲节的》一文的教学,对于枝枝节节的细节品读,要提炼出:发现"事与愿违"背后的生活逻辑和情感诉求的问题。

文本阅读:一是教师要引发学生思考,二是引发学生探索。不是仅仅为得出一个结论性的答案,从某种意义上说答案并不重要,解决问题的方法、途径,以及思维方法更重要。所以《想北平》一文中,探究什么比矛盾是什么、体验是什么更重要,不是讲"这只有说不出而已"中"这"是什么,而是怎么思考"这"与下文中"可是"的联系。有高度的问题既能统领教学的各环节又能深入地探讨文本独特的表现形式和情感的关系。

三、问题转换要变角度

对学生已有问题的探究,教师往往把自己的阅读体验传递给学生,由此促成学生问题的解决,或针对问题给出理解的路径,引领学生在沉浸、咀嚼文本的语言文字中解决疑问。然而新问题又有可能产生,即便学生在似乎没有问题的情况下,教师也要善于引发学生新的兴趣点和探究点,产生新想法、新问题,要善于转化视角思考,从另一条路径走进文本的内核。

《我们是怎样过母亲节的》第五段,从母亲的高兴、眺望读出一点母亲的内心,问题不求完满的解决,不过是转换角度引发新的思考而已,这是文本阅读深入推进的重要手段之一。

《想北平》一文的教学中,教师似乎没有对第四至第七段进行分析,但不分析中隐含着分析。前文说想北平并不是想枝枝节节的,但后面就是描写了一些枝枝节节的北平的生活,这样的前后组合形成了什么关联,由此对第一段的分析进行了深化。

视角的转变可以是有形的课堂教学环节的呈现,也可以是无形的教学内容的勾连,关键是教师要在关注学生问题时,有意识地构建问题链,并渗透到课堂教学的各个环节中,由此构成一个文本探究的整体。

四、问题移植要有新度

对学生阅读中遇到的问题,教师要引领学生在新的语境中探究,"陌生感"激发学生强烈的探究欲望,使学生从新的层面加深对问题的把握,这是学生问题的意义和价值之所在。

要调动学生以前思考的问题,融入文本阅读理解中,或者在本文的学习中获得解决问题的方法途径,在新的语言环境中运用,比较差异,内化阅读修养,这是必须的学习经历。

如读与写的语境变化就是很好的学习经历之一,要不断在品味作者写的过程中去体验表达什么意思,才能在阅读中转化为写的体验。如两节课的作业设计不约而同地把读写结合起来,力求达到在新的层面走进文本、走进作者的情感世界。

基于此,首先教师自身的定位要准确。教师在课堂上不是表扬者,而是组织者,甚至必须是导引者。以教师的阅读体验引发学生的阅读问题,或者以学生阅读中遇到的问题作为课堂教学的起始点、激发点,引领学生深入思考和探究文本,由此提升学生思维品质的灵活性。当然,作为教师要在课堂上以学生的问题为原点,引领学生往前走一步。教师要具备对学生问题的归纳、概括以及呈现的能力。

分析批判性思维的现状

——高中语文阅读教学中的批判性思维

在《普通高中语文课程标准(2017年版)》中,关于核心素养"思维发展与提升"这一维度的表述,明确了"是指学生在语文学习过程中,通过语言运用,获得直觉思维、形象思维、逻辑思维、辩证思维和创造思维的发展,促进深刻性、敏捷性、灵活性、批判性和独创性等思维品质的提升"。其中"批判性思维"是近年来语文教学关注的重点,但是面临许多困境。

一、批判性思维概念的界定

批判性思维(critical thinking),在学界一直没有唯一权威的定义。国内外的学者都认同批判性思维的起源可以追溯到古希腊哲学家苏格拉底,他倡导一种探究性的质询方法,即"苏格拉底方法"或"苏格拉底诘问"。"苏格拉底方法的实质是,通过质疑通常的信念和解释,辨析它们中的哪些缺乏证据或理性基础,强调思维的清晰性和一致性。"[①]"紧随苏格拉底其后的是柏拉图、亚里士多德和希腊怀疑论者。他们都强调,事物常常与其表面现象大相径庭,只有经过训练的思维才有能力从表面看穿事物原委,弄清其表面现象背后的真实面目(更深层的生活现实)。"[②]武宏志、刘春杰等认为批判性思维作为一个技能的概念,最初在杜威的"反省性思维"中有所体现,指的是"能动、持续和细致地思考任何信念或被假定的知识形式,洞悉支持它的理由以及它进而指向的结论"。他们还概述了批判性思维在美国教育变革中的发展情况,"二十世纪四十年代,批判性思维被用于标志美国教育改革的一个主题,七十年代,批判性思维成为美国教育改革运动的焦点,八十年代成为教育改革的核心"。[③] 2002年,美国联邦教育部制定的《21世纪技能框架》强调"学习与创新能力"包括批判性思维能力、交流能力、合作

---

① 武宏志.批判性思维的苏格拉底模型[J].延安大学学报(社会科学版),2014,36(1):5.
② 〔美〕理查德·保罗,〔美〕琳达·埃尔德.批判性思维[M].乔苒,徐笑春,译.北京:新星出版社,2006:312.
③ 武宏志,刘春杰.批判性思维:以论证逻辑为工具[M].西安:陕西人民出版社,2005:2.

能力,以及创新能力,俗称"4Cs"能力,被视为美国教育革新的核心任务。①

《学会提问:批判性思维指南》由作者经济学教授尼尔·布朗和心理学教授斯图尔特·基利合著,书中提到"批判性思维包括提出一系列相关的批判性问题的意识,以及在适当的时机提出并回答问题的能力和意愿"。② 布鲁克·诺埃尔·摩尔和理查德·帕克在《批判性思维:带你走出思维的误区》中则认为"批判性思维就是指审慎地运用推理去判定一个断言是否为真。值得注意的是,批判性思维往往不是指断言的真假本身,而是指对我们面临的断言进行评估。也就是说批判性思维的主旨是关于思维的思维——当我们考量某个主意好不好的时候,我们就在进行批判性思维"。③ 谷振诣、刘状虎这样定义批判性思维:"批判性思维是面对相信什么或者做什么而做出合理决定的思维能力。就如何培养这种思维能力而言,批判性思维指的是培养和训练思维能力的一门应用性学科。"④美国加利福尼亚批判性思维测验量表将批判性思维定义为"一种有目的性的,对产生知识的过程、理论、方法、背景、证据和评价知识的标准等正确与否做出自我调节性判断的思维过程"。⑤

理查德·保罗、琳达·埃尔德在《批判性思维》一书中有针对性地探讨了关于批判性思维的几个关键问题,批判性思维的定义正是其中的首要问题。他们虽然"暂时"给出了一个定义,即:"一种思维,目的在于可靠基础上的判断,从而运用适当的评估标准,致力于决定某个事物的真实值、优点或价值。"并且综述了一些有代表性的学者观点,但他们同时也认为"没有一个定义可以说明批判性思维","任何对批判性思维的简明描述必定有重大的局限性"。此书中综述的几种关于批判性思维的定义有:在《理性教育:合理性、批判性思维与教育》一书中,哈维·思格耳(1988)把批判性思维定义为"合理性而动的思维";罗伯特·爱尼司(1985)将批判性思维定义为"一种关注应该做什么和应该相信什么的理智式、反思式思维";马修·立朴曼(1988)将批判性思维定义为"巧妙、负责的思维,因其依靠一定尺度有助于判断,能自我纠正,敏于捕捉情境的变化"。思克雷温和保罗(1995)在国家批判性思维讨论会中这样定义批判性思维:"批判性思维是智力历练的过程,它积极巧妙地进行定义、应用、分析、综合等过程,或者评价从观察、体验、反思、推理、交流中得到的信息,然后作为信念与行动的指导。"他认为"批判性思维有两个组成部分:(1)一套推动并生产技巧的信息与信念。(2)以心智努力为基础,运用技巧指导行为的习惯"。他们还回顾了旧金山魏特曼研究所约翰·易思特

---

① 靳昕,蔡敏.美国中小学"21世纪技能"计划及启示[J].外国教育研究,2011,38(2):50-54+77.
② 〔美〕布朗,〔美〕基利.学会提问:批判性思维指南[M].赵玉芳,等,译.北京:中国轻工业出版社,2006:4.
③ 〔美〕布鲁克·诺埃尔·摩尔,〔美〕理查德·帕克.批判性思维:带你走出思维的误区[M].朱素梅,译.北京:机械工业出版社,2012:3-4.
④ 谷振诣,刘状虎.批判性思维教程[M].北京:北京大学出版社,2006:1.
⑤ 罗清旭.批判性思维的结构、培养模式及存在的问题[J].广西民族学院学报(自然科学版),2001(3):215-218.

尔和丹·克罗曼(1933)主持的研究,该研究采访了大量学者,其中一个问题就是你如何看待批判性思维,被采访的学者们都从自身研究的角度各有侧重地谈了他们对批判性思维的看法。①

上述几种对批判性思维的定义,表述虽各有侧重,但内容没有矛盾冲突之处,可以互为补充、完善。批判性思维是一种需要通过训练来培养的思维能力,具有批判性思维的人能通过观察、体验、分析、质疑、反思、推理、比较、归纳、交流等方法来辨别真伪、判断价值、解决问题、指导行动;而批判性思维的培养最终目的是个体思维的发展与成熟,因而美国在半个世纪以前就将批判性思维的培养纳入教育改革运动,中国高校近几年也在通识教育中加入了批判性思维课程。

二、高中语文阅读教学的核心内容

《普通高中语文课程标准(2017年版)》将高中语文课程的"学习要求"分为"必修课程学习要求"和"选择性必修和选修课程学习要求"。在"必修课程学习要求"中,有四条与阅读教学有关,分别是:"(1)多读多想多写,多角度地观察生活,多方面地增进语文积累,丰富自己的精神世界、生活经历和情感体验,完善自我人格,提升人生境界。培养广泛的阅读兴趣,努力扩大阅读视野。学会正确、自主地选择阅读材料,读好书,读整本书,多媒介获取信息,提高文化品位,提高阅读与表达能力。必修阶段各类文本的阅读量不低于150万字。学会灵活使用常用语文工具书和网络,检索所需的信息和资料。学会以多种形式表达和交流自己对自然、社会与人生的感受和思考。(2)发展独立阅读的能力。灵活运用精读、略读、浏览等阅读方法,从整体上把握文本内容,理清思路,概括要点,理解文本所表达的思想、观点和感情。努力从不同的角度和层面进行阐发、评价和质疑,对文本作出自己的分析判断。能借助注释和工具书,阅读中国古代作品,读懂文章内容,背诵一定数量的名篇。注重个性化阅读,学习探究性阅读和创造性阅读。养成相互切磋的习惯,乐于与他人交流自己的阅读鉴赏心得,展示自己的学习成果。(3)阅读实用类文本,能准确、迅速地把握主要内容和关键信息,对文本所涉及的材料有自己的思考和评判。阅读论述类文本,能准确把握和评价作者的观点与态度,辨析观点与材料(道理、事实、数据、图表等)之间的联系。阅读古今中外文学作品,注重审美体验,能感受形象,品味语言,领悟作品的丰富内涵,体会其艺术表现力;努力探索作品中蕴含的民族心理和时代精神,了解人类丰富的社会生活和情感世界,增强民族文化自信。(4)在语文学习中养成有意识地积累的习惯,积累有利于丰富自己运

---

① 〔美〕理查德·保罗,〔美〕琳达·埃尔德.批判性思维[M].乔苒,徐笑春,译.北京:新星出版社,2006:306-309.

用的字词句篇语文素材、语言运用典型案例等。在积累的过程中,注重梳理。通过归纳、分类,逐步领悟语文运用的规律,自主建构相关的知识。尝试梳理文学作品的基本样式和概念,了解文学鉴赏的基本方法,在文学阅读过程中领悟鉴赏和创作的规律。注意观察语言、文学和中外文化现象,学习从习以为常的事实和过程中发现问题,培养探究意识和发现问题的敏感性。在探索活动中,勇于提出自己的见解,尊重他人的成果,不断提高探究能力,逐步养成严谨、求实的学风。"

"选择性必修和选修课程学习要求"中对阅读教学提出的要求是:"(1) 学习多角度、多层次地阅读,对优秀作品能够常读常新,获得新的体验和发现。借助工具书、图书馆和网络查找有关资料,加深对作品的理解。选择性必修阶段各类文本的阅读总量不低于150万字。在阅读鉴赏中,了解诗歌、散文、小说、戏剧等文学体裁的基本特征及主要表现手法,了解相关的中国古代文化常识,丰富传统文化积累,汲取思想、情感和艺术的营养,培养健康高尚的审美情趣,丰富、深化对历史、社会和人生的认识。(2) 选读古今中外文化论著,在整体了解论著内容的基础上,把握论著的主要观点和基本倾向,了解用以支撑观点的关键材料,拓宽文化视野和思维空间,提高文化修养。以发展的眼光和开放的心态看待传统文化和外来文化,关注当代文化生活,能通过多种途径开展文化专题研讨。学会尊重、理解作品所体现的不同时代、不同民族、不同流派风格的文化,尝试对感兴趣的古今中外文学作品进行比较研究或专题研究,理解作品所表现出来的价值判断和审美取向,作出恰当的评价。"

三、高中生批判性思维能力的特点

王宽明在《高中生批判性思维能力现状调查》中对广东、江西、西藏、贵州和宁夏等地区省重点、市重点和普通高中总共60个班级的高中二年级学生发放调查问卷,收回有效问卷2472份,采用彭美慈等编制的中文版批判性思维能力测评表(critical thinking disposition inventory — Chinese version,CTDICV),从寻找真相、开放思想、分析能力、系统化能力、批判思维自信心、求知欲与认知成熟度这七个维度展开测量。其研究结果表明,超过80%的高中生批判性思维能力得分低于280分(满分420分),批判性思维能力较弱。[1]

随机抽取保定某一中学高一至高三371名重点班的学生和321名普通班的学生作为被试,有效被试为652份,测量工具采用的是香港理工大学翻译、修订的《加利福尼亚批判性思维问卷》中文版(CCDTI),同样也是七个维度。通过问卷测量得出的结论是:高中生的批判性思维能力总体较弱。特别是系统化能力和自信心这两个特质均为负性,得分最低。并且,

---

[1] 王宽明.高中生批判性思维能力现状调查[J].教育导刊,2016(12):42-45.

高中生批判性思维的七个特质均未达到较强水平(≥50 分为强的特质表现)。①

李瑞芬等人探讨了批判性思维、认知需求与动机三者之间的关系,认为"认知需求是与思维活动有关的加工和思考信息的倾向性,很大程度上它会影响个体组织、提炼和评价信息的广度和深度。高认知需求者能更努力地投入到认知活动中,并且能积极地加工处理信息"。他们得出的结论是"认知需求可以直接影响个体批判性思维,也可以通过内部动机间接影响个体批判性思维"。②

苏倩认为:"高中生认识信念总体状况处于一般水平,知识的获得处于较高水平,其余均处于一般水平。认识信念总分、学习的速度在性别上存在显著差异,知识的获得在性别、年级上存在显著差异,知识简单性在性别、专业上存在显著差异。高中生认知需求总体状况处于一般水平,且个体的认知需求差异较大,在性别、专业上存在显著差异。高中生认识信念、认知需求与批判性思维倾向三者之间两两存在显著正相关。认识信念和认知需求对批判性思维倾向有正向预测作用。认知需求在认识信念与批判性思维倾向两者之间起着部分中介作用,说明认识信念可以直接促进批判性思维倾向的发展,也可以通过认知需求这一中介变量间接地促进批判性思维倾向的发展。"③

综上所述,现有研究认为中国高中生批判性思维能力较弱,与其认知需求和认识信念呈显著正相关。但以上研究的研究对象有地域局限,中国不同地区间教育资源不同,不同地区高中生的批判性思维能力水平和认知需求、认识信念或许不同。

四、高中语文阅读与批判性思维的关系

叶圣陶先生曾在 1980 年小学语文教学研究会成立会上发言,题为《语文是怎样的功课》,他从"语文"这一学科名称的来由进行解释,给"语文"下了定义:"一九四九年改用'语文'这个名称,因为这门功课是学习运用语言的本领的。既然是运用语言的本领的,为什么不叫'语言'呢?口头说的是'语',笔下写的是'文',二者手段不同,其实是一回事。功课不叫'语言'而叫'语文',表明口头语言和书面语言都要在这门功课里学习的意思。"更早的时候,在 1935 年 5 月的《中学生》杂志中,他以编者的身份谈到三种读书的态度:"一种是绝对信从的态度,凡是书上说的话就是天经地义。一种是批判的态度,用现实生活来检验,凡是对现实生活有益处的,取它,否则就不取。又一种是随随便便的态度,从书上学到些什么,用来装点自己,以

---

① 姜萌.高中生批判性思维及其与心理健康的关系研究[D].河北大学,2016.
② 李瑞芬,崔影,张晨怡,韩琴.大学生认知需求与批判性思维的关系:基于工作动机的中介作用[C].中国心理学会.第二十一届全国心理学学术会议摘要集.北京:中国心理学会,2018:914-915.
③ 苏倩.高中生认识信念、认知需求与批判性思维倾向的关系研究[D].聊城大学,2018.

便同人家谈闲天的时候可以应付,不致受人家讥笑,认为一窍不通。……青年应当抱而且必须抱的是第二种态度。要知道处理现实生活是目的,读书只是达到这个目的的许多手段之一。"①可见,阅读这一行为,因其行为主体不同的目的和态度而有不同的结果。将阅读这一行为纳入语文学科的学习中来说,阅读是学习书面语言的主要手段,目的是用来处理现实生活。

于漪老师曾这样定义阅读:"阅读是一种复杂的智力活动,它包括感知、想象、思维、记忆等多种心理过程,也与兴趣、情感、意志和注意力等密切关联。但是必须明确:阅读是借助具有客观意义的文字符号去了解别人思想、感情的活动,因此,它的核心是理解。"她也曾在《阅读课面面观》中强调了阅读课在语文教学中的重要地位,她说:"语文教师上得最多的课是阅读课,因为阅读训练在语文教学中最为基本。通过数量可观的阅读课,不仅能引导学生积累知识,培养阅读能力,而且能训练学生的思维,发展他们分析、综合、抽象、概括、比较、归纳、演绎等能力。"②

《普通高中语文课程标准(2017年版)》在高中语文的"课程性质"中,把发展思辨能力、提升思维品质作为语文课程的任务之一:"工具性与人文性的统一,是语文课程的基本特点。语文课程应引导学生在真实的语言运用情境中,通过自主的语言实践活动,积累言语经验,把握祖国语言文字的特点和运用规律,加深对祖国语言文字的理解与热爱,培养运用祖国语言文字的能力;同时,发展思辨能力,提升思维品质,培育社会主义核心价值观,培养高尚的审美情趣,积累丰厚的文化底蕴,理解文化多样性。"然后进一步明确了高中生思维的发展与提升是语文学科核心素养的其中一个方面,而批判性正是需要提升的思维品质之一:"思维发展与提升是指学生在语文学习过程中,通过语言运用,获得直觉思维、形象思维、逻辑思维、辩证思维和创造思维的发展,促进深刻性、敏捷性、灵活性、批判性和独创性等思维品质的提升。"并且将提升思维品质纳入课程目标:"自觉分析和反思自己的语文实践活动经验,提高语言运用的能力,增强思维的深刻性、敏捷性、灵活性、批判性和独创性。"

无论是语文教育名家,还是语文课程纲领性文件,都向中学生提出提升思维品质的期望,向语文教师提出了增强高中生批判性思维的教学要求,而高中语文阅读教学中对批判性思维的培养正是提高高中生思维品质、增强高中生思维的批判性的一条可行路径。

五、高中语文阅读中批判性思维培养的框架

高中语文阅读中批判性思维培养的框架见下表:

---

① 叶圣陶.好读书而求甚解:叶圣陶谈阅读[M].北京:开明出版社,2017:165.
② 于漪.于漪文集(第2卷):阅读教学的理论与实践(一)[M].济南:山东教育出版社,2001:112.

年段	思维能力	思维途径	思维品质	思维倾向
高一	定义、辨识	观察、质疑	分析性、策略性	寻找真理、开放思想
高二	分析、评价	推理、比较	独立性、全面性	分析能力、系统化能力
高三	应用、综合	归纳、交流	变通性、独特性	自信心、探究能力、认知成熟度

六、高中语文阅读中批判性思维培养的路径

1. 在线学习中引入角色设计

袁梦霞、俞树煜等发现在在线学习中引入角色设计有助于学习者积极主动地参与学习，在此过程中学习者批判性思维得到提升。角色扮演是指让学习者在在线学习过程中各自扮演一些具体的角色，并履行其职责。根据批判性思维培养的四个阶段，触发、探究、整合、解决，将学习者分为四组对应的角色类别，各自承担相应的角色职责，分别是问题分析者，负责组织小组成员进行认知对话，引导组员发散思维，积极寻求各种解决方法；资料搜索者，负责搜集分析资料、情感会话与工作协调；问题诊断者，负责组织组员对学习内容进行反思、分析、判断问题是否已经解决；问题解决者，负责总结、提炼，形成问题解决结果，形成小组学习成果报告。他们使用纽曼(Newmen)提出的批判性思维深度测量公式，测量并比较了给学习者分配角色的小组比没有给学习者分配角色的小组的批判性思维的深度，最终发现在线学习活动中的角色扮演对学习者批判性思维的深度产生了积极的影响。[1]

2. 语文对话教学

语文对话教学是以语文知识为中介，涵养学生的言语能力、思维能力、审美能力及其情感态度的有效性、创造性的实践活动。其外延一是重建学习者与客体(语文知识与语文能力)的文化性实践关系；二是重建学习者与自身(情感行为与创造能力)的存在性实践关系；三是重建学习者与他人(合作精神与分享能力)的社会性实践关系。语文对话教学的特征是以言语实践为核心。语文教学作为母语教学，其传统文化和语文知识，以及审美能力、思维能力的培养，都附着在语文言语实践活动当中。[2]

3. 体验式学习

教师在教学中，更注重学生的学习感悟、体验的过程性，给予学生恰当的方式方法，引导学生在自主探究的过程中获得独特的体验和感受；引导学生之间、师生之间能主动互动交流，

---

[1] 袁梦霞,俞树煜,聂胜欣,董勤兰.促进批判性思维发展的在线学习活动角色设计[J].现代远距离教育,2017(2):76-82.
[2] 赵晓霞.语文对话教学的传统渊源、核心价值与实践探索[J].当代教育与文化,2017,9(2):64-69.

发表自己的学习体验和感悟,注重学习的生成。在课堂教学中的具体途径有:以导激学,用课堂导入激发学生的学习兴趣或以巧设情境营造氛围、或训练思维等为学习奠定基础;以读促学,通过朗读来培养语感,在朗读中细心品味语言文字内在的深意,在朗读中生成学生富有个性化的体验和情感;以讨论强化,教师选择有意义的问题,引导学生做交流讨论,激发学生多维度思考,尽可能窥透问题之全面。①

4. 探究性阅读

多鼓励学生进行自觉阅读和探究;充分激发学生的主体地位,珍视学生的个人见解;整体感知文本,调动经验与文本进行交流。② 基于探究式教学的课堂实施。

探究式教学(inquiry-based instruction)最早出现于二十世纪五六十年代美国的科学教育中,常常与亲身实践、基于问题、基于项目、学生中心、启发、对话等词语联系在一起,由学生提出问题、探索情境并解决问题。自主性、合作研讨是探究式教学的特征。探究性主要体现在具体情境下学生语文学习问题由提出到解决的过程中。③

5. 立体型阅读教学

一堂好的阅读课应该由浅入深、循序渐进地推进,帮助学生从平面的静态思维走向立体的动态思维。语文阅读教学要走向立体,应从言语层、形象层、象征层三个层面逐次建构。言语层指的是"字、词、句、篇、语、修、逻、文"的学科主干知识层面,如字词含义、句法语法、修辞手法、段落之间的逻辑关系或结构关系等;形象层一般指作品所呈现出的如行为、时间、物品、符号、图景等可以用语言指称的具象或具象世界,它们构成文本的内容、主体或意境等;象征层是文本的核心,它隐藏在文本的最深处,教学实践只有通过深刻的省思才能窥见其奥秘。立体型阅读教学意图点燃师生创新思维的火花,在逐层深入的探索中实现教学相长。④

6. 批判性阅读

余党绪老师认为:"批判性阅读就是借助批判性思维的基本原理、策略与技能开展的文本细读。批判性思维是一种立足于建构与发展的思维方式,它主张在多元对话中,通过自我反思、判断与完善,来达成'合理性'的理念共识或行动方案,其基本技能包括解释、分析、论证、评估、权衡和构造等。""批判性阅读则强调读者以主体的姿态切入文本,不以共鸣为目标,而以平等对话为桥梁,追求个人理解的合理与完善。"他认为批判性阅读的基石是文本的客观性,索解文本的本真不是批判性阅读的目的,但却是批判性阅读必须的基础,否则与文本的对

---

① 周丽.体验式学习于高中语文之运用[J].读与写(教育教学刊),2017,14(11):59.
② 祁化智.探究性阅读在高中语文教学中的应用思考[J].学周刊,2017(17):90-91.
③ 任刚,任洪婉.从探究式教学角度审视近年来的语文专题教学[J].语文教学通讯,2017(6):9-11.
④ 武树峰,楚爱华.例谈立体型阅读教学的建构[J].语文建设,2017(1):32-33.

话只会变成自说自话。通过追问"文本的主旨是什么？文本的事实与逻辑是如何支持这个主旨的？作者的前提假设、立场和视角是什么？作者的立场、视角与其主旨是怎样的关系？"等问题，达成对文本本真的把握。在此基础之上，再探究一系列判断性问题，如"文本所传达的主旨合理吗？文本的事实与逻辑是否以及能否支持它的主旨？文本的事实前后矛盾吗？文本的内在逻辑前后一致吗？作者的前提假设合理吗？作者的立场、视角是否局限了其主旨的表达？"从而培养批判性思维，导向自我的理解与确信。① 他也曾把批判性阅读称为"思辨性阅读"，提出思辨性问题的设计应该包含"理解"与"评价"这两个要素，例如他在《悲惨世界》整本书阅读课上设计的问题：冉阿让原本在十九年的牢狱苦役之后痛恨社会，但他却在遇到卞福汝主教后改过自新，他这样做的逻辑是什么？这即是理解，是站在冉阿让的立场上设计的。然后进一步追问："这合乎我们习以为常的因果逻辑吗？"这是判断与评价，是站在自我的立场上设计的问题，对文本保持审视的态度。②

另举一例，如黄玉峰认为《林教头风雪山神庙》一文可从情理悖谬处发现问题，通过引导，让学生质疑并思考像林冲这样一个有着正当职业、光明前途，品性善良，甚至循规蹈矩、小心谨慎的人，如何会沦落到家破人亡、落草为寇？进一步反思，在什么样的制度下，会产生"高太尉""高衙内"，会让好人变坏，善人变恶，如何避免再现林冲这样的社会悲剧。他还建议在课文阅读的基础上拓展阅读，如读甘地和曼德拉。③

欧阳林将思辨性阅读分为三个阶段，其起点是引导学生发现疑点和矛盾，形成认知冲突，从而激发思考。其过程是对问题进行分析与论证，辨别自己和他人观点背后的假设、立场、视角和逻辑谬误，进行比较、评估；其结果是从理解走向认知结构与思维策略的建构，用全面认识取代片面认知，并迁移为解决现实问题的能力。④

7. 比较阅读

相同题材的作品的比较阅读，如王粲的《登楼赋》、杜甫的《登高》、柳宗元的《始得西山宴游记》，文体不同，但题材都是登临；不同观点的作品的比较阅读，如对项羽的评价，杜牧的《题乌江亭》、王安石的《乌江亭》、李清照的《夏日绝句》，因作者时代、立场不同，评价各有侧重。⑤

---

① 余党绪.批判性阅读：一条"光荣的荆棘路"[J].中学语文教学,2017(9):9-12.
② 余党绪.思辨性阅读：在事实、逻辑与情理的纠结中突围——《沙威,沙威》的教学及反思[J].语文学习,2016(9):44-50.
③ 黄玉峰.如何看待经典及如何看待思辨——由余党绪教《英雄和好汉的边界》所想到的[J].语文学习,2015(1):4-8.
④ 欧阳林.思辨性阅读：从理解、求异到建构[J].语文建设,2018(1):18-21.
⑤ 魏平平.运用批判性思维提升中学生阅读素养[J].课外语文,2018(25):123.

七、高中语文阅读教学中存在的问题

1. 教学理念上忽视学生主体性、教学实施上不注重学生思维的对话

"批判性思维的产生需要学生具有问题意识,然而在实际的课堂教学中,批判性思维的培养与理想状态相差甚远,学生不仅很少有反思、批判的机会,并且不敢、不勇于批判,不敢挑战权威,总是致力于标准答案、确定性知识的获得。""在教学实施中即使采用了探究性的教学形式如小组讨论、案例分析等,讨论、分析、交流也会成为形式,学生只能有短暂思考的时间。能够积极主动的往往固定在一些同学当中,学生之间少了讨论,教学中少了观点之间的碰撞,不能实现学生之间思维的真正对话。"①

2. 教学评价上缺少适当的评价方式

"知识水准"的教学评价仍然以基于"学习即知识习得"的"量化评价"为主,测量教师传递给学生多少知识,学生又掌握了多少知识……并且"批判性思维"这种核心素养不像知识、技能一样能够量化为外显的分数、行为来评价,它很难通过直接的外显行为来评价,一旦使用这种量化评价方式来评价批判性思维,会无形中强化对知识技能的获得,忽视对学生批判性思维的评价,最终又造成教师在教学中不注重学生批判性思维的训练,导致批判性思维的培养进入一个恶性循环。②

3. 学情分析上缺少对高中生批判性思维的测量

目前全国对高中生批判性思维的测量范围小,数据来源局限于某地某校,或某几个地区的抽样调查,既没有覆盖全国的测量范围,也没有能够说明教育资源水平不同地区高中生批判性思维差异的研究,对于学情的了解和分析十分不足。不知道高中生真实的批判性思维水平在哪里,也就无法确立对其培养的目标,以及我们还需要走多少路。

4. 培养路径上缺少可复制推广的培养系统

国内对于批判性思维的培养方法,主要有两种类型,一种是哲学、心理学研究的视角,作为大学的通识课程,教学内容侧重于论证、逻辑、辩论,较多借鉴国外批判性思维教材;另一种是在基础教育中与学科教学相结合的视角,处于初步尝试阶段,与英语、语文学科的阅读与写作结合较多,但还没有可复制推广的培养框架和系统,大多数是零散的几条教学策略,其可行性和有效性也未得到科学的验证。

---

① 李金露.核心素养视域下批判性思维培养的问题及对策[J].教学与管理,2017(30):15-16.
② 李金露.核心素养视域下批判性思维培养的问题及对策[J].教学与管理,2017(30):16.

提升批判性思维品质的意义

——高中语文阅读教学中需要批判精神

批判,字典上有两个义项:一是"对错误的思想、言论或行为作系统的分析,加以否定";二是"批评"。而批判性思维可追溯到杜威的"反省性思维",是指"能动、持续和细致地思考任何信念或被假定的知识形式,洞悉支持它的理由,以及它所进一步指向的结论"。当然"批判性思维"不等于"批判"。"批判"是一个富有攻击性的动词;而"批判性思维"是一个名词性的短语。"批判"是指向对象的,即对批判对象的"否定";而"批判性思维"是指向学生自己的。"批判"是手段;"批判性思维"的形成才是目的。批判性思维的建立不是"批判"这个行为的简单强化。

2017年版课标中关于"思维"的表述有48处之多,高度重视学生"思维"的培养,特别是把思维和语言学习活动有机结合起来,重视语文阅读中反思和批判环节对思维的提升。其中三次直接提到"批判性思维"。所谓批判性思维,就是指对所学内容的性质、价值、真实性和精确性等进行个人的判断和合理决策的思维方式。的确"批判性思维"是培养学生创新思维的前提,当今网络时代,对知识价值的判断随着获取知识方式的变化也相应变化着,如果单纯的知识不能作为创新的基础,则这种知识的意义非常有限,创新是一切知识意义的最后归宿。因而,高中语文阅读教学要培养学生的批判性思维,特别是对文本信息的筛选、概括、推断更需要批判性思维作为保障。

一、意义价值

批判性思维有助于高中学生语文素养的全面提升,具体体现在语文阅读和表达的优化上。阅读和表达有一个完整的思考过程,如果语文阅读只是读了文字却无思考,那么语文阅读就没有任何意义;同样如果表达只是玩文字游戏,而没有充分体现作者的思想意识,那么,表达将成为一棵枯树。因而语文阅读、表达及思考,是不可分割的整体。

批判性思维有助于高中语文阅读的深刻性。如果是面对议论性的文字,通过阅读文本,发现文本在论点、论据或论证在逻辑上的缺陷，并且找出能够证明缺陷的依据，从而推断出新的结论。批判性阅读是一个不断质疑并且发现、挖掘甚至创建新认知体系的过程。

批判性思维有助于语文新的阅读流程的建立。在语文阅读中还具有更深层的意义，学生在阅读过程中能够更好地理解文章并吸收其精髓，为自己创造一定的阅读程序、问题甚至新的流程，为学生一生的语文阅读奠定基础。如今生活正处在一个多媒体发达的时代中，批判质疑在阅读中对纷至沓来的各种信息的甄别越来越重要。批判性思维的确能够为学生提供一个独立发展的思维空间。

二、实践运用

高中语文阅读教学中，如果老师引导得当，学生爆发出来的批判性思维的能力是巨大的。特别是对一些经典名篇的学习，更需要运用批判质疑的眼光和思维，探讨文本的语言形式和语言内涵的独特魅力。如我们在教学华东师大版高中语文教材三年级第一学期《简笔与繁笔》时，引导、激发学生层层深入地剖析文章，既转换了一个角度加深对文本理解，又体验了批判性思维的运行方式。

疑问一：本文的中心论点到底是什么？

学生阅读文本，纷纷提出自己对中心论点的认知：（1）字面上的简不等于精炼，艺术表现上的繁笔也有别于通常所说的啰嗦，不论是简笔还是繁笔，只要是经过提炼的，就是合理的。（2）繁与简不能作为判断文章好坏的标尺。（3）文章的繁简又不可单以文字的多寡论，等等。

不少同学认为，概括各段的内容，囊括作者提出的观点，就能形成本文的中心论点。如"不管是简笔还是繁笔，只要来自于生活、发诸真情，自然成文，做到繁简适当，就能达到各尽其妙的效果"。这样的概括似乎是完整的，也经过了自己的思考整合，但是对文本内容概括就一定是文章的中心论点吗？显然这里存在认识上的误区，第一，把对论点概括的思考方法等同于论点的内容。第二，"是什么"和"怎么样"不同的思维层级的内容混淆。

此时，还需要激发学生的批判性思维，通过细读文本，引导学生发现"简笔与繁笔，各得其宜，各尽其妙"一句，最能体现本文的论点，似乎找到了答案，然而，这个句子的表述真的就是最恰切的吗？

思维的火花再次被激发，细读全文后发现这个句子也存在着不尽完美之处，一是，两个逗号割裂了句意的完整。二是，三个短句并列不符合逻辑。三是，这不是一个陈述句，不能完整的表达一个意思。经过激烈讨论达成共识：在原句的基础上略加修改，句中前一个逗号换成"要"字，后一个逗号改为顿号，就能形成完整的陈述句："简笔与繁笔要各得其宜、各尽其妙。"

这与全文的论述相吻合。批判性思维的确能在看似无疑处发现疑问，进而与全文的内在逻辑勾连起来，剔除文本的瑕疵，更能引导学生的思维走向深入，真正能随时提醒学生对文本现有结论作细致入微的发掘。

疑问二：论据是否准确、恰当？

学生提出：文章写武松所见的山神庙，是"破落"二字，如果换成"败落"是否更符合原著的用语习惯以及前后的行文风格？

该生在预习时特别用心，他例举出《水浒传》原文的表述："武松乘着酒兴，只管走上冈子来。走不到半里多路，见一个败落的山神庙。行到庙前，见这庙门上贴着一张印信榜文。"他还说小学课本上也不是"败落"而是"破烂"。他接着说，"破落""破烂"是抓住了山神庙的外形特征，也符合现代人的语言习惯，但是不能很好地表现因虎患导致寺庙香火断绝的意思，因为"败落"暗含着山神庙的衰败过程，重在一个"败"字。引用时应该尊重原著的语言习惯。

另一个同学指出：文章第三段，作者写鲁智深三拳打死镇关西，"鲁智深"这一人称是否与原著情节发展的进程不吻合？她例举了《水浒传》回目：第三回，史大郎夜走华阴县，鲁提辖拳打镇关西。第四回，赵员外重修文殊院，鲁智深大闹五台山。第五回，小霸王醉入销金帐，花和尚大闹桃花村。第六回，九纹龙剪迳赤松林，鲁智深火烧瓦罐寺。

的确，原著是"鲁提辖拳打镇关西"，因为他当时并未出家，尚未有智深的法号。因而，这一表述是不准确的，议论文的核心是说服力，如果事例不准确是有损议论的力度的。

从这两个问题的提出和解决看。学生对极为细微之处产生的疑问也不放过，而且找到了原著出处，给出了有力的论据支撑，纠正了名家文章里不够严谨的地方。一方面批判性思维对文本解读的功效不可小觑。敢于挑战名家和权威是批判性思维的重要品质，"尽信《书》则不如无《书》"；另一方面两名同学给出了批判性思维的路径，大胆怀疑、小心求证和谨慎结论。

在引导学生体会到批判质疑之乐后，再一次让学生细读、品味本文，思考论据是否还有不妥之处？或者本文的论据是否可以修改得更加完美？于是，学生的讨论更激烈，有同学提出质疑：小说写了纷纷扬扬的漫天大雪，"只一句：'那雪正下得紧'"，用作证明"简笔"的神来之笔，并非"只一句"，这是忽略了前后文对大雪描写的铺垫和渲染？不是"简笔"，反而是另一种形式的"繁笔"。

该同学一语惊人，我不失时机地指出，有想法、有见地，但是从刚才两名同学对疑问解决的思路看，要寻找证据，支撑自己的观点。同学们快速查阅原著，引出该部分对雪景的描写语句：

（1）正是严冬天气，彤云密布，朔风渐起，却早纷纷扬扬卷下一天大雪来。那雪早下得密了，但见：凛凛严凝雾气昏，空中祥瑞降纷纷。须臾四野难分路，顷刻千山不见痕。银世界，玉乾坤，望中隐隐接昆仑。若还下到三更后，仿佛填平玉帝门。

（2）仰面看那草屋时，四下里崩坏了，又被朔风吹撼，摇振得动。

（3）带了钥匙，信步投东。雪地里踏着碎琼乱玉，迤逦背着北风而行。那雪正下得紧。

（4）把花枪挑着酒葫芦，怀内揣了牛肉，叫声"相扰"，便出篱笆门，仍旧迎着朔风回来。看那雪，到晚越下得紧了。

（5）再说林冲踏着那瑞雪，迎着北风，飞也似奔到草场门口，开了锁。

（6）因这场大雪，救了林冲的性命。那两间草厅已被雪压倒了。

（7）先取下毡笠子，把身上雪都抖了，把上盖白布衫脱将下来，早有五分湿了，和毡笠放在供桌上。

（8）那雪越下得猛，林冲投东走了两个更次，身上单寒，当不过那冷。

阅读原著的句子，同学们兴奋地发现，对"雪"的描绘，的确并非"只一句"，而是经过了前后文的反复渲染的。注意"那雪早下得密了""那雪正下得紧"和"那雪越下得猛"三句，构成层层铺垫，才有雪景与当时紧张的气氛高度契合带来的心理紧张和审美愉悦。的确，从某种角度讲，这种间隔反复构成了另一种意义上的繁笔，而并非简笔。这名同学的观点及论证是有一定道理的。高中语文阅读教学呼唤这样的批判性思维，这是学生终身受用的思维品质。

当然，学生的疑问有时候可能有钻牛角尖之嫌，然而，高中语文阅读恰恰缺乏的就是这种言之有据的批判质疑的精神、能力和习惯。特别是阅读教学中教师常常忽略这一思维品质的培养，以致学生阅读处在浅表化或者僵化的思维路径中，只要在教学中引导得当，学生就能在细微处爆发出惊人的阅读创造力。

疑问三：文章由七个段落组成，在层次的划分上学生有不同的意见：

分法1：认为第五段单独为一部分，指出做到"繁简适当"的方法，即需要提炼，但主要是"来自生活，发诸真情"。分法2：第四段和第五段合并，引用名人名言进一步论证，阐述如何做到繁简适当。两种分法的不同，关键是对第五段归并处理的分歧。

文章第五段到底是独立一个层次，还是归并到第四段形成一个论述层次？

经过讨论，第五段，独立一个层次，是以思维的三个层面为依据的，回答了"怎么样"问题。如果与第四段归并，是把"繁简"结合起来论述，由此推进文章。两者分法均有合理的因素，关键是看问题的视角是什么？自圆其说即可。批判性思维的走向就在于经过判断推理，自己做出合理的决策。

疑问四：论证中概念界定是否清楚？

经过上述问题的讨论，学生似乎脑洞大开，思维的风暴刮起来了。学生纷纷提出问题：

"言简意赅"和"言简意少"中的"简"意思相同吗？那么它和"简练""简笔"中的"简"的意思相同吗？"字面上的简不等于精炼"，这里的"简"又是指什么？

文章第四段，"鲁迅是很讲究精炼的，但他有时却有意采用繁笔，甚而至于借重'啰嗦'"，第五段却引用顾炎武的话:"文章岂有繁简耶? 昔人之论,谓如风行水上,自然成文,若不出于自然,而有意于繁简,则失之矣。"究竟有意繁简是好还是不好? 究竟自然成文是否包括了有意的繁简,这前后是否形成了诸多的矛盾?

作者提出"繁简又不可单以文字的多寡论",然而文章恰恰是以文字的多寡来论述繁和简的,观点与论证是否矛盾?

简练为文与简笔是否一致? 繁冗拖沓与繁笔有何关联?

对这些问题分组讨论,部分问题提出了解决方案。有些问题还无法解决,留待课后进一步思考,把课内问题引申到课外。批判性思维的训练和提升是没有止境的。

《简笔与繁笔》是一篇经典的文艺随笔,一般的教学设计是基于文体的共性特征,把它当作规范的议论文来教的,存在着模式化的倾向。也有教学设计是基于学情和文本个性特征展开的,但是往往忽视了说理文理性思维和科学精神的内容。我采用基于批判性思维提升为目标的教学设计,有利于提升师生的思维品质,更有利于对学生批判性思维的培养。

高中语文阅读教学的主体是一个个生命体"学生",但是学生要成为真正的学习主体,关键在于他们是否能够在学习过程中独立思考,是否体现他们的自主意识,是否提升他们的批判质疑能力,能否培养他们批判性思维的品质。教师是课堂教学过程中学生学习的引领者,当学生没有方向时,教师就应该指明方向;当学生在浅表层次上阅读时,教师就应该提出新的有价值的问题,激发学生进一步思考;在学生无法独立解决疑问时,教师就应该帮学生一把,给支架、给资源、给线索,让学生真正自己发现、解决问题。高中语文阅读教学中的批判性思维,既可以是局部的一词一句推敲,又可以是对文章前后内在逻辑关联的思考,还可以是对文本思想内容的纠偏挖掘。在质疑中寻找证据,得出结论,或肯定或否定,给出合理的解释,给出建设性的设想。由批判质疑意识到批判质疑能力的提高,最终达成批判性思维的养成,从而提高学生的语文素养。

培养批判性思维的方法

——语文课堂教学中的"问题设计"

"语文课程是一门学习祖国语言文字运用的综合性、实践性课程。"《普通高中语文课程标准(2017年版)》清晰呈现了语文学科的性质,指出"工具性与人文性的统一"是语文课程的基本特点,同时,强调在教学中要激发"问题意识"。学生在对祖国语言文字的学习中发现问题、解决问题,形成自主学习探究的习惯和能力,从而达到时代对每个公民在阅读和表达能力上的要求。这是时代发展的必然趋势,也是落实新课标的有效途径。

语文学科的核心素养是语言素养,是对语言文字的积累和运用。对于语言文字的品读,可以是修辞咀嚼、逻辑辨析、思想内涵发掘等,由于语言文字的多义性,在语境中的丰富变化导致学生理解上的差异,虽然有难以言说的苦痛,但是荆棘密布之处,疑虑重生之地,往往能激发学生对语言文字不断探究的欲望。同时,语言既是思维,也是文化的载体、审美凭借的工具。因而需要教师在教学中有效示范和指导,形成高质量的"问题设计",由此提升学生的思维水平,最终形成语文核心素养,成为热爱祖国语言文字的现代公民。

语文教学中,课堂提问,是最常见的课堂教学活动形式。广义的课堂提问包括师生间所有的提问与应答的学习活动,设计教学活动时考虑的课堂提问有两类:一是由教师主动发起的与教学目标有关的问答;二是专门设计的学生提问环节。因而,语文课堂教学的问题设计,是在特定的时空内师生共同参与的学习活动,兼顾"主体"和"主导",多角度、多途径设计问题。"问题设计"的好坏决定着课堂教学效率的高低,在教学实践中,有哪些途径和方法呢?

一、定位"核心问题"

核心问题是一堂课要实现的主要教学目标。学生的思维发展,是根植于对问题的发现、探究和解决的。每一堂课都应该有一个核心问题,这是教学中能"牵一发而动全身"的重要提问或问题。课程结构、单元目标、学习任务、选文指向、文本特点和学生认知水平是决定核心问题的重要因素,需要综合考虑,确定符合学生现阶段能力、能够引起学习兴趣、调动学生思考发展的核心问题。

定位核心问题的途径大致可归纳为：确定文本在课程体系中的学习目标，根据单元提示和任务阅读文本；初读文本，写出遇到的直接问题，唤醒已知，调动与本节课相关的知识储备；再读文本，从形式或内容的一个角度确定核心问题，形成思维培养的起始点；深读文本，解决核心问题或者发掘进一步思考的空间。

核心问题的设计需要有全局观，必须高屋建瓴，必须能够牵动学生对文本的深层理解，从而提高学生的整体阅读能力，加深学生理解的层次，提高学生的思维能力。以《南州六月荔枝丹》为例，教师在梳理学生质疑的基础上，将"核心问题"定位在对说明文逻辑顺序的理解和梳理上；根据不同的认识角度，启发学生对文本的顺序进行重新调整，梳理出四种完全不同的顺序安排，提升学生思维的敏捷性和深刻性。

二、设计"问题链"

一堂课的问题设计，还需要紧紧围绕核心问题设计出问题链。一个核心问题的解决，需要搭设台阶。问题设计由低级认知需求的"知识""信息回忆"；到中级认知需要的"理解""应用"；再到高级认知需要的"分析""综合""评价"。特别是高级认知的问题，是高中学生思维培养的重点。①

分解"核心问题"的路径是什么呢？遵循认知规律，充分体现由低到高的思维层级的推进过程；要调动多种认知方式，如比较、辨析等灵活设计问题；紧扣不同文本、课型的特点，设计适切性的问题。

"问题链"的设计应该是多元的。以《〈宽容〉序言》为例，若侧重内容，可将无知山谷的山民们幸福——不幸福——幸福作为授课的线索。若侧重寓言式的文体，则可以从寓言虚构环境的设置、抽象人物的设定等文体特征逐步引导学生。教师可以围绕"身份的转换"设计"问题链"，引发学生逐步深入探究。让学生从不同角度去认识问题，体验一种认知的变化，提升思维水平。

三、确立"问题设计"的方法

1. 质疑追问法

对于大家公认的、已成定论的观点，需要不停地追问，运用"质疑追问法"设计问题。这一

---

① 郑桂华.中学语文教学设计[M].北京：高等教育出版社，2019：76-85.

方法是指通过对作品中人们默认的人物形象、主旨等问题的质疑,运用追问的方式,形成问题链,从而加深对作品的理解。具体途径,可参照"5W+1H"模式,"5W"①,是由美国政治学家拉斯维尔最早提出的一套传播模式,后经过人们的不断运用和总结,逐步形成了一套成熟的"5W+1H"模式,后经过人们的不断运用和总结,逐步形成了一套成熟的"问题设计"方法。也可以浓缩为"黄金三问",能养成理性思考、独立判断的习惯,即这个说法能成立吗?有没有相反或例外的情况?如果成立,需要什么条件?②

如阅读《鸿门宴》,樊哙曰:"大行不顾细谨,大礼不辞小让。"这是樊哙在关键时刻勇救刘邦的重要依据。有些人做事马虎,也常常引用此话为自己开脱,我们就需要质疑追问:这句话真的对吗?有没有普遍性?有反例吗?如果成立,需要什么条件。的确,在鸿门宴极为危险的情景下,樊哙之说是明智的果断的。如果脱离这一场景,而一味地引用,往往会贻笑大方。

2. 对立统一法

对于文本中语言表达、思想观点等出现截然相反表述的地方,运用"对立统一法"设计问题。这一方法是指把看似矛盾的问题同时提出来思考,在自己研读作品语言文字的基础上,通过对作品故事、人物的细节描写进行分析,深入理解找到矛盾的统一点,从而理解和把握作品。

如《林教头风雪山神庙》结尾写"林冲举手,胳察的一枪,先搠倒差拨"。细心的学生会发现一组对立矛盾关系:林冲是用长短不同的两种兵器来杀死仇人的。对于两个帮凶,他用长兵器刺杀了他们,因为他与陆谦从小是朋友,用短兵器需要这样逼近对方来问个究竟。两种兵器比画的空间距离,对应着两种人际关系。引导学生发现、分析文本中的矛盾之处,能够较充分地展开一个细节描写中蕴含的复杂关系,由此提升思维的批判性和独创性。

3. 假设求证法

对于文本既定事实,进行重新思考,形成新的见解,可以运用"假设求证法"设计问题。这一方法是指基于批判性思维的两个基本要素假设和实证,构建对作品深入探讨的思维途径。假设不是无端的,而应当是有所依据的;实证自然要讲究逻辑。在真正运用批判性思维的过程中,教师应先引导学生有序假设,再引导学生基于逻辑推理去实证。

如《最后的常春藤叶》有学生提问:"苏艾事先是否知道贝尔曼的计划?"最后的结论是:苏艾并不知道。原因在于:其一,从贝尔曼与苏艾此前的对话看;其二,从苏艾拉上窗帘的神情看;其三,从苏艾向琼珊转述看。这是一个由严密的逻辑推理组成的论证过程,也是学生从

---

① Harold Lasswell. The Structure and Function of Communication in Society[A]. The Communication of Ideas:A Series of Addresses Harper and Brothers[C] // New York:1948:138-136.
② 余党绪.说理与思辨:高考议论文写作指津[M].上海:上海教育出版社,2017:91-93.

假设到实证的经历过程,由此产生的认识其实已经超越了常规的理解,走向了一个新的境界。

4. 丰富延伸法

对于单一的结论,通过重新阅读,建立新的体验,可以运用"丰富延伸法"设计问题。这一方法是指对作品的阅读由浅入深的、由单一维度到多项维度的感知、理解和分析,不是"降维"而是"增维"的阅读作品,由此构建立体的思维图景。

如有学生提出《水浒传》中好汉武松滥杀无辜的问题。估计是站在现代的立场审视古人,总习惯于或指责其为残暴,或赞扬其为舍生取义,但问题并不这么简单。其实,这与古人对生命的态度有很大关系。由于许多人都持有生命轮回的观念,他们并不认为人只能存活一次,甚至认为早早结束这一生的苦难可以获得重新开始的机会。因而,不能草率地仅以是非判断而忽视依托的文化背景。要引导学生重新梳理,把思考引向深处。[①]

的确,在高中语文课堂教学中的问题设计,要定位"核心问题",设计"问题链",同时,明确问题设计的方法。这些途径和方法,我们在多所学校的实施中,取得了显著的成效。高一同学能大胆提问;高二同学能梳理问题,确定、分解"核心问题";高三同学能不轻信、不盲从,能查阅资料,论述自己对问题的见解。在课堂实践中学生的"问题意识"更强了,学习的兴趣更浓厚了,阅读探究的学术性氛围逐渐形成。

当然,高中语文课堂教学的问题设计,还要进一步细化,如问题设置要适度,问题提炼要有高度,问题转换要变角度,问题移植要有新度等,需要在教学实践中逐渐完善。

[①] 詹丹.阅读教学与文本解读[M].上海:上海教育出版社,2017:274-279.

第四章

写作指导——从准确进阶独特

写作教学的基础在于阅读，直接表现为依据文字材料读懂题目，间接表现为在阅读过程中形成思维能力和认识水平，提出自己独到的看法，是一个由准确理解逐步提升到独特表达的过程。因而写作指导首先要回归到阅读积累和梳理上；其次是批判性思维能力的培养；再次是写作各环节的打磨，如审题的精准，立意的精深，谋篇布局的精巧，材料选择的精当，语言运用的精细等。其实写作能力的高下，很大程度上取决于语言文字运用能力的高下，是依据语言文字的阅读而表达的，当然背后体现出学生个体的思维品质。

学会辩证分析问题

——从机械庸俗走向灵活深入

高考语文作文命题特别注重辩证分析能力的考查。在日趋理性思辨，强调逻辑推理的情况下，从2011年上海高考卷"一切都会过去PK一切都不会过去"这一哲学命题的出现，到"劳动与享受""重要与更重要""自由与不自由""需要与被需要"等话题的探究，都实践着这一思考。我们把这种命题形式简称"A与B式"的关系型命题作文。在颇具影响力的高考作文中强调辩证思维能力的考查是无可厚非的，的确这样的命题理念和形式都击中了当前学生议论文写作中的软肋。高中学生在作文中不会说理的现象比较普遍，在行文中往往把材料堆砌在观点之下，呈现观点加例子的简单组合方式，缺少必不可少的分析，更鲜有辩证思考的推进，结果是在议论文中阐述的道理很难说服人。针对这一现象产生的关系型命题作文在一定程度上，指向了说理分析的不足，对作文教学的导向有指导意义。然而，在实际的作文中，所谓的辩证分析又呈现出只有辩证之形而无辩证之实的状态，甚至走向了另一个极端，为了辩证而辩证的机械庸俗的辩证分析。

在实际的作文教学中是否真正达到了理性思辨的能力要求呢？其实现状是令人担忧的，不少学生在作文中大量充斥的是机械的辩证分析，学生不能仔细地辨析两个概念的内涵，更不能准确地把握两个概念的关系，表面上两者关系是对立的、矛盾的，于是不加分析就笼而统之地认为对立统一。在文章的论述过程中，往往采用五段式结构，既强调A的重要，又强调B的重要，进而指出相辅相成，矛盾统一，再首尾照应，一篇文章就浅尝辄止了。或者强调既不能A，也不能B，而是A中有B，B中有A，两者融合，结束文章。这样的行文似乎有自己的观点，也强调了什么，反对了什么，但是仔细品味，只是隔靴搔痒，甚至看不出作者自己究竟要表达什么，其实在作文中没有发表自己的见解，只是对题目作了粗浅的阐释，甚至沦为庸俗辩证分析的奴隶。所谓"庸俗辩证分析"是指不管是否需要或者能否辩证分析，都作"一分为二"的思辨。譬如论述吸毒有害，有学生在指出吸毒的危害后，硬生生地也来一个辩证分析，说"吸毒具有提神的功效，因此吸毒也有一定的合理性"，等等。我们要走出这一浅思维的误区，走出机械甚至庸俗辩证思维的误区，让真正的辩证思维接触问题的实际，让观点更全面明晰、说理更深刻透彻。下面就以具体的题目为例,谈谈怎样从机械庸俗走向灵活深入的辩证分析。

一、准确理解概念,夯实辩证分析的根基

一般说来,关系型的作文题目往往由两个或两个以上的概念组成,概念反映的是客观事物一般的、本质的特征,写作时首先需要明辨其内涵和外延。内涵是指其本质属性,而外延是概念适用的范围和条件,等等。从逻辑上讲,内涵与外延是相互制约的关系,一个概念内涵越多,那么这个概念的外延越小,反之亦然,它们构成反比关系。明确概念的方法可以采用限制、概括、定义和划分等方法。题目中两个概念之间可以是相反矛盾的呈现,也可以是相连相续的延伸,还可以是部分的交叉关系甚至是完全包含的属种关系。只有对概念有了清晰的理解,才能准确地把握两者的关系,进而确定立论的思路和行文的线索。如果这个根本性的问题没有辨明清楚,所谓的分析将是无源之水、无本之木。例如作文题"底色与着色",这是两个相连相续的概念,绝不是简单的对立统一。如果是"纯色与杂色"则是对立统一的。"底色"是绘画术语,是绘画作品的原始色彩,是作品的本色。而"着色"是在"底色"的基础上,再描绘出的色调,是后天的渲染烘托的色彩。前后可以是一致的,也可以是不一致的。如果用这两者的关系,类比人的一生发展,可以说孩提时代往往稚嫩纯粹,是一种赤子之心的"本色",随着孩子与社会的接触,渐渐染上了驳杂的色彩,这就是一种"着色",特别是社会生活"物质化"的倾向越来越明显,往往把人心中纯粹的东西污染了,这样的"着色"究竟是一种可悲的后退,抑或是一种文明的洗礼呢?这是值得每一个人思考的问题,关键是看如何在人生的画布上描绘出自己的亮丽的色彩,"我"对人生的思考、感悟至关重要,正如王国维先生所说"有我之境,以我观物,故物皆著我之色彩"一样,不同的"着色",将构成不同的人生境界,这样的思考也就能形成深入而辩证分析的切入点,明了概念及其关系,才能夯实辩证分析的基础。

二、丰富概念的内涵,引发深入而辩证的思考

关系型命题往往给出的是较为抽象的两个或两个以上的概念。如果考生对概念只是简单的解释,一般会流于粗浅。需要对概念精准的理解并进行丰富的阐释,特别要注入个人的独到理解,方能游刃有余地铺展全文。

如关于"生活中的张与弛"的写作,对"张"这一概念的诠释既可以表述为"积极进取,奋发有为,是对待工作学习的严谨态度",又可以表述为"直面沧海的锐意进取,它能指引我们冲破一己之狭隘,勇敢地把握人生";对"弛"这一概念的诠释既可以表述为"休养生息,调节放松,是工作生活之余享受生活的明智之举",又可以表述为"笑看成败得失,永保洒脱豁达的恬淡

心境,它如一泓清泉清洗人们日益浮躁的心"。这样能够多角度多侧面的丰富概念的内涵,通过丰满的信息,构建并丰富自己多元而立体的理解系统,引发人们全面深入而辩证的思考,由此,概念的表述在一定程度上具有了辩证的气质。

再如"一切都会过去"属于现实和客观物质层面,体现为达观、释然、淡泊等心态;"一切都不会过去"指向历史和主观精神维度,体现了铭记、继承、责任等意义。

概念内涵的准确而丰富的诠释往往决定了论说品质的高下,这里包含着独特的视角和深刻的思考。在行文中我们可以在第二段丰富性地阐述概念的内涵,既可以用形象化的类比来丰富,又可以用严谨的多层次的限制来界定。

三、找到概念的着力点,摒弃空泛模糊的议论

在行文的过程中要紧扣概念深入论述下去,最忌讳的是空泛模糊的议论,当然,对着力点的确定是需要眼光的。如作文题"超越与回归",首先从思维方法的角度看:一是超越与回归是什么?即:超越与回归的定义、内涵甚至表现。或者超越与回归到哪里去?即:超越与回归的方向、目标和出路。二是为什么要超越与回归?即超越与回归的意义、价值和追求。三是怎样超越与回归?即:超越与回归的方式、方法、途径和道路。文章不可能面面俱到,选其中之一来论述即可。其次要找到一个自己有积累、有思考的着力点展开。如关于上海城市建设的超越与回归的思考,上海现代建筑的鳞次栉比是对石库门民居形式的超越,走向了相对独立的单元式高层建筑样式,用地面积在缩减,空间最大化了,符合现代社会高效发展的规律,但是丢掉了邻里相融合的交往氛围,在过快的经济发展过程中,需要回归到最能表现人心朴素本真的建筑样式中。打通人与人之间的隔膜,回归到人心相通相融的境界。进而论述回归的本质是为了更好地超越,是在建筑样式逐渐与人心相融的情况下的进一步超越,然而,这一定又是在更高层面的回归,这是一种由量变到质变的螺旋式上升飞跃的过程。即便是同一话题也可以成为不同论题的着力点,如"底色与着色",仍然可以找到上海城市建设的思考这一着力点。上海的味道在孩童的记忆里更多的是石库门之内的嬉戏,是街巷转弯处的爆米花的香气,是弄堂内留声机里飘出的音乐。如果看看当前老城区的拆迁,石库门在机器的轰鸣声中倒地,似乎把一个城市的魂魄彻底的铲除了,这是多么可悲的事情。反观现代城市建筑样式千篇一律缺乏个性,看不出上海、北京、广州的区别,这样的"着色"最终只能是像涂鸦作品一样,将遭到后人的唾弃。由此可见,任何一个关系型的作文题目,相对的抽象概念一定要下沉到社会、人生、伦理、道德、文化等角度,找到一个清晰的着力点,才能展开深入的、全面的论述。这样的说理丰满而不空洞,切实而不虚假,深沉而不粗浅,才能在论说的过程中说服人、感染人、影响人,这就是议论文说理的魅力所在,当然,行文着力点的选择至关重要。

四、把握概念的连接语,透彻理解它们的关系

关系型的作文题目在两个或三个概念之间,或用圆点隔开,或者用"和"相连,更多的是用"与"连接。表面上连接词"与"表示并列关系,但实际上"与"不仅仅是两个概念的简单并列,更多的是表明两个概念的并举呈现。它们的关系可以是并列,也可是其他类型的关系。如"劳动与享受","劳动"既可以指狭义的体力劳动,也可以指人类改造世界的一切活动。有体力的劳作,有脑力的支出;既可以是物质层面的呈现,也可以是精神层面的产出。"享受"更多的是指人的一种精神体验。这是需要物质基础的,但绝不只是以物质基础为唯一判断的标准,而更多是一种精神层面的追求。这两种关系从不同的角度可以有不同的认识。如果从地域看,西方人先享受再劳动,东方传统观念是先劳动后享受;从发展方向看,纵向可以是一边劳动一边享受,横向可以是劳动就是享受。从相关性看,劳动和享受既可以是完全重合的,也可以是部分交叉的。从自己劳动与别人的关系看,先天下之劳动而劳动,后天下之享受而享受。从连带关系看,因劳动创造而享受还可以构成因果关系。可见,劳动与享受绝非简单的并列关系,作者往往有不同的体验感受和心得,由此形成自己独到的认知,于是,产生异彩纷呈的写法。在主题上,决不能预先设定、先入为主地限制学生的思维、评定学生的文章。关键是学生能否对两者关系有自己的理解和界定,能否自圆其说,趋向合理。因此文题中对"与"的把握至关重要。一定是基于两个概念的准确理解才能确定好两者的关系。

五、走出两者平均用力的误区,侧重于一方的挖掘

由于学生对题眼"与"的理解,往往流于粗浅,于是,不少的学生在行文中对 A 与 B 的分析阐释说理几乎是各用一半的力气,而没有侧重深入。似乎两者都说到了,却没有挖掘出两个概念独特的意蕴。如"超越与回归",超越是对现实的突破,是对自我的否定,是寻求更高层次的发展。然而超越的结果,既可能迎来更好的明天,实现否定之后的飞跃,达到新的起点;又可能是突破后的自我迷失,跌入万劫不复的深渊。这两种情况都需要回归。前者的回归是归于清醒的状态,积蓄力量,寻求新的突破。后者的回归是归于心灵的宁静,寻求心灵栖息的港湾。如果对人生而言,不同的时期,或超越重要,或回归重要,这是因人而异的,如果在两方面都兼顾的情况下,确立文章的基点,有所侧重的深入展开论述,那么行文才能有所突破。在写作中学生往往对"回归"的思考较多较深入,对"超越"的思考太少太浅显。如果一反常态从"超越"的角度挖掘,反而可能写出更新颖的文章。从某种意义上讲 A 与 B 式的命题,在写作思维上最忌讳的是停留在表层的机械的两者兼顾,最需要的是深究一方,开掘下去,这样往往

给人留下更为深刻的印象。

六、强化不同概念思维角度的一致性，谨防行文前后的逻辑混乱

"A 与 B 式"的关系型作文题，在写作时对两个概念的理解诠释，需要在同一对象、同一类别、同一层面、同一角度、同一方向上思考，保持思维的一致性和完整性，以此构造呼应。再如"超越与回归"对两个概念要清晰地表述，并且在行文的过程中前后一致，只有两个概念在同一维度上作哲学思考，才能保持思维的延续性和严密性。学生往往在同一性这个问题上做得还不够好，将"超越"与"回归"这两个概念放在不同的维度上来思考。如有些学生写"超越"时，写的是国家发展如何超越，然而写"回归"时却写的是人性如何回归，这完全是针对不同对象的讨论，怎么能拧在一起来思考呢？对于两个完全不同的写作对象，硬是拧在一起，必然造成写作逻辑的混乱，也就是说，思维的着力点是前后一致、一以贯之的，这样能够增强说理的逻辑力量。

七、提倡整体性的思辨，慎用局部式的辩证写法

所谓整体性的思辨，是指对关系型的题目所涉及的诸多概念要从更高层面统摄，在基于两者关系的统筹考量中展开论述。如"劳动与享受"，有考生把劳动看作是另一种享受。这样入笔行文，已经把两者的关系明确和融合起来了。而常见的写法是，先总起，然后把分论点一设置为劳动是享受的基础，分论点二设置为享受是劳动的保障，进而综合论述劳动与享受是相辅相成的关系，最后再做首尾照应。这种写法不少，只是把两者的关系作了机械简单的"二分"处理，这是一种局部的辩证分析。还有一种局部辩证的写法，就是在文章将近结尾的时候，作一种"回补式"的辩证分析。而整体性的思辨首先是对题目有独到而完整的把握；其次，要找到连接两者的切入点；再次，要有清晰的表述，也就是说兼顾两者关系的圆润的表述；最后还要有两者兼顾的经典事例做支撑。如果只是在文章结尾部分做"回补式"的辩证分析，那么做文章的痕迹就太明显，常常给人以不通畅的、生涩的感觉，只是局部的为辩证而辩证分析的思考方式是不足取的。

八、构建立体的论说层次，作符合逻辑的推进

具体说就是在论述的过程中构建立体的说理层次，并且作符合逻辑的推进。写作关系型的说理文更需要这样的思维品质。这是形成有说服力文章的有力保障。最好以"层进式"的

结构行文,能有效地呈现立体的说理层次。一般说来,"七段式"的结构模型较好,分别是第一段引入;第二段分论点一,讲 A;第三段分论点二,讲 B;第四段,AB 合讲;第五段推进到侧重的一方;第六段联系实际生活或者换一个层面深入论述;第七段总结照应开头。由此,以七段的论证结构,来保障论证的层次和推进,形成论述的立体感。当然,论证的层次、推进和符合逻辑还可以通过论证方法的转换来实现。总体上,交替运用喻证、引证、例证、假设论证以及正反对比论证等方法,可以有效地形成论述层次的转换。同时,在一个段落里,也可以通过论证方法的转变来实现论证层次的丰富,比如一个段落,首尾两句要照应,中间部分可用略例排比、引证、喻证、正反对比论证来丰富论证层次,这样也能形成有效的、立体的论证层次。当然,关键是在各种论证方法运用过程中,在观点和例子的衔接中,不可缺少的是紧扣中心论点的分析、阐述,这是说理的核心所在。

总体上高考作文由形象感性的抒情要求,逐渐向抽象、理性和思辨的要求过渡,这的确是回归了议论文写作的正途,也是高中毕业生必备的思维素质。但是,在实际的教学过程中,往往流于形式,强化了一些"皮毛",也不得不引起我们的思考,需要走出机械庸俗辩证分析的误区,因为辩证分析的目的是把问题辨析得更明了、更丰富、更全面、更恰切、更深入,而不是仅仅满足于这一手法的运用,否则会弄巧成拙、贻笑大方的。因此,需要在论说的过程中,走向灵活深入的辩证分析,通过对概念的辨析和丰富,有侧重、有深化、有层次,有对现实的反思、警醒、批判和建设,有符合逻辑的立体论证,从而达到以理服人的论说效果。

形成写作的思考视角

——写作过程的五个维度

一、高考作文切入的先机——审题

审题就是弄明白材料本身表达的观点。可以从四个方面入手理解作文材料,把握材料的核心观点。

1. 对材料作文,要切分层次,整合提炼观点,形成自己的论点

审题的最基本思路就是与材料对话,读懂、读透材料是作文的前提,通过划分材料的层次,概括材料的内容,找到论题对象、范围,以及主题,并确立议论的角度。一般的步骤是:(1)概括或找到材料的关键词。(2)对应材料验证其准确性。(3)总结材料的观点或倾向。(4)自选角度,确定我的论点(或肯定、或否定、或补充延伸)。(5)把握命题者的写作要求。

2. 整体把握材料,明了关系,把握核心意义

审题最忌讳对作文材料断章取义,只见树木不见森林;而要在前后联系中,明了核心概念,特别是理清材料中蕴含的概念之间的关系,从而明确材料的核心意义。

根据以下材料,选取一个角度,自拟题目,写一篇不少于800字的文章。

《现代汉语词典》对"大师"的释义是"在学问或艺术上有很深的造诣,为大家所尊崇的人"。他们是以人类代言人的身份存在的,芸芸众生死去,只有他们的思想永生。大师活水般的思想成为经典,其经典又在时间中风干成僵死的教条,甚至桎梏人们思想。

审题后确定的论点之一:诚然,大师开创了一个时代,需要敬仰;但若是从此之后无人敢于挑战大师、超越大师,那么只有停滞不前。

3. 有根据、全面、合符逻辑的立论

自己观点的提出是针对作文材料涉及的现象或者论题,立论要有依据。论点的表述是整体性的、全面的,而非偏于一方。表述论点时需要用一些关联词连接,增强逻辑力量。

如上例中"诚然"退后一步,对大师在历史上的贡献充分肯定,"但"一转,呈现语义的重心,又通过"若"假设人们囿于大师的思想而不突破,"那么"将带来"停滞"的后果。这样的表述充满了辩证思考的全面性。

4. 对于命题作文,抓关键词,辨明题目蕴含的限制、虚实、体裁

如:请以"红灯·绿灯"为题,写一篇不少于 800 字的作文。可揭示寓意,运用虚实结合写出富有哲思性的文章。

二、高考作文制胜的法宝——立魂

高考作文的深度是由考生的思想决定的,思想是文章的灵魂,如果作文缺乏思想或者思想浅薄,那将是平庸之作。

按照高考作文的评分标准,一类卷一般是思想深刻、结构严谨、语言优美的作文。所谓的"深刻"无非是思考角度与众不同,或者比他人多想到一点点。"严谨"无非是说理富有层次的推进。

那么,如何指导学生写出思想深刻的文章呢?

1. 走进大师,濡养世界眼光

引导学生领略西方大师对人类思想的贡献,"望"洋兴叹,为我所用。看看尼采自诩为太阳的狂放;看看康德所敬畏的头顶上的天空和心中的道德律;看看弗洛伊德"本我""自我""超我"的演变;看看海德格尔借用荷尔德林的话所倡导的"人诗意地栖居";看看帕斯卡尔领悟的"人是一棵会思考的芦苇";看看米兰·昆德拉诉说的"不能承受的生命之轻"。把自己从狭隘的"井底"解放出来,从中西文化的冲突和融合中,把人个体的生命放到人类文明的进程中思考,或许对某些问题的认识会提高一个层次。

2. 寻觅源头,积淀传统文化

系统梳理五千年中华文化宝库,"闻闻"脚下的泥土,它会给予我们充足的养料。可能是儒家的"己所不欲,勿施于人"的"仁爱"思想;可能是道家"无为"逍遥的人生追求;可能是墨家"兼爱""非攻"的和平思想;也可能是佛家"禅定"的心念,等等。让华夏文化的思想滋养你的思考,为你对事情的判断提供厚实的思想基础。

3. 激扬文字,批判社会现实

"文章合为时而著,歌诗合为事而作",我们需要千万次的"问",关注现实社会。面对社会进程中的种种弊病,在理性的批判中,奉献一个热血青年的良知和责任。当然,这样的批判不是"愤青"的谩骂,也不是"看客"的狂欢,而是秉承"中道理性精神"提出建设性意见。

4. 沉浸生活,抒发个体感悟

情动于心而发于外,方能感人至深;我们需要真切的感受,发自肺腑的声音。文章的确需

要理性的批判,更需要感性的表达,源自内心深处的思索和领悟往往能震撼人心。优秀的议论文,不仅需要具有独到的思想、严谨的逻辑推理,更需要恰当、生动的描写和感人的情感抒发,特别是在严谨推理后的独到而深切的个人体验。

中医讲"四诊":望闻问切。作文教学何尝不是如此。我们教师需要在与古今中外的对话和融通中撞击出思想的火花,从而唤醒学生的记忆,再整合已有的储备,并做一些适当的补充,才能写出"思想深刻"的文章。

三、高考作文丰盈的保障——选材

高考作文展现生活的广度是由考生选择的材料决定的,材料是文章的血肉。

上海语文考试手册,在作文的选材上表述为:"选材恰当、内容充实。"其包含两方面的意思:从材料选择的要求看,选材恰当在于材料是否能有效地论证中心论点,材料与观点之间是否有必然的联系。从所写文章的效果看,内容充实在于所用材料能否达到使文章饱满有力的效果。材料选择不是纯技术活,而是反映学生眼光、学养、志趣、品位的思考和提炼。在当前的高考作文中,学生对素材的选择表现出单一雷同、陈旧无趣的状态。用考生的话说:"没有材料可选、可写,真是'巧妇难为无米之炊'呀。"

那么,教师指导学生在哪里选择恰切的材料呢?

1. 从经典作品中提炼

我们可以阅读的经典作品有:冯友兰《中国哲学简史》、李泽厚《美的历程》、王国维《人间词话》、茨威格《三大师》、梭罗《瓦尔登湖》、房龙《宽容》,等等,这些人类思想的精华是我们高考作文取之不竭的素材。

2. 从课文内容中归纳

现代文:《跨越百年的美丽》——感知居里夫人的美丽不仅在于容貌,更在于的心灵和人格的美,这是对"美丽"的深刻诠释;《邂逅霍金》——感知人才培养的土壤是何其重要;《小溪巴赫》——感受巴赫像小溪一样圣洁、安详,潺潺不绝地滋养世人;《爱因斯坦与艺术》——让我们懂得艺术与科学的互补性、相通性,造就一个杰出的科学家需要广阔而深邃的文化背景;《我所认识的蔡孑民先生》——让我们感受教育家"春风化雨、兼容并包"的风范;《唐诗过后是宋词》——让我们懂得流行与经典的辩证关系;《谈白菜》——让我们知道人生的淡薄之美。

文言文:《种树郭橐驼传》——懂得政令的实施必须适合人民需要"顺木之天,以致其性";《黄州快哉亭记》——懂得在人生低潮时也能快意生活的秘诀,寄情于山水间,在自然的怀抱中寻求慰藉,以旷达乐观的处世态度迎接每一天;《阿房宫赋》——懂得挥霍奢靡,劳民伤财,终致亡国,切勿重蹈覆辙;《前赤壁赋》——懂得对宇宙人生的深刻见解;《游褒禅山记》——明白"志""力""物"三者统一是成事的条件;《廉颇蔺相如列传》——认识丰富的人物形象,既有大智大勇、威武不屈、不畏强暴的蔺相如,也有倔强、忠于赵国而勇于改过的廉颇;《苏武传》——知道对节操的坚守何其伟哉;《兰亭集序》——懂得对世事变幻、人生无常的慨叹何其伤感。

外国作品:《最后的常春藤叶》——老画家贝尔曼一生的杰作,让我们懂得苍凉人生中那种崇高的人性之美;《我有一个梦想》——感知到为梦想奋争的坚定;《守财奴》——认识到专制、冷酷、伪善、吝啬、多疑的执着狂葛朗台形象,展示了人性的另一面。《世间最美的坟墓》——懂得世间有一种大美叫"朴素"。《老人与海》——知道人生在重压下仍然保持优雅风度,在精神上永远不可战胜的的力量。

3. 从故事传说中发现

留意古今中外的故事,丰富对社会人生的认识,提高作文的品位。如唐代"茶圣"陆羽有"弃佛从文"的改变;宋代廉之如有"闻香识人"的美谈;京剧艺术家梅兰芳先生有先天不足,执着创新成功的经典范例;爱国科学家钱学森有两次激动,为学识、为祖国的事迹;钱钟书的博学、淡定;爱因斯坦的淡泊名利的遗嘱,多才多艺的生活;海鸥乔纳森的为自由飞翔而活的追求和勇气,等等,均可成为高考作文的精彩素材。

4. 从新闻媒体中寻觅

当今处在信息极为丰富的时代,两耳须闻窗外事,才能"文章合为时而著,歌诗合为事而作",富有时代气息;不要忽视各种媒体的最新信息,遴选出独到的有含金量的素材在高考作文中运用,将给读者震撼的力量。可以关注的电视节目有《百家讲坛》《新闻1+1》《文化中国》,等等。可以关注的报纸杂志有《文汇时评》《光明日报》《解放日报》《南方周末》《读者》《杂文选刊》,等等。

论证材料的运用关键是典型和准确。一是选准,二是在旧材料中翻出新意,切入的角度新。如苏轼的坦然淡定中也许有无奈和屈从,一方面外力的强大,人的力量的渺小;另一方面内心的认命,甚至是懦弱的表现。

题目:根据以下材料,选取一个角度,自拟题目,写一篇不少于800字的文章(不要写成诗歌)。

《现代汉语词典》对"大师"的释义是"在学问或艺术上有很深的造诣,为大家所尊崇的人"。他们是以人类代言人的身份存在的,芸芸众生死去,只有他们的思想永生。大师活水般的思想成为经典,其经典又在时间中风干成僵死的教条,甚至桎梏人们思想。

是什么?为什么?怎么样?

成为大师,有两项条件:有造诣、被尊崇。大师应该受到人们的尊重。

但是不能匍匐在大师的脚下,如果只是仰视大师可能存在的问题:

(1) 遮蔽。不仅仅是一种个体的存在,而且是具有社会学意义的存在。他们的存在,遮蔽着他人与群体,同时也遮蔽着历史。他们是以人类代言人的身份存在的。芸芸众生死去,只有他们永生。

（2）垄断。思想的不朽与伟大愈发令人深刻地感受到个体生命的短暂与渺小。人们确立了大师的话语权的同时，也丧失了自我的话语权。当人们试图透过对大师的解读逼近原始的历史，更发现历史已经被他们垄断。

（3）鸿沟。大师是山峰也是鸿沟。当我们站立在国家图书馆望不到首尾的书柜旁，我们会感到一种阅读的恐惧，读书越多，恐惧便越深，因为我们发现所有的思想都被表达过，所有的情感都被倾诉过了。

（4）当文学家面对曹雪芹和托尔斯泰，当哲学家面对庄子和尼采，当经济学家面对马克思和萨缪尔森，他们都可能染上一种疑难杂症——失语。像孔子说的"予欲无言"。大师的存在足以令后人乱了方寸，就像婆婆怒目之下的小媳妇，不知什么该说，什么不该说。

我们实在不能断定大师的存在是成全了我们还是妨碍了我们。

（5）望而生畏。朋友说："纪念碑令我望而生畏。"这确是悖论。对经典的阅读，永远都不可能是平等的交流。在阅读开始之前，阅读者便带有了明显的期待心理和意向性，而这种不平等又往往导致对思想的误读或者原意的遮蔽。然而，我们却大多是这样过来的，在自以为是的阅读中不知不觉地完成了对大师的改写。与其说是对真理的向往，不如说是对权威的崇拜——大师的名字成为符号，它使我们皈依了传统的拜物教。

我们的思考，怎么做？

（1）读者的品质。换句话说，大师思想的流动毕竟是相对的，而时代与读者的流动却是绝对的，以绝对看相对，我们感觉不出自身在变，反会觉得大师在"变"，他们在世人心目中所处的位置，除了与其本身的"含金量"有关外，还和处在不同时代的读者有关。

（2）时代的思考。更与阅读者的精神状况有关，即：所谓大师，实际上是经过了阐释的大师——这涉及接受美学的范畴，于是，我们便不难理解，被某一代人奉为圭臬，顶礼膜拜的，到了另一个时代，很可能一钱不值，显得尴尬而可笑。这样讲可能极端了一些，但至少，大师的"季节性"变化却在所难免。比如高尔基、索尔仁尼琴、张爱玲等这些人物，二十年前的人们与今天人们的看法就绝不相同。因此我们说，大师是一种"客观存在"，同时也是一种"主观存在"。而后人超越了时代的困囿反观大师时，大师也已不再是个体化的大师，而是杂糅了复杂的历史信息的文化存在，在时间中经历着升值或贬值的自然过程。

（3）态度：常态，仰视；应该，平视；个性，俯视。

四、高考作文结构的呈现——推理

高考作文的力度是由文章的结构层次决定的，结构是文章的骨架。

坚实的结构呈现是文章推理的过程的外在表现。上海高考手册，在作文"结构布局"上表述为："结构完整，布局合理。层次分明，条理清晰。"前者偏重于文章静态样式的呈现；后者偏重于文章动态论证的要求。当前，高考议论文往往看不出作者自己明确的观点，没有清晰的结构安排，没有明显的推理过程。究其原因关键是缺乏明晰的论说推理过程。

那么，教师如何指导学生形成富有逻辑的推理论证呢？

1. 从思维方法上，构建三个层次，形成良好的逻辑思维品质

不论是对哪一个论题的剖析，都要从"是什么""为什么""怎么样"三个层次思考。第一层次"是什么"，指明论题或者观点的实质，一定要在行文之初界定清楚概念的内涵和外延，而且在论述的过程中"一以贯之"，不能"旁逸斜出"，更不能"偷换概念"。第二层次"为什么"，是对"是什么"的阐述，着重讲清观点成立的理由。第三层次"怎么样"，指出根据某个道理应该怎么做。三个层次在一篇文章中的展开可以有所侧重，不一定要面面俱到。

2. 从推理方法上，运用两种推理方式，提高演绎和归纳推理的能力

一是演绎推理形成"层进式"论说的结构。演绎推理是"一环扣一环"的推理形式。如"铁轨的马屁股定理"一文：美国铁路两条铁轨之间的标准距离是四英尺又八点五英寸，究竟从何而来呢？美国铁轨宽度是沿用的英国标准，英国铁轨宽度是沿用的电车标准，英国电车标准是沿用的马车标准，英国马车标准是由罗马人定的，罗马战车轮距的标准就是两匹马的屁股的宽度。这就是完整、严密的演绎推理过程。只要有三个以上的"环"相连，演绎就是完整的；只要各环的事实和论据确凿，演绎就是严密的。二是归纳推理形成"并列式"论说结构。这是由一系列具体的事实概括出一般原理。演绎推理纵向推进从而挖掘出深度。归纳推理横向连类从而扩展出广度。论说文的关键在于要有推理的过程。

3. 从文章结构上，规范文章布局，呈现静态的逻辑结构

一说到"规范"，就容易想到"模式化"，这二者不能简单的等同。动态的论述过程也需要静态的文章结构呈现，如果以"层进式"的结构行文，往往能有效地呈现立体的说理层次。以"八段"的结构模型为例说明：第一段引入，明确中心论点；第二段对中心作简要阐释；第三段论述分论点一（或正面）第四段论述分论点二（或反面）；第五段，合讲（假设论证）；第六段推进侧重的一方；第七段联系实际生活或者换一个层面深入论述；第八段总结，照应开头。由此，以"八段"的论证结构，来保障论证层次和论证推进，形成论述的立体感。当然这样的论证结构并不是僵化的套路，而要因文而异，为富有层次的思考提供多种角度，至于需要写几段，取决于对问题是否论说清楚。

4. 从论述有效性看，理清文章所涉问题的关系，推进论证层次

近年来高考作文由感性的叙事抒情向理性的辩证说理转换，那么，在作文时首先要理清文章明确的或者暗含的种种关系，而且对其辩证关系，要富有层次地论述推进。在文章的后

半部分可以有意识地侧重一方推进，或者在文章"倒数第二段"可以变换方法论述。如"换一个层面"是指在"是什么""为什么""怎么样"之间的转换；"联系实际"重点是指出"现象"的利弊，"利"是意义或作用，"弊"是危害或后果；从"个别到一般""个别到个别"之间的转换；"论述对象两者之间的内在联系"应是互为影响、互相牵制，其中有一个应是主要的。

五、高考作文外显的美度——语言

高考作文的美度是由文章语言决定的，语言是文章的容颜。

语言的精美、圆润展示文章容颜的鲜亮和柔美；语言的贫乏、粗糙呈现文章容颜的干瘪和丑陋。

上海语文高考手册关于"语言表达"确定的考试要求为：语言通顺、准确，生动、得体；合理运用多种表达方式；书写规范，标点符号使用正确。语言是思维的外壳，既能体现思维的品质，又能展示思维的结果。但是在高考考场作文中，考生文章的语言往往表现出词语贫乏、句子拗口、句式单一等问题，有时独到而深刻的思想也不能完整、清晰、生动、严谨地表达出来。

那么，教师如何指导学生运用得体的语言来表达呢？

1. 杂糅多种表达方式，力求合理

议论文当然是以议论为主的表达方式，但是往往忽略记叙、描写、说明和抒情等表达方式的作用。如果在举例论证的过程中，有记叙描写的内容，就能够让相对枯燥的说理，变得更有文学色彩，能够吸引人。如果在理性的推理中加入抒情的元素也更能打动人心，从这一角度看，动之以情也是议论文取胜的法宝之一。语文是讲究形象思维的一门学科，形象说理能够增添文气。如果能用形象的语言进行议论，用形象的语言阐释论题，就能使语言富有诗的韵味，使理性的议论文多一份感性的美丽。

2. 精选富有生命力的词语，力求准确

高考作文中若能出现几处精彩的词语短语，形式简洁，意蕴丰富，获得言简意赅的表达效果，形成整齐划一的形式美，增强文章的情势和气魄。如，贬词褒用与褒词贬用。像鲁迅的《纪念刘和珍君》中，"当三个女子从容地转辗于文明人所发明的枪弹攒射中的时候，这是怎样的一个惊心动魄的伟大啊！中国军人的屠戮妇婴的伟绩，八国联军的惩创学生的武功，不幸全被这几缕血痕抹杀了"。其中的"伟大""伟绩""武功"即是褒词贬用。再如，近义词和反义词的运用，近义词连用，可以使情感的表述有层层推进的意味；反义词配合使用，两相比照，可以使情感更加显豁。例：然而，在生活急遽变化的现代社会里，我们既不可能像陶潜一样隐居深山，也不可能如李白一样率性而为，更不可能学易安整日对红花绿叶诉愁思。难道诗意的生活只青睐古人,而将忙碌的现代人摒弃在外?

3. 巧妙使用修辞手法,力求生动

将议论文中典型的例子用具体生动的描写性、抒情性的语言来叙述。议论文中的例子若用平铺直叙的记叙性语言,读来冗长乏味、生硬枯涩、千篇一律,如果让事例带上文学色彩,使文章语言靓丽,自然能增强读者的阅读兴味。很多得高分的考场议论文就是得益于做到了化生硬为生动。

比喻能让抽象的事物变得具体,让平淡的事物变得生动,让深奥的理论变得浅显而通俗。拟人能化无情为有情,使形象生动,意蕴丰富。如,"语文带我们到天姥山的仙人洞里体验神奇,到景阳冈的青石上感受惊险,它让我们深味'逝者如斯'的感慨,'才下眉头,却上心头'的忧愁,'对酒当歌,人生几何'的无奈,'秋阴不散霜飞晚,留待残荷听雨声'的萧瑟……"此段化用古诗句和名言,让文章意深神凝,文采飞扬,生动而富有吸引力和感染力。

4. 变换丰富而灵动的句式,力求得体

句式灵活,是说句式要富于变化,或对仗,或排比,整散结合,长短结合。或陈述,或感叹,或反复,或反问,文句有情感,有个性,有意蕴。如,"时钟一下一下走过,每一步都有齿轮的转动,每一步都写下长与短的补合。爱因斯坦这位科学之坛的巨匠,在太长的生命路途中,写下波尔的名字。也许是面红耳赤的唇枪舌剑,也许是互不相让的据理力争。竞争中,两位科学家的长长短短补出了伟大的友谊,补出了人类世界的科学,补出了永远闪烁明光的智慧。双赢是合作的双手种下的果实,这果实属于双方,这果实又岂限于双方?"整句形式整齐,节奏鲜明,具有加强语势、强调语义的作用;散句则结构相异,长短不一,自由活泼,富于变化。长句字数多,结构较复杂,层次也较多,表达较为复杂的思想内容;短句的特点是简洁、明快、灵活,读起来错落有致,朗朗上口。再如,运用恰当的关联词,能体现议论文的严密逻辑。如:表示递进关系的"不仅是……而且是……更是(甚至是)……""进一步说……",表示转折关系的"虽然……但是……""……然而……",表示并列关系的"不是……而是……"等。

具体而言,整散结合主要由对偶、排比、反复修辞构成句群。调整语气主要是设问和反问、祈使和疑问之间的转换。出警策句主要指思想内涵和哲思丰富的句子。用关联词体现严密的逻辑。

提高写作的思维品质

——高考作文升类的方法

作文在语文评价体系中至关重要,是对学生语文表达能力的综合评判。作文升类是指在评分中作文类别的提高,从高考作文评分等级看,由低到高,分五类。不少同学作文水平在三类卷中上,作文70分中能拿到50分左右。如果在立意、结构、选材和语言上找到破解困局的路径,经过训练,可以提高思维品质,由此有效提升作文类别,由三类卷到二类卷,甚至一类卷。

一、领异标新二月花——立意突破

立意的独特表现为作者观点的新颖,也就是与众不同。独特观点形成的基础是阅读的丰富、思考的深入、不囿于常人的想法以及生活的经历等等,但是在具体的写作中,需要掌握思考的路径和方法。

1. 对立统一法

对立统一法是指把论题中相反、相对的两个概念(A 和 B)统一在一个概念(A 或者 B)之下的写作方法。

(1) 佳作引领

生活中,人们不仅关注自身的需要,也时常渴望被他人需要,以体现自己的价值。这种"被需要"的心态普遍存在,对此你有怎样的认识?请写一篇文章,谈谈你的思考。

要求:(1) 自拟题目。(2) 不少于 800 字。

"被需要"背后的自我需要①

① 我们生活在社会中,和他人的交流必不可少,这其中便产生了"需要"和"被需要"的心

---

① 上海市教育考试院.2018 年上海市高考作文评析[M].上海:上海教育出版社,2018:25 - 26.

态,可以说后者心态,很大程度上源于前者。

② 所谓"被需要"是指人们希望能成为他人依赖以实现存在价值的心态,这种心态是普遍而常见的,是人作为一个社会群体中一员而发展出的特有机制。无论是父母无私的爱还是来自朋友亲切的关心,这当中都有"被需要"的影子,那么,这种"被需要"的心态又是如何产生的呢?

③ 这往往是源于人们内心对寻求肯定、实现价值的渴望,倘若我们付出的努力能得到肯定,那么我们将愿意投入更多,当人们对自己行为对错或存在意义产生怀疑时,"他人"这个参照物便起到了重要作用,这种参照常常被反映为"被需要",让人们不至于迷失自我。

④ 当然,人们作为社会性动物,社会交流在这里也起了一部分影响。这是指的"社会交流",是人们基于自我向外界寻求联系的方式,而"被需要"正作为一座桥梁,架起了个体之间相互的联系,成为稳固关系和社会地位的纽带。

⑤ 同时,倘若没有源于他人的"需要",我们又如何"被需要"? 需要是相互的,别人的"需要"会成为自我的"被需要",长久建立的关系也造成了我们对这种心态的需要,因为它成为了我们努力的一部分动力。

⑥ 由此可见被需要的心态无论是对个体还是社会都十分有积极作用。在"被需要"后得到肯定,继续向前;若得到否定,则会促进自我反思。归根结底,这种"被需要"的存在依然是为我们自我的"需要"服务,正是我们渴望自我价值的实现和满足的需要让我们看重"被需要",让"被需要"的心态成为一种需要。

⑦ 然而,一些人在过度夸大和在意"被需要"之时,忘记了自己人生价值的初衷和意义,成了一味附和、没有自我之需的人,或过度在意别人对自己需求与否,或不明被需要应更好为自己,而不是他人所用。他们在错误的道路上不断被异化,正如《变形记》中的格里高尔,变成了甲虫还想着如何向上司请假,这些人失去了对"人"的认识成为别人需要的附属品,如此不自知,即使被需要,于自我又有何价值。

⑧ 诚然,被需要的心态在促进自我发展和社会交流上至关重要,但当下的人更要关注的是自身的需要。因为伟大的思想、超前的观念无须被他人需要,它们自己便证明了自己。当托尔斯泰放弃贵族身份呼吁关注人民时,他唾弃那些被贵族需要的眼光,选择拥抱人民的需要;当布鲁诺被教会处死,即使没有被任何人需要和拥护,他的理论却长存。这些走在光荣荆棘路上的勇士,何尝不渴望被需要,可都在真理面前选择了献身。

⑨ 被需要归根结底还是自身需要,或许认清了自己需求的真谛,才能摆正被需要的心态。

(2) 论证过程

在标题中显示了概念 A 与 B 的包含关系,且各段围绕这种关系,论证过程层层推进:

① 生活中"被需要 A"源于"需要 B"。(从两者的关系,概括人们的心态)

② 所谓"被需要 A"。(A 界定概念)

③ 往往"被需要 A"产生的原因,起于内心。(A 的原因分析)

④ 当然"被需要 A"的社会价值。(A 的合理性及价值)

⑤ 同时,别人的"需要 B"成为自己的"被需要 A"及个体价值。(对立面分析,A 源于 B)

⑥ 故而,"被需要 A"的心态对个体及社会都有积极作用,成为一种需要 B。(再次论证 A 的价值,并强调 A 对于 B 的意义所在,从而把 A、B 两者结合起来)

⑦ 然而,过度夸大人在意"被需要 A"的缺失。(A 的辩证分析,失去自我的被需要将毫无价值)

⑧ 进一步,更要关注自身的需要 B。(B 推进一层)

⑨ 归根结底,被需要 A 还是自身需要 B,认清才能摆正被需要 A 的心态。(A、B 结合,照应第①段)

(3) 升类亮点

本文是一篇立意不俗、思想深刻、论证有力的考场佳作。文章的立意不是单一地看"需要"或者"被需要",而是能够将两者建立关系,提出"被需要"是源于"需要"的。这一立意体现了作者新颖独到的眼光。在论证展开的过程中,作者对"被需要"的内涵进行了明确的界定。对"被需要"心态产生的原因剖析也颇为深刻:既能条分缕析地分析"被需要"与"需要"之间的联系,也能对"被需要"进行辩证的思考,并以典型的论据加以论证。文章呈现出一种议论的高度和深度,体现出作者较强的思考力和逻辑力。①

(4) 写作关键

A 和 B 的对立统一关系的类型:

① A 的目的是 B。

② A 是 B 的初级阶段,B 是 A 的高级阶段;B 是高境界的 A。

③ B 是另一种形式的 A。

(5) 实践迁移

生活中总有对既定状态的不满,需要寻求和出离;又常常在迷失后,需要回到曾经的状态,请以"超越与回归"为题,写一篇不少于 800 字的文章。

2. 高位统领法

高位统领法是指在关系型作文中相对、相反的两个概念上(A、B),构建一个更高的概念(C),由此立意并统领全文的写法。

---

① 上海市教育考试院.2018 年上海市高考作文评析[M].上海:上海教育出版社,2018:26-27.

(1) 佳作引领

生活中,人们不仅关注自身的需要,也时常渴望被他人需要,以体现自己的价值。这种"被需要"的心态普遍存在,对此你有怎样的认识?请写一篇文章,谈谈你的思考。

要求:(1)自拟题目。(2)不少于800字。

被"谁"需要?①

① 生活中,人们不仅着眼于满足自身的需要,同时也渴望被他人需要,以体现自身的价值。

② 马斯洛在其需求层次理论中告诉我们:满足生存所需属第一层次,而对尊严和自我价值实现的需求则被置于需求层次的顶端,由此窥得,渴望被他人需要而实现自我价值的人比只关注自身需要的人"高贵"多了!

③ 然而,事实的真相果真如此?在这当中,我们究竟被谁需要了?只有被他人需要时才能体现自身的价值吗?

④ 仔细考究这种渴望被需要的心态,似乎可以嗅到一丝沾沾自喜的意味。一个总以为自己被他人需要的人岂不太自我中心了?有些别人没有寻求你的帮助,你就以"被需要"的心态驱使,迫不及待地伸出援手,这或者本质上是一种干扰吧!而这种心态背后,折射出"自我膨胀"的实质。

⑤ 更深一层讲,"被人需要"的思想表面光明而高尚,但却可能沦为掩饰价值的空洞的一种权宜之计。或许正是由于自身的需求除生存需求和物欲之外别无他物,才想将需求"魔爪"朝别人身上伸去,在无数他人身上建立起浅薄而可怜的价值感,以填补内心的极度空虚。从这个意义上讲,"被需要"的"高尚"只是一片蒙住我们苍白面孔的纱,归根结底,甚至连这种"被需要"的心态也只是为了满足自我的需要罢了。

⑥ 将价值建立在别人身上总是不牢靠的,被高尚的说辞蒙蔽而持续忽视自身的深层次需求的结果只能是被"别人的需求"奴役,而逐渐失去自我,变成一个没有内容的灰暗影子。世间有多少伟大的母爱,因为百分之百地为孩子的需求而活,在母子反目之际,沦为对母爱难堪的讽刺?暮年已近,巴巴地在等待孩子的电话中消磨光阴时,她们是不是在三十年间习惯了付出之后忘记了自己?

⑦ 美国文学家爱默生曾言:"我宁愿没有看过一本书,也不愿被它的思想扭曲自己,使我偏离原有的轨道,成为一颗卫星而不是一个宇宙。"若说只有在被他人需求时才能体现自身价值,岂不是对绑缚自我价值和自由的缰绳的赞美?"被需要"心态戕害的灵魂,似乎承担着许

---

① 上海市教育考试院.2018年上海市高考作文评析[M].上海:上海教育出版社,2018:34-35.

多颗卫星的光荣使命,实际上他们已可悲地失去了自己的宇宙,而全然不自知……

⑧ 我们完全可以在坚守自己的价值信念、追求心中的"道德律"中完成对自我价值的实现,在自我人格完善健全后自能感染周围人。"以其昏昏"岂能"使人昭昭"？我不相信一个找不到自我的人能给予别人真正的光辉。

⑨ 当然,摒弃"被需要"的心态并非鼓吹"精致利己主义"的自私和冷漠。相反,被"我"需要,找到生命意义所在并为之努力,是被"别人"需要的基石,缺之,被需要只是空虚的神话。

(2) 论证过程

① 引述题目中的材料。

② 不是简单地援引马斯洛需求层次理论,通过分析阐释得出要反驳的观点。

③ "然而"一转,进行批判,勇气可嘉。引出本文论述的核心问题,被谁需要以体现自身价值。提出了统领文章的 C 概念。

④ 分析被需要背后的心理原因。

⑤ 承接上文递进一层,深入分析"被需要"心态表层之下是自我需求满足的内核,一针见血,具有批判力度。

⑥ 以失去自我的母爱群体为例,形象地论证了忽视自我需求而沦为"被需要"之奴。

⑦ 引用爱默生的话,强调要体现自身价值,强化 C 概念。

⑧ 以反问增强力度,证明只有自我价值的实现,才能够"被需要",凸显 C 概念。

⑨ 辩证性思考,将被"我"需要与"精致的利己主义者"进行区分,论证严谨。

(3) 升类亮点

本文是一篇十分精彩的考场作文,彰显着批判性思维的智慧。文章的观点新颖而深刻,提出这种"被需要"不是满足他人的需要,而是满足自身的"被需要"。而且在论证过程中,也不落俗套,以反驳马斯洛需求理论进入论证,并且对于渴望"被需要"的原因分析得非常深刻,指出这种"被需要"实则是满足自我需要的实质,并将这种满足自我需要与真正深层次的满足价值实现的"被需要"进行区分,论证思路的逻辑推进有力有度,在层进的论证过程中,得出自己的结论：要有自己价值实现的"被需要"才能够"被他人需要"。并且,文章能够理性辨析这种自我的"被需要"与"利己主义"的不同,在严谨的推进过程中,增强了自我观点的说服力。文章的思想很深刻,对"被需要"进行了细致而深入的内涵界定,从而确定了立论的前提,得出了独到的见解。①

(4) 写作关键

① 辨析清楚 A、B、C 之间不同类型的关系,如图所示,增强文章逻辑性。

---

① 上海市教育考试院.2018年上海市高考作文评析[M].上海：上海教育出版社,2018：35-36.

② 在 C 统领下,注意 A 与 B 的关系,以及概念之间的关系论述。

③ C 不能脱离 A、B 的论述,C 一定是以 A、B 为基础展开的。

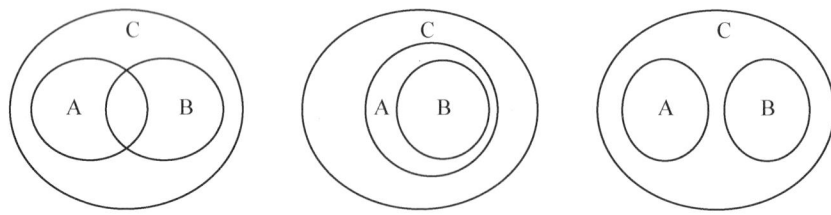

(5) 实践迁移

动机指促使人从事某种活动的念头。他动机是好的,可惜好心办了坏事;他虽然做事有好的结果,但动机不良。对于所做的事情,究竟是看动机还是结果,众说纷纭。

对此你有怎样的认识和思考?自拟题目,写一篇不少于 800 字的文章。

3. 积淀浓缩法

积淀浓缩法是指把平时积累的经典名言和事例,融会贯通后转化为自己的认识以及素材,在中心论点的统领下穿起文章的写法。

(1) 佳作引领

随着现代社会的发展,人们的生活更容易进入大众视野,评价他人生活变得越来越常见,这些评价对个人和社会的影响越来越大。人们对"评价他人的生活"这种现象的看法不尽相同,请写一篇文章,谈谈你对这种现象的思考。

要求:(1) 自拟题目。(2) 不少于 800 字。

何 枝 可 依①

① 评价他人的生活逐渐成为我们生活的组成部分。当今之世,评价将有何枝可依?在评价之网中的我们,又将何枝可依?

② 博马舍有言:"如果批评不自由,那么赞成无意义。"评价——批评或赞美——总是自由的。评价作为人类基本权利之一有着法律和公义的保障。对于他人生活的评价在遵从法律的前提下自然享有自由。

③ 既已肯定评价自由,还须退而思考评价产生的原因。究其根本,从客观上看,现代社会的发展、媒体的进化,传播与接受方式的多样性都是了解他人生活进而做出评价的因素;从主观上看,人类对他人的生活始终怀有指点之心。且根据马斯洛需要层次理论,在满足了基

---

① 上海市教育考试院.2016 年上海市高考作文评析[M].上海:上海教育出版社,2016:64.

础生存需求后，人类的需求自会提升至社交、安全等，评价正是社交的一种表现形式。

④ 评价他人的生活，而产生的积极作用，这从不鲜见。左拉呈上公开信《我控诉》，公然评价德雷福斯案件的事实和富勒总理的误判，如法朗士所言，"是人类良心的一个关头"。加缪在《西西弗斯神话》中评价人类荒诞命运中仍拥有自由意志和选择的幸福，实是为众人做出正面心态的典范。但同时，我们也看到评价的负面影响。今春的问题疫苗被"毒"字冠名，正是不科学、不理性评价的后果。当人们评价政府官员监管有失，何不反思自己评价的有失？对于他人生活的评价，可依之枝干必须是事实，在事实真相的基础上，才有望长成积极评价的嘉树。

⑤ 我们悬挂在自己编织的评价之网上的，而这类"评价他人生活"的现象意义何在呢？倘若仅仅评价，对他人说"你是不对的"也承受他人口中的"你应该"，那么我们永是盲目负重的骆驼。如尼采之语，要进步应懂得"我要"的雄狮，进而归真于"我是"状态的幼婴。在人生精神三变之路上，作为评价者基于事实真相和价值理性，作为接受评价者化外在限定为内在追求。只要这样做就可以，只有这样做才可以，怀抱如此的觉悟找到评价与自我所依之枝干，踏进隔开评价与自我的窄门。

⑥ 里尔克曾说："愿你有足够忍耐的心去担当，有充分单纯的心去信仰。"以此评价他人的生活亦找到我们在评价中的意义，评价与自我便有枝可依。

(2) 论证过程

① 入题简洁，摆出现象，提出评价他人生活的依据问题。
② 肯定评价的合理性。
③ 当下盛行评价他人生活的主客观原因分析。
④ 评价他人生活的积极意义和消极影响。
⑤ 从评价者与被评价者两方面提出对策。
⑥ 结尾强调评价的意义，收束全文。

(3) 升类亮点

本文以内敛沉着的笔调，写出"评价他人生活"及"悬挂在自己编织的评价之网"的个体的存在之道，可以称得上内容与形式和谐统一。比如对评价的权限的问题，作者从评价的自由写起，到"评价他人生活"的自由，而作者"在遵从法律的前提下"的限定语，其背后是思维的严谨清晰，这是难能可贵的。

末尾两段，是文章的精华，其中的材料使用、语言、观点，都很精彩。评价者"基于事实真相和价值理性"，接受者"化外在限定为内在追求"，"只要这样做就可以，只有这样做才可以"，这几句话，堪称文眼，使文章立得起来。

本文是评价一种现象类的写作范式。结构清晰，层次分明。小作者阅读积累丰富，通过自己的消化吸收,化作有力的论据,形成有分量的警句,震撼人心,增强了论证的效果。稍加注意的是,行文中对评价"他人生活"还是"公共事务",偶尔未加区分。

(4) 写作关键

① 多读多想,每天积累两则素材。

② 分类整理,构建体系。可以分文学经典、哲学探索和社会心理三类资源。

(5) 实践迁移

大自然以它独特的方式养育人类,然而也时常惩戒贪婪的人类;由此人们对大自然有不同的态度,有人对大自然充满敬畏,有人以征服大自然为乐。

对此谈谈你的思考,自拟题目,写一篇不少于800字的文章。

二、大珠小珠落玉盘——结构突破

1. 多角度法

多角度法是指运用多种论证方法,充分论证中心论点的写法。如运用举例论证、对比论证、引用论证、类比论证、假设论证等方法证明观点。

(1) 佳作引领

生活中,大家往往努力做自己认为重要的事情,但世界上似乎总还有更重要的事。这种现象普遍存在,人们对此的思考也不尽相同。请选取一个角度,写一篇文章,谈谈你的思考。

要求:(1) 题目自拟。(2) 全文不少于800字。(3) 不要写成诗歌。

将眼下视为最重要[①]

① 无论是写字楼中的白领、建筑工地的工人,还是教学楼中的学生,我们每个人似乎都在不停地努力做着我们认为重要的事,但无奈的是,世界上似乎总还有更重要的事等着我们去做。然而,要想做好,还是应当认真专注于眼前的事,这才是最重要的。

② 无法专注于眼前之事的人往往一事无成,不要说那"更重要"的事了,连眼下那件"重要"的事也难以完成。著名导演彼得·杰克逊在接受采访时就曾说过:"我成功的秘诀其实就在于专注拍摄好眼前的镜头。我知道还有许多重要的剧本、道具事宜等着我作决定,但这些在摄影机运转之后便不在我的思考范围内了。"正是这种将眼前之事视为最重要的事的精神,使得他的《魔戒》系列第三部在奥斯卡上斩获包括最佳导演、最佳影片在内的十三个奖项。

---

① 上海市教育考试院.2013年上海市高考作文评析[M].上海:上海教育出版社,2013:30-31.

③ 专注于眼前之事,将其视为最重要是一种沉静心灵排除干扰的能力,有助于发挥更好的水平。每个人的精力都是有限的,倘若我们在做眼前之事时总想着之后还有更重要的事要做,那当前这件重要的事的质量必然有所下降,因此,将眼下视为最重要,排除一切杂念是做好的根本,也是发挥好水平的途径。

④ 能够将眼前的事当作最重要的来做并坚持的人,往往能使自己所做的事开出胜利的花朵。日本艺术家草间弥生这样说过:"我画了一生的圆点,也圆满了人生。"她一生坚持着自己的波点艺术,认真地画好每一个圆点,这是她最重要的事。而身兼编剧、演员、导演的本·阿弗莱克也表示当自己作为演员站在摄影机前时便专注于自己的表演,决不会思考自己的剧本怎样改会更好,因为这样势必会影响整部电影的质量,也正是这样他所执导并主演的《逃离德黑兰》横扫了今年的各大颁奖典礼。"我知道还有更重要的事要做,但一旦手头有任务,那我便选择不去想它。"

⑤ 然而,生活中总有许多人总觉得等着他们的事情更重要,而一旦着手做那件他们认为"更重要"的事时,却又觉得别的事才更应该做。这样的人看似忙忙碌碌,实则碌碌无为,一事无成。因此,将眼下之事视为最重要才是关键。

⑥ 如果你要种花,那播种才是最重要的,如果你要学声乐,那先练好音准才是最重要的,如果你想建高楼,那认真打好地基是最重要的,总有更重要的事要做,但眼下你在做的事,才是真正重要的事。

(2) 论证过程

① 描述生活现象,用"然而"一转,鲜明地提出观点:专注于眼前的事,这才是最重要的。

② 从反面提出分论点一,无法专注于眼前之事的人往往一事无成。以正面例子证明。

③ 从正面提出分论点二,专注于眼前之事对每个人的积极影响。

④ 分论点三,论述专注眼前之事的效果。两个事例恰当。

⑤ 联系现实推进一层,可贵的是从材料的整体把握入手,用忙于"更重要"而忽视"重要"的后果警醒人。

⑥ 用假设论证、排比的句式和类比的手法,强调把握眼下事的重要,照应开头,点明题目。

(3) 升类亮点

本文是一篇审题准确、语言朴实、论证充分、逻辑清晰的议论文。

将"眼下"事视为重要事,融入题目,切合作文题的要求。特别是从人们往往忙碌于"更重要"的事谈起,反观专注眼前事的重要,整体兼顾了材料的内涵,在两者的取舍之间,体现出考生较好的驾驭审读作文材料的能力。

议论文取胜的秘诀在于论证推理富有逻辑力量,中间四个自然段采用多种论证方法,或正反对比、或引言、或事例,逐层深入地论证了"将眼下视为最重要"的价值和意义。特别是第⑤段换一个层面的论述丰富了论证的层次。

当然,不足之处也明显,第②段和第④段的第二例有重复之嫌。①

(4) 写作关键

① 构建由正反、譬喻、类比、引用等方法形成的论证板块。

② 注意板块之间的差异和联系。

(5) 实践迁移

日常生活中,我们习惯在共同的话语背景和问题意识下讨论问题,习惯依靠证据和逻辑说服彼此,这是一个固定边界内的矛盾解决方案。但是在公众舆论面前,任何一句言论,任何一个行动,都不一定是边界内的言论和行动;甚至,它都不见得是上一个问题的解决方案,反而可能是开启下一个问题的原因。

对此谈谈你的思考。自拟题目,写一篇800字的文章。

2. 多方位法

多方位法是指多侧面、"横看成岭侧成峰"式的组织论证内容,由此充分揭示论题丰富内涵的写法。

(1) 佳作引领

生活中,大家往往努力做自己认为重要的事情,但世界上似乎总还有更重要的事。这种现象普遍存在,人们对此的思考也不尽相同。请选取一个角度,写一篇文章,谈谈你的思考。

要求:(1) 题目自拟。(2) 全文不少于800字。(3) 不要写成诗歌。

道由白云尽,春与青溪长②

① 我们似乎生来便担负使命,要努力做自己认为最重要的事,于是认准了一条道路,万里投荒。但走着走着,似乎道路随白云尽了,生命也行到尽头,而无尽的春却与整个世界长存,似乎不管选择哪条道,都有一条更重要的路在等着自己走。个体生命的认识总是有限的,而世界的幸福与绝对价值的追随确是无穷无尽的。

② "最渺小的莫过于人。"蒙田如是说。我们每个人的认识会囿于视野的限制与为一己之私的盘算,因此我们自认为的最重要的事往往免不了狭隘:或是为着"赢得生前身后名"而努力建功;或是为着排遣一己之怨愤而吟唱"清风朗月不用一钱买,玉山自倒非人推"。但我想,评判一件事的重要与否,在于它是否对全人类的幸福有利,或是是否追随那真善美的绝对

---

① 上海市教育考试院.2013年上海市高考作文评析[M].上海:上海教育出版社,2013:31-32.
② 上海市教育考试院.2013年上海市高考作文评析[M].上海:上海教育出版社,2013:10.

价值。认识不到这一点,渺小的我们便会像空谷中的百合独自形影自怜,而根本不去领会那太苍的窃窃私语。

③ 史铁生说:"若是我们超脱了一己之私,而联通了无尽的人群,与追随了绝对的价值,我们的精神便会升华为灵魂,进入了无尽的关怀与探求。"当我们的精神为自己最重要的事而努力的时候,心往往会因有限而愁苦;而当我们的精神升华为灵魂,为世界上最重要的事努力的时候,灵魂便会因此而歌唱!将个体的命运与时代相连,找到自己认为最重要的事,并"笃志而体",便能在实现个人价值的同时,迎来整个世界的怒放的春天。

④ 托尔斯泰在《复活》中塑造了聂赫留朵夫这一颇具自传色彩的形象。他放下了自己尊贵的贵族头衔而出入狱中为平民平反,解放农奴推动俄国改革。他忏悔自己过往的荒淫,做了自己认为最重要的事——为自己的灵魂赢得复活,也推动了俄国改革的进程,让俄国的部分底层民众获得了他仁慈的恩膏。袁隆平几十年如一日下田耕种、试验,做着自己认为最重要的事——实现在花生大的米下乘凉的梦想,也因此提高了水稻的亩产,让亿万人民因此能免于饥饿。托尔斯泰和袁隆平都在实现个人抱负的同时造福于世,这都是因为他们本身的志向联通了世界无限之所在。

⑤ 纪伯伦说,如果有一颗朝露抱怨,"千百年来,我只做了一颗朝露",你就告诉它"千百年的光阴不都在你的圆周里闪耀吗"?做自己认为最重要的事,并有益于世,那么无论小大,皆足矣。

⑥ 道由白云尽,春与青溪长。走自己认为最重要的路,世界的春天也会因亿万个我们而走近。

(2)论证过程

① "道"与"春"分别喻示着"重要"和"更重要"的事,诗意与人们的心态吻合。首段明确中心论点:对世界的幸福与绝对价值的追随无穷无尽。这是人生最重要的。

② 宕开一笔,指出人视野的限制和一己之私的遮蔽,自认为"重要"的事,其实不重要。并提出了评判的标准。

③ 以史铁生的引言,进一步论证:精神升华为灵魂的重要。

④ 以文学作品中的人物形象和科学家的事迹,印证最重要的事是造福于世。

⑤ 强调做自己认为最重要的事,并有益于世的可贵。照应开头。

⑥ 点题,结构严谨。

(3)升类亮点

本文是一篇立意较高,内容丰实,推理有层次,富有说服力的议论文。

考生思考的立足点有深度。有限的个体忙于重要的事,然而发现对世界的幸福与绝对价值的追随无穷无尽,面对困惑,提出了评判的标准:一是对全人类的幸福是否有利;一是对绝对价值的追求是否是真善美。进而明确造福于世,灵魂升华才是最重要的事。这样的思考富有理性的色彩,对中学生而言是难能可贵的。

全文首段描述人们抉择的困惑,接着提出评判重要与否的标准,然后以引证和例证的方法论证,突出为什么要做自己认为重要的,结尾再次以引言照应开头。从思维层面看,整篇文章从"是什么"到"为什么",层层推进,逻辑清晰。

此外,考生活用古典诗歌名句、外国哲学家文学家的名言、中国科学家的事例,内容丰富。语言流畅,表述形象。

不足之处,行文中多出了一个概念"最重要",在作文材料里只有"重要"和"更重要"之分,这与"最重要"有明显区别。①

(4) 写作关键

① 古今中外,构建内容丰赡的素材。

② 融会贯通,比较分析化为自己的看法。

(5) 实践迁移

57 岁的吴为山,三十多年来,创作了五百多件古今中外先贤大师的雕像,被世界雕塑界认可。

34 岁的那年夏天,吴为山应邀到荷兰陶艺中心担任访问学者,不久美国陶艺大师高森秋夫十分欣赏他的才华,邀请他去华盛顿大学做访问学者,并在旧金山举办了吴为山个人雕塑展览。

两年多欧美的访学经历,极大地丰富了吴为山的艺术视野,也让他更加渴望在雕塑上建立自己的艺术个性。一次在大都会博物馆中国馆看到《中国五千年文明展》后,吴为山被一尊隋朝的佛像深深吸引到落泪,更让吴为山觉得自己的雕塑要扎根在中国文化土壤里。

对以上材料谈谈自己的看法,自拟题目,写一篇 800 字的文章。

3. 多层次法

多层次法是指围绕"评价一种现象"或者"阐述一种道理"的写作思维路径,层层推进,构建论证层次的写法。

(1) 佳作引领

随着现代社会的发展,人们的生活更容易进入大众视野,评价他人生活变得越来越常见,这些评价对个人和社会的影响越来越大。人们对"评价他人的生活"这种现象的看法不尽相同,请写一篇文章,谈谈你对这种现象的思考。

要求:(1) 自拟题目。(2) 不少于 800 字。

---

① 上海市教育考试院.2013 年上海市高考作文评析[M].上海:上海教育出版社,2013:11.

后狂欢时代①

① 言论自由无疑是当代人们所追求的最重要的权利之一。辅以时下高科技,只消轻触屏幕,各类信息推送便会在顷刻间纷至沓来,动动手指,便可通过各类弹幕、评论区对被媒体曝光的、被史料记载的他人的生活评头论足——这便是21世纪初人类生活的常态,疲于生活常规的人们似乎皆乐在其中。

② 最为常见的,就是刷朋友圈。赖以科技的帮助,周围人的及远方亲朋好友的生活无一不在我们的股掌之间。人人都沉浸在分享与被推送、评论与被评论的漩涡中无法自拔,仿佛评论他人生活已成为一项生活每日日常——的确有人沉醉其中,当然也有人提出这样的评价是否合理,人们究竟想从中获得什么?

③ 不可否认的是仰仗于科技发明,当下人们进行评价的成本与所应付出的代价愈发低廉,人们个个皆可隐藏在屏幕背后,变身成戴上面具的"隐形人",只需一部手机在手,即刻便能开启肆无忌惮的狂欢;而抛下面具回归日常,又可恢复成一副面无表情的模样。

④ 现代生活愈发新鲜刺激,由此而引发人类娱乐需求的无限扩张亦成为不争的事实。仅仅评价亲朋好友的生活显然已无法满足当代人的需要,于是公众人物首当其冲成为人们的消费对象。

⑤ 2016年2月29日,最为人所津津乐道的,莫过于"小李子"冲击奥斯卡成功。顷刻间,无数段子手探出脑袋,浮出社交平台的海面,网络平台瞬时被各色人等的无形"口水"所吞没。多少人在闲暇之余满口"小李子"亲昵地唤着——讽刺的是,当你细问"小李子"究竟姓甚名谁,往往会换来一片尴尬的语塞。当你细究莱昂纳多在其艺术道路上究竟付诸哪些开拓与转变,最终换来的多半是插科打诨与话题转移。

⑥ 在这样的后狂欢时代,他人的生活确实更容易进入他人视野,然而人们所热衷的评价所起到的效果更像一盒极速炸裂的爆米花,极具轰炸性、时效性,却毫无意义,并会极快地被下一波"口水"所掩盖。

⑦ 所以,当我们戴上面具,站在道德制高点,以圣人的姿态对他人进行评价和指摘;以小人的姿态对他人的生活进行肆无忌惮的窥视时,网络与新媒体的信息传播与评价的正向作用真正起效了吗?还是说,这一波又一波的狂欢中,我们只是进行了个人情绪的宣泄,而早已忘却原本社会情境中,作为公民的我们所应承担的责任?

⑧ 我们究竟为何陷于"评价他人"无法自拔?难道真是为科技昌明所累?恐怕在这场狂欢中,我们更多寻求的是一种个人缺失的认同与追寻吧。

---

① 上海市教育考试院.2016年上海市高考作文评析[M].上海:上海教育出版社,2016:32-33.

⑨ 无论如何,在这一场现象级的狂欢中,我们应时刻在心中树立起社会情境下的道德律,对各种问题与现象进行深入的探讨,而非"段子手"般的一时狂欢,便故作了解之貌,真正从言论自由所赋予的评价中获取正能量。

(2) 论证过程

① 开头以精简而又老道的语言再现当下言论的现状,是后文逐层深入论述这种评论自由的张本。

② "刷朋友圈"之例典型精当,切合时代特征。

③ 语言老道,思维不偏激。分析这种现象存在的客观原因。

④ 现代生活,新鲜刺激,一语中的。于是推论顺理成章。

⑤ 再现生活现象,生动传神,对段子手的特点呈现极具感染。从主观上分析。

⑥ 比喻传神,语言表达,精细周到。

⑦ 两种姿态对举,概括精当。连续四处引人深思,也增强了文章的感染力。

⑧ 挖掘本质原因。

⑨ 语言干净利落,直率大气。发出倡议。

(3) 升类亮点

全文第①②段摆出现象,引发思考;第③段分析客观原因,第④⑤段举例分析主观原因;第⑥⑦段谈危害;第⑧⑨段提出解决问题的措施。文章层层推进,逻辑力量强。

(4) 写作关键

① 依据作文类型,整体上形成逐层推进的论述层次。

② 评价现象类作文论证的四个层次,即摆出现象、剖析原因、呈现利弊、提出措施。

③ 阐述道理类作文论证的三个层次,即是什么,为什么,怎么样。

(5) 实践迁移

英雄是指聪明秀出、胆力超群的人,人们敬仰英雄,时代呼唤英雄。是英雄引领时代,还是时代造就英雄,不同的人有不同的看法。

对此谈谈你的思考?自拟题目,写一篇800字的文章。

三、千锤百炼出深山——选材组材突破

1. 一句立骨法

一句立骨法是指用一句经典名言或者诗句作为线索统领全文,同时,这句话又能精准地表明自己观点的写法。这一句是全文的定海神针,以此形成一以贯之的逻辑推进。

(1) 佳作引领

生活中,大家往往努力做自己认为重要的事情,但世界上似乎总还有更重要的事。这种现象普遍存在,人们对此的思考也不尽相同。请选取一个角度,写一篇文章,谈谈你的思考。

要求:(1) 题目自拟。(2) 全文不少于 800 字。(3) 不要写成诗歌。

生活在别处[①]

① 生活中,大家往往都努力在做自己认为重要的事,然而,又有人说,世界上似乎还有更重要的事。

② 诚然,这世界上的大多数人都专注于自己的工作,致力于自己认为重要的事情,如挣钱、买房以达到所谓的成功,然而,这世界上还有更重要的事,那便是精神的自救。

③ 人们之所以往往只埋头于自己的一隅之地,是因为人的观点是有局限性的。我们受日常生活的影响,价值观往往停留在物质层面。因此只埋头苦干,却忽略了对自我的认知。殊不知,当你做完一件事后,又会有新的任务需要你去完成,周而复始,你会渐渐在这些事务中耗光你的生命,却从未真正认识这个世界的本真。

④ 现代人缺乏精神层面的思考。在世俗价值观的影响下,我们认为重要的东西往往只是功名利禄。然而,历史上的先哲早已说过,"无为"即"有为",有时我们应当放下一切,追求精神上的"自适"。海德格尔说:"人应当诗意地栖居在大地上。"米兰·昆德拉则说:"生活在别处。"在我看来,精神的自救即适时地让自己放肆于精神的原野上,感受自身与世界的一致性。

⑤ 陶渊明的"采菊东篱下,悠然见南山。"便是这一境界的极好阐释,粗茶淡饭,躬耕田间。爱穷奢极欲的世俗之人可能无法理解,却不知这种放下一切的心境下,人是多么的畅达愉快。

⑥ 佛教禅宗中说:四壁皆空。可见,我们认为重要的事,不一定真的就有意义。禅宗始祖达摩祖师一生未著书立说,最终独自面壁,达到圆寂。这应当是放下一切负担的最高境界了。

⑦ 我们无须像圣贤那样,放下一切,我们仍可拥有自己所专注的事业。但我们仍当适时地探寻一下自己的精神世界,从而不使自己迷失于时代的洪流。肉体会随着世事变化、时间流逝逐渐消亡,但精神却能永存,使我们了解自己生命的真正意义。

⑧ 自文艺复兴以来,人们都接受了以人为本的观念,但这种观念仍未渗透进我们的思想深处。真正重要的东西不是我们所专注的东西,而是"我"自身。唯有对宇宙的终极价值进行

---

① 上海市教育考试院.2013 年上海市高考作文评析[M].上海:上海教育出版社,2013:32-33.

思考,我们才能达到不物于物的境界。

⑨ 寓形宇内复几时,曷不委心任去留? 将自己的心灵从泥沼中拔出,才是人生第一要务。

(2) 论证过程

① 抛出人们不同的认识。

② "诚然"一词,首先肯定大多数人做事的合理性,"然而"一转,提出自己的观点:更重要的精神自救,观点新,有一定的深度。

③ 剖析认识的局限性,人生在循环中耗尽生命。

④ 以古代先贤和外国哲学家的言论,破解现代人的精神困境。

⑤ 例证1:陶渊明的精神追求。

⑥ 例证2:达摩的最高境界。

⑦ 辩证分析,寻找精神世界,不迷失自己。

⑧ 从历史发展的过程,进一步思考人生、生活和宇宙的价值。

⑨ 以陶渊明的诗句点题,同时与前文照应,警醒人们。

(3) 升类亮点

全文以"生活在别处"统领,既贴近题旨关于"重要"与"更重要"的选择,又表明了自己的态度,且摆脱世俗羁绊的决心,是对生活理想的诗意表达。这句话最早出自法国诗人兰波之笔,后来米兰·昆德拉以此作为自己小说的名称,影响更大,成为一种追求自己理想生活的宣言。

作者在论证过程中,紧紧扣住这一句,展开、推进论证过程,起到了穿针引线的作用,强化文章的内在逻辑和思想的力量。

(4) 写作关键

其一,作为标题突显。

其二,作为警策句在开头、中间和结尾出现。

其三,以独句段的形式强化。

其四,这句话与论点要有机融合在一起。

(5) 实践迁移

当你为生存、为感情、为内心某种空虚而苦恼和恍惚的时候,阳光依然照耀你肩膀,风依然吹拂你衣衫,树叶依然轻触你脸颊,或无声地飘落你身边。

面对这样的人生状态,谈谈你的理解,题目自拟,写一篇不少于800字的文章。

2. 三境成篇法

三境成篇法是指由三个境界构成,逐层推进构成论证梯度,从而形成一篇有内在联系文章的写法,特点是反复咏叹,主线分明。

作文的"三境",一般是已有的、形式共识的说法,当然也可以自己独创,关键是能够新颖地阐述自己的观点。常见的"三境"如下:

其一,尼采关于人精神的三种变形:"你应该""我要""我是"。

其二,青原惟信禅师参禅三境界:见山是山,见水是水;见山不是山,见水不是水;见山只是山,见水只是水。禅宗故事,出自《指月录》又称《水月斋指月录》(明·瞿汝稷集)有关青原惟信禅师(青原山,今江西吉安境内,宋代高僧)的记载:吉州青原惟信禅师,上堂:老僧三十年前,未参禅时,见山是山,见水是水。及至后来亲见知识,有个入处,见山不是山,见水不是水。而今得个休歇处,依前见山只是山,见水只是水。第一种境界,即参禅之前的境界,也就是俗人的境界,容易理解。在我等俗人眼中,山山水水司空见惯,没有什么新奇之处,也就往往视若无睹。禅者把世俗之人比作迷途者,或者梦中人,看不到世界的真相,却认虚为实,认梦为真。禅学研究者认为,第二境是否定,但只是一味地否定。到了"见山只是山,见水只是水"的第三境界,则是"洒洒落落无一星事"的脱落,进入直觉境界。第三境界虽然语言形式上与第一境界似乎无异,但禅者的真实境界却有本质差别。此时的感悟,是即物即真,"亲体全真"(大意是见到宇宙真相)的感悟,此时已经没有主客、物我的对立,见山只是山,见水只是水,是禅悟的澄明之境。(参见《吴言生说禅·经典禅诗》)

其三,王国维《人间词话》,人生三境界:"古今之成大事业、大学问者,必经过三种之境界:'昨夜西风凋碧树,独上高楼,望尽天涯路。'此第一境也。'衣带渐宽终不悔,为伊消得人憔悴。'此第二境也。'众里寻他千百度,回头蓦见,那人正在,灯火阑珊处。'此第三境也。"第一句话形容学海无涯,只有勇于登高者才能寻找到自己要达到的目标,讲立志。第二句话比喻学者为了寻求理想而废寝忘食地拼搏,无怨无悔,讲奋斗。第三句话比喻长期奋斗却无所收获,困惑之际却恍然发现真理就在身边,讲领悟。

其四,冯友兰先生的人生有四种境界:自然境界、功利境界、道德境界、天地境界。

序号	境 界	中 心	类 型	特 点	价值判断
1	自然境界	本我	生物的人	吃饱穿暖喝足	原人
2	功利境界	自我	现实的人	自私自利自立	俗人
3	道德境界	他人和社会	道德的人	行侠仗义,惩恶扬善	贤人
4	天地境界	大自然和宇宙	宇宙的人	自在自为自适	圣人

其五,庄子的三条鱼,人生的三重境界。北冥之鱼,不滞于物;濠梁之鱼,不囿于议;江湖之鱼,不乱于人。

其六,各识其识,各美其美;识人之识,美人之美;知知与共,美美与共。

其七,廓然而高之用,渊然而深之用,泠然而清之用。

(1) 佳作引领

生活中,人们不仅关注自身的需要,也时常渴望被他人需要,以体现自己的价值。这种"被需要"的心态普遍存在,对此你有怎样的认识?请写一篇文章,谈谈你的思考。

要求:(1) 自拟题目。(2) 不少于 800 字。

他 用 之 用[①]

① 胡适先生曾提出"他用之用",即被他人所用。生活中,我们不仅关注自身的需要,也时常渴望被他人需要。在此过程中,体现个体的价值,获得认同感。

② 我以为,被需要心态的"他用之用"有三用:廓然而高之用,渊然而深之用,泠然而清之用。

③ 首先,从个人角度出发,"被需要"的心态正体现了人思考自身存在价值和意义的过程。古希腊的一位盲人曾言:"我提灯而行,是要别人看见我。"人们之所以有存在意识,是由于外界不断向其反馈信息,换句话说,正是他人造就了我们对自己的认识。因为我们渴望被他人需要,在这样的信息交换下,我们就可以反射出一个自身的轮廓。例如,在我们苦苦思索哲学三大问时,我们也许难以回答"我是谁",但这时他人的需求便会给予我们对身份、能力的认识以蛛丝马迹。这便是廓然而高之用。

④ 其次,以社会角度观之,人毫无疑问是社会群居动物,然而在生活中,纷繁的尘世有无数客观主观因素将信息时代的我们同化,因此我们急需一条将我与他人区别开的途径。但社会仅将人们归类,赋予一个大致的定位,所以"被需要"的心态显得尤为迫切。在被需要的过程中,我们反思个体与群体的区别,认清自身的特殊性,也反观个体在社会中的位置,更重要的,明晰个体如何在大潮流下保持独特,这便是渊然而深之用。它使我们坠到最深、最本质之处,理性思索人与社会的相处之道。

⑤ 第三,"被需要"的心态一定程度上拉近了人与社会、世界的关系,使人们真切体会到"没有人是一座孤岛"。这种心态实际也是个体与个体间的维系,使人可以生发出"天生我材必有用",甚至以天下为己任的想法,最终站上冯友兰先生所提出的第四境:天地,即洞悉道理后的遗世孤立之感。这便是泠然而清之用:保持独立和清醒而两袖清风。

⑥ 然而揆诸今日现状,人们的被需要心态仿佛依然停留在功利层面,也就是只以满足虚荣心为目的。正如布热津斯基提出的"奶嘴效应",我们仅仅只是追求瞬时的快感,满足浅层的刺激,却忘了思考作为人的真正意义。

---

① 上海市教育考试院.2018 年上海市高考作文评析[M].上海:上海教育出版社,2018:5-6.

⑦ 他用之用,使人有机会描摹自身,有途径深入思索,有阶梯登上独立清醒的高地。"被需要"的心态实乃人之常情,不可磨灭,唯有加以利用,才能在险峻之地,见到绮丽之观。

(2) 论证过程

① 引用胡适之言,引出对材料的概述。

② 直接点明"被需要"心态的作用。先声夺人。

③ 从个人角度分析,"被需要"之"廓然而高之用"。阐明个体价值与"被需要"的关系。举例分析,阐明观点。"廓然而高"的界定略显模糊。

④ 从社会角度分析,"被需要"之"渊然而深之用"。阐明"被需要"对个体的价值意义。

⑤ 从人与社会、世界关系角度分析"被需要"之"泠然而清之用"。阐述"被需要"对人走向更高价值的作用。

⑥ 结合现实分析"被需要"的更高层次。

⑦ 总结全文。

(3) 升类亮点

本文颇具有个性,展示了思维的独特性与深刻性。在"被需要"与个人价值的关系问题上,作了较为深入的思考。也就是对材料中"也时常渴望被他人需要,以体现自己的价值"这一论断背后的问题,即"如何体现"作了深入挖掘。作者指出了"被需要"三个方面的作用,也就是所谓的"廓然而高之用""渊然而深之用""泠然而清之用"。这无疑是把与材料的对话推向更高层次,触及问题的实质。同时,文章的论证结构也很明晰,从三个角度探究"被需要"之用后,转入现实分析,关注"被需要"的更深层面,从而与上文形成呼应。语言表达、论证力度方面均展现了一种自信,尤其是说理分析过程展示了很好的思维品质。不过,"三个角度"界限不够清晰,在一定程度上影响了文章的表达效果。①

(4) 写作关键

① 熟记三个境界的领取句式。

② "三境"要自然融入文章,关键是解释清楚领取句与主要内容的内在联系。

③ 最忌讳贴标签式的运用三境。水油分离。

(5) 实践迁移

预测,是指预先推测。生活充满变数,有的人乐于接受对生活的预测,有的人则不以为然。请写一篇文章,谈谈你的思考。

要求:(1) 自拟题目。(2) 不少于 800 字。

---

① 上海市教育考试院.2018年上海市高考作文评析[M].上海:上海教育出版社,2018:6.

3. 古今纵横法

古今纵横法是指从议论文的章法结构入手,选材、组材,由此构建广度和深度相结合的论证内容和论证层次的写法。所谓广度是横向联系,从不同学科领域选材并排列组合;所谓深度是纵深挖掘,一步步地纵向挖掘材料的深层意蕴,不同于平面的罗列。

(1) 佳作引领

随着现代社会的发展,人们的生活更容易进入大众视野,评价他人生活变得越来越常见,这些评价对个人和社会的影响越来越大。人们对"评价他人的生活"这种现象的看法不尽相同,请写一篇文章,谈谈你对这种现象的思考。

要求:(1) 自拟题目。(2) 不少于 800 字。

评与被评之博弈[①]

① 堂吉诃德挥剑斩开一个骑士精神的时代,而互联网等通讯的发展则开辟了一片每个人的生活互联互通的天空,人们在晒生活,被评价与评价他人的利益关系中博弈,成为一种广泛的社会现象。

② 对于评价他人生活这一践行主体来说,这样做的成本确实是降到了尘埃里。打开微信,动动手指,针砭时弊、击浊扬清,分分钟搞定。然而,却很难避免如王小波在《沉默的大多数》中提到的"口沫飞溅,对别人大做价值评判,层次很低"问题,价值观、道德……如小波所言,却实实在在成为评价他人生活的流弊,不失为一种中古遗风:只评论自己评论得起的、抨击与自己利益无关的,难怪我们说中国的"滑头"以及趋利避害精神已世界闻名,就难以避免社会偏执、以底线当上限之舆论氛围。不信? 去评价领导今天的花领带像母鸡翅子试试?

③ 诚然,存在即合理,一方面评论者们津津乐道别人的生活,一方面被评论者也有其需求,其实还是回到一个问题:中国人你为什么不自信? 发展心理学称,人秀什么,他越缺什么,在我们晒出美食、高大上的奢侈品消费单时,我们渴望外界评论我们的生活,实则与"花刺子模信使效应"无异。我们像生活的君王,渴望外界的回应都是正面的,渴望被别人评论,因为我们不确定自己的生活是否是美的、值得一过的,归根结底,是自我信念的淡化,却希望通过别人评论而加强,而结果反而更糟。

④ 评与被评的博弈中,每个人都活得很累,汲汲营营。何必? 过好自己的日子,那清福便如风过疏林,水扬清波,岂不美哉?

⑤ 席勒有语:"真正的价值并不在人生的舞台上,而在我们扮演的角色中。"是的,不论你给别人的生活贴上怎样的评论标签,会给他造成何种程度的影响,你都无法抹去这一真理,即

[①] 上海市教育考试院.2016 年上海市高考作文评析[M].上海:上海教育出版社,2016:23-24.

萨特存在主义哲学理论基石：一个人，他的存在定义他自己。人构成社会，社会的发展是由一个个人自我完善的过程中得来的。抛开世俗的眼光，无畏他人对生活有何种评价，自己的生活是自己披着乐的，是握在手里真真地拥有着的，别人的铮铮再香，只消按戴尔·卡耐基说的，"真诚、慷慨地赞美他人"即可，何须红了眼，又何须大力批判？层次不言自明。但无畏他人的评价不代表一意孤行，朋友、爱人之忠谏，不妨听听，自我抉择。

⑥ 评与被评是现实客观存在的，但我的生活是用来过的：

道之所存，虽千万人吾往矣！

情之所钟，世俗礼法如粪土！

兴之所在，与君痛饮三百杯！

⑦ 我的生活无须他人评说，亦不曾惧于他人之窃窃嘈嘈。因为我明白，跳出评价他人与被评价之博弈，我才是一个自由地诗意生活之人！

（2）论证过程

① 起笔展现开阔思维。比喻句形象地表明了互联网通讯给人类信息传输带来的巨大革新。

② 评价他人的生活成本低廉，评价者又多为"滑头"，那么评价他人的生活这种现象还会继续存在。文章亦庄亦谐，富有表现力。

③ 解答了上一段留给我们的疑问，原来被评论者心理上需要来自外界的回应。

④ 有点艰涩。意思是由于君王规定使者只能报喜不报忧而最后招致亡国之祸。

⑤ 亮出作者自己的态度。

⑥ 用极具抒情化的语言，反复言说我们不必太在乎他人的评价的观点，有感染力。广征博引，有功底。

⑦ 直抒胸臆，考场作文中不多见的性情之语。

（3）升类亮点

这是一篇构思巧妙、行文流畅、文笔犀利、感情充沛的智慧作文，反映了作者对社会问题敏锐的观察分析能力和较强的写作功底。作者将"评价他人之人"与"被评价者"之间的关系定义为博弈关系，进而对这场博弈中双方的需求和策略分别进行了评估，总结出这是一场双输——"每个人都活得很累"的游戏，号召大家一致退赛，专心过好自己的生活。

观点鲜明，立意不俗。文中穿插出现的各种文学、心理学、社会学、哲学知识，丰富了内涵，增强了文章的说服力，展示了作者广泛的阅读面和灵活运用素材的能力。尤其值得赞叹的是本文抒情、议论转换自如，文气连贯又充满活力，富有情感。美中不足的是对"每个人都活得很累"的原因论述展开不充分，使文章有一种脱节之感。[①]

---

① 上海市教育考试院.2016年上海市高考作文评析[M].上海：上海教育出版社，2016：24.

(4) 写作关键

① 事例及引言：古今中外，历史过程，地域差异均有兼顾。

② 在引述中嵌入本文论点的关键语词，并分析引述内容与论点的内在关系，增强论证力度。

(5) 实践迁移

俗话说："眼见为实。"在物质事实的领域内，这个标准基本上是成立的，但在精神价值的领域内就完全不适用了。理想、信仰、真理、爱、善，这些精神价值永远不会以一种看得见的形态存在，它们实现的场所只能是人的内心世界。

对此谈谈你的看法，题目自拟，写一篇 800 字左右的文章。

四、此时无声胜有声——语言突破

语言的表达就是思想的表达、思维的呈现。作文的类别往往与文章的语言有直接的关系。提升语言表达有三大路径：金戈铁马法——精选词语；整散错落法——变化句式；气韵成格法——变换语气。

金戈铁马法是指精选词语，构成生动流畅的语言特点的写法。

整散错落法是指由整散长短句子的交织，构成错落有致、活泼生动的语言特点的写法。

气韵成格法是指调换疑问、反问、感叹和祈使等语气句，形成气韵起伏的语言特点的写法。

(1) 佳作引领

生活中，人们不仅关注自身的需要，也时常渴望被他人需要，以体现自己的价值。这种"被需要"的心态普遍存在，对此你有怎样的认识？请写一篇文章，谈谈你的思考。

要求：(1) 自拟题目。(2) 不少于 800 字。

被"谁"需要？（见第 126 页至 127 页）

(2) 升类亮点

本篇考场佳作除了观点新颖而深刻，论证的逻辑推进有力外，还得益于语言运用的独特，包括标题在内，全文运用了 9 个疑问或反问句以及 2 个感叹句，这些情感充沛的句子，带来强烈的语言冲击感，达到了引人思考、直指人心的表达效果，增强了说服力。如：

标题为：被"谁"需要？

第②段中，由此窥得，渴望被他人需要而实现自我价值的人比只关注自身需要的人"高贵"多了！

第③段中,然而,事实的真相果真如此? 在这当中,我们究竟被谁需要了? 只有被他人需要时才能体现自身的价值吗?

第④段中,一个总以为自己被他人需要的人岂不太自我中心了? 有些别人没有寻求你的帮助,你就以"被需要"的心态驱使,迫不及待地伸出援手,这或者本质上是一种干扰吧! 而这种心态背后,折射出"自我膨胀"的实质。

第⑥段中,世间有多少伟大的母爱,因为百分之百地为孩子的需求而活,在母子反目之际,沦为对母爱难堪的讽刺? 暮年已近,巴巴地在等待孩子的电话中消磨光阴时,她们是不是在三十年间习惯了付出之后忘记了自己?

第⑦段中,若说只有在被他人需求时才能体现自身价值,岂不是对绑缚自我价值和自由的缰绳的赞美?

第⑧段中,"以其昏昏"岂能"使人昭昭"?

(3) 写作关键

① 考场作文的语言清楚明白是基础。

② 锤炼词句,畅通文意。

③ 变化语气,增强气势。

(4) 实践迁移

有人说:如果认识到人的无知是智慧的起点;那么,觉悟到人的不完美便是信仰的起点。对此谈谈你的看法,题目自拟,写一篇800字左右的文章。

第五章
教学评价——从当下着眼未来

教学评价是对学习效果的检测，基于语言这一载体，考查学生的思维、审美和文化感知的能力。首先体现在教材单元任务中，涉及语文关键能力、必备品质和正确价值观等素养；其次体现在学业质量水平的检测上以及选拔性的高考中。当下，特别注重对语言品读和思维品质的考查。可以通过对思考题、单元练习、阶段性检测卷以及高考卷的研究，明确教学评价的形式、内容及规律，由此发挥教学评价的指导作用。

基于"核心"的考试评价改革

——新高考背景下的学业测评

国务院印发《关于深化考试招生制度改革的实施意见》(2014年9月4日),勾勒出新一轮高考改革方案的清晰轮廓。紧接着18日上海作为"实验田"公布了新高考"3+3模式"(以下简称"新高考"),并在2014级高一开始实施。

"新高考"以"立德树人"为纲领,以多样化高素质人才为培养目标,以有利于科学选拔人才,有利于促进学生健康发展,有利于维护社会公平为考试准绳。上海通过三年实践,2017年迎来了全方位的检验,在此背景下,我们对语文"新高考"有了进一步的理解。

从宏观角度看,"新高考""立德树人、服务选才、引导教学"的定位,给语文学科教学带来深刻的影响。对于学生核心素养的全面培养,"新高考"为学生的个性化发展提供丰富的课程选择,引导着教学,加大了教学力度,进而引发学生学习语文的兴趣,在一定程度上恢复了语文学科应有的地位,为语文教学打开了更为广阔的空间。

在三年的实践中,语文学科产生了不少新的做法和经验。如开发了"区本研修""特色课程""校本教材""校本作业",丰富了"语文实践活动",等等。当然不可回避的是,"走班教学"不同程度地影响了班级管理及教学时间,再加上学校职业生涯指导相对较弱,造成学生选课盲目等,这些情况对语文学科教学带来一些冲击。

从微观角度看,"新高考"推动了语文学科教学改革的进程。首先明确了语文学科教学的核心素养,注重语文学科教学的基础性和实践性。逐渐引领师生步入语文学科教学的核心任务,在三年的实践中,对2017年以后的语文高考达成共识,我们概括为:一个核心,两种能力,三级指向,四层水平,五类题型。

所谓"一个核心"是指语文学科教学的根本任务,基于立德树人的语文核心素养的全面提升,即语言建构与运用、思维发展与提高、审美鉴赏与创造、文化传承与理解。语言建构与运用是语文核心素养的重要组成部分,也是语文素养整体结构的基础层面。学生思维品质与审美品质的发展、文化的传承与理解,都是以语言的建构与运用为基础,并在学生个体言语经验的建构过程中得以实现。

的确，语文学科教学要遵循本学科的特点，聚焦于语文核心素养的培养，具体而言包括语言知识、语言能力、思维水平、审美鉴赏和文化修养等。语言知识是语言的陈述性和程序性知识。首先是对知识的掌握，当然不能停留在知识概念的把握上，更不等于死记硬背知识，而是学会知识后能灵活地运用，解决生活中的问题；其次是通过对一篇篇文本语言的学习，积累一定量的感性语言材料；最后由此而形成灵动的语感。语言能力不是听说读写这些显性的语言活动形式，而是一种思维能力。在语文教学中有意识地培养学生的问题意识和转化意识，建立文章前后、学生所得知识新旧的逻辑联系，从而逐渐形成学生自己的见解，发表对各种问题独到而清晰的看法。思维能力的检测无所不在，新高考改革，顺应时代发展的要求，对此提出了更高要求。在学生思维能力和品质上更加明确。文化修养及与之相关的审美鉴赏能力与学生的语言素养息息相关，在丰富的语言中承载着民族文化及其审美的内容。

因而，对语言及其内蕴的思维、审美及文化的考查，成为"新高考"的内容。由此，高考试题不仅要检测学生从文本中读出的思想情感、审美体验和文化传承，更要考查作者是用什么样的语言形式来表现这些思想情感以及审美文化的，由此考查学生的思维能力和水平。

所谓"两种能力"是指阅读和表达能力。这是语文教学追求的过程性教学目标。准确而丰富的阅读能力和清晰而严谨的表达能力是现代公民的必备素质，是高中语文教学的当下意义，是语文教学的"重头戏"。

阅读能力的考查，在上海市教育考试院发布的考试说明中，对阅读的检测按照文体分为：社科类现代文、文学类现代文和古代诗文三部分，在试卷中呈现为四个语段。

那么在语文教学中要思考如何让学生读懂文本。

首先，清晰地辨明文体特征。找到这一类体裁独有的特征，试题的命制是依据文本体式而推演设置的。同类文体的共性特征和个性化特征往往成为考查的重点。

其次，整体地建构文本的逻辑关系。只有引导学生快速逐层概括段意后，才能梳理文本的内在逻辑关系，由此抓住作者的情感脉络、情节推演或者论证逻辑。

第三，思考文本涉及的文化信息。古诗文有着丰富的文化元素，往往涉及中华民族几千年来形成的种种学说、称谓、民俗、建筑、器物、服饰和地理等相关的传统文化内容，这是准确理解文本的密码。

第四，判断独特的表现手法。只有这样的手法而不是那样的手法，才能足以表达这样的意思，这也是深入把握文本的重要钥匙。

第五，深入体会个性化的语言特点。不同的语言应用所形成的语言风格，都有鲜明的标志，它往往以独特的形式承载着作者的情感、观点和看法。形成审美鉴赏的能力。

第六，评价艺术形象及思想观点，从而形成自己的见解。

通过教师课堂教学的引领，学生在一篇篇课文的习得过程中，养成阅读习惯，进而形成终身受用的阅读能力。当然经过一定量的阅读,学生在高考中也能快捷地应对各种试题。

表达能力的考查,目前为止,从试卷上所能检测的表达能力主要是写作。尽管试卷中增加了积累应用板块,其中在知识的运用上,对表达能力的考查有所涉及,即"在提供的新情境中使用名篇、名句等""根据语境,使用语文知识进行识别、判断、归类等",有3分具体从语言运用的"得体""连贯""通顺""严谨"等角度命题,考查学生基于语感对语言运用的判断,可以看作是一种变相的表达能力检测。

那么,几乎占试卷半壁江山的写作,又会在"新高考"中如何出现呢？一般会延续"海派"传统。纵观近五年的作文命题,一直坚持三个原则:

一是,题目所述材料本身是客观成立的。作文题目呈现的材料,不是由个别性事实暗含普适性结论的材料,而是鼓励学生观察生活,鼓励学生思考个体、社会及生活中的种种问题,敢于表达自己的观点或者看法,题目背后有着强烈的理性成分,既有哲学价值,又有伦理学意义,还有社会学根基,为学生的写作提供了更为广阔的思考空间。

二是,思辨更有广度和深度。2016年作文材料是呈现社会现象,是否会延续呢？其实上海近几年的高考作文题,大部分可以看作是一种抽象性的现象,如"过去与不会过去""重要与更重要""自由与不自由"等,只不过2016年的现象更具体些而已。从写法上,意在引导学生从两极思考,一极写成感性倾向明显、重细节的复杂记叙文;一极写成理性较强的议论文甚至论文。事实上写成这样的文章并不多,大多都趋向中间。从上海作文题目看既要体现学生对生活的独到感受,又要写出富有深度的思辨文字,充分体现一个现代学子的生活体验、生命情怀及对国家民族的担当。

三是,具有"抽象"和"概括"的特点。近几年的作文题,表面高蹈、理性,实则可以落实到每个学生个体生活中的具体情感经历、审美感受和生命成长中,更容易调动学生的生活体验和写作热情。这与"具象"或"具体"的现象不同,题目看似具体,实则抽象,如对"华阴老腔"发表观感,如果不了解这样的曲调样式,很难深入到材料的肌体、挖掘现象背后的本质,越是具体的现象学生往往受到的束缚越多,写作的空间越狭小。因而"新高考"的作文命题,会延续往年上海作文题大气、理性、有情怀的"海派"特点,出现有思想深度,同时有一定宽度的概括的生活现象类材料。

所谓"三级指向"是指基于学生个体语言素养的建构,自然而然形成学生的思维发展、审美鉴赏、文化理解和自觉。语文教学的三个级是建立在语言学习基础之上的密不可分的整体。

在教学中我们关注语言形式,关注学生学习的路径,关注学生的思维发展,关注语言形式背后的文化内涵和审美意义。不能简单地说词语是什么意思,这个句子和上面的句子构成什么关系;不仅如此,还要知道这样的行文思路和作者的思想与产生思想的文化背景有怎样的关联。因而三级指向,一级指向学生适应现代社会发展的思维品质,也是选拔性考试考查学生语文学习水平的重要内容;一级指向审美品位,考查学生对美的认识体验和辨别能力,这是作为现代人提高生活品质的重要基础;一级指向文化修养,既有对优秀传统文化的认同,又有对西方文化的理解,让学生成为充满民族自信的,同时具有全球化视野的现代公民。在高考中,体现在选文的价值取向上,体现在文本内容和形式的综合品质上,体现在题目的设置上,也体现在评分标准上。

"四层水平"是指语文教学对学生学习水平测评的层级标准,是高考测评的重要依据。分为识记、理解、运用和综合四个层次。

每一层都是可检测的,这里涉及描述四层水平的关键动词。识记层为:了解、背诵、识别和积累;理解层为:解释、把握、梳理和概括;运用层为:分析、辨析和阐释;综合层为:赏析、评析、探究和想象。这些表述层级水平的动词成为命题设计中重要的信息之一。同时四层水平也是预判语文教学的重要依据。

在考试说明中,明确规定了考试目标和内容的占比。识记约 9 分占 6%;理解约 25 分占 17%;运用约 26 分占 17%;综合约 90 分占 60%。积累应用板块为 10 分;阅读板块为 70 分,其中现代文阅读和古代诗文阅读约各占一半;写作板块为 70 分。

"新高考"背景下,要有效选拔出高校需要的、能清晰表达自己思想的学生,考查较为集中体现在四类题型上。即"知识运用题""含义理解题""概括分析题""赏析评价题"。

在 2017 年考试说明中,我们要特别关注一些新的提法,如:在积累应用板块中"新情境""使用语文知识进行识别、判断、归类"。在阅读板块中"社科类现代文"文体有:"评价文章所运用的材料、方法的逻辑性"。其中,"文学类现代文"文体有:"分析作品中所表现的人、事、景、物与情、志、理的关系","赏析作品的构思特点";"古代诗文"文体有"赏析作品的意象、意境"。在教学中通过课文的学习,借助 2016 年 9 月版的《上海市高中语文学科教学基本要求(试验本)》的解析,让学生提炼出解决这类问题的步骤、方法和策略,并在新文本的阅读中巩固迁移,形成准确思考解答的能力。

整卷结构化分析

——2013年上海市普通高中学业水平考试语文卷评价报告

教师对试卷的整体理解、把握是提高语文教学效率的方法,如何对一套试卷进行结构化分析呢？可以从试卷整体评价、试题评价、考生感受反馈、今后命题建议,以及对教学启发五个方面展开。

一、对试卷的整体评价

2013年上海市普通高中学业水平考试语文卷延续了2012年"平和"的风格,在体现稳定性的同时又有一定的突破和创新,师生对试卷的满意度较高。

1. 试卷与课程标准具有较强的一致性

这套试卷能够体现课程标准的要求,能全面、客观地评价上海市高中学生语文课程学业水平,考生成绩能成为上海市高中学生毕业的重要依据。

首先,命题的基本思路符合课程理念。试卷全面考查了学生基本的语文学科素养,试题与《考试手册》所规定的"考试能力目标和具体要求"的22个测试点基本对应(现代文阅读能力中的"掌握教材涉及的重要的文学、文化常识"未考查),均衡地检测了各项基础知识和基本能力,既有对教材识记内容的检测,又有对语文知识积累后的灵活运用,即对语文迁移能力的检测,尤为强调结合语境具体分析。以现代文阅读题为例,题干指向语言运用基础知识的考题为第1题和第4题,总共4分,占现代文阅读总分的13.33%；指向"写了什么"的初级思考层级的考题为第7、8、9题,共计3题10分,占现代文阅读总分的33.33%；指向"怎么写的""为什么这样写"的高级思考层级的考题为第2、3、5、6、10、11题,共计6题16分,占现代文阅读总分的53.33%。这样的题量和分值分布相当合理,突出在具体语境中对语言形式的研读,体现了"语文姓'语'"的学科特点,与课程标准"要注重学生的语言积累,让学生在动态的语言实践过程中,掌握语言运用的规范,感受、体验优秀作品的语言魅力"的课程理念保持高度一致。

其次,各题检测的能力目标与课程标准的匹配度较高。学业考试卷测量目标的设置依据课程标准"高中阶段内容与要求",依据《上海市高中语文学科教学基本要求(试验本)》。试卷分现代文阅读、文言文阅读和写作能力三大板块,共 22 小题,除第 4 题、第 19 题外,其余试题检测的能力目标及具体要求均和课程标准一一对应。例如选文(五)的 3 道试题分别对应课程标准中"能了解著名作家的生活背景、创作特点及相关的文化常识""读懂、理解浅易的文言诗文,能把握作品的主要内容和作者的基本思想""能鉴赏优秀的文言诗文作品,对作品的思想内容、表现手法、语言风格作简要的评析",基本覆盖了课程标准所述的涉及古诗词阅读的所有能力要求。

2. 试卷能充分体现学业考的性质

2013 年上海市普通高中学业水平考试语文卷在难易度的把握上恰如其分,充分考虑了"完成考"的价值和意义。整卷既考查了学生对语文学科的基础知识的掌握程度,又在合理的区间内考查了学生对阅读信息的筛选能力、知识的运用能力,以及分析鉴赏的能力。

首先,与定位于选拔功能的高考相比,学业考试卷在考核内容上体现了范围和层次的差异。具体包括两个方面:一是学业考对学科知识的覆盖面更广,基础知识的分值比重相对较高,特别是在现代文阅读的第一篇语段中强化了对语法等语言知识的理解与运用。该语段 4 道考题分别考查选择正确的注音、选择最恰当的词语运用顺序、选择最恰当的标点以及修改病句。二是学业考与高中教材的结合更为紧密。选文(三)《回忆鲁迅先生》选自高一(下)的讲读课文。选文(六)《陈情表》选自高三(上)的讲读课文。第四大题默写语句也都出自教材要求背诵默写的篇目。另外,第 17 题考查虚词"为"的用法,4 个选项的例句分别出自讲读课文《鸿门宴》(高三上)、《石钟山记》(高二下)、《过秦论》(高二下)、《廉颇蔺相如列传》(高二下);第 18 题考查省略句,A 选项出自《陈情表》,其余三个选项分别选自《项脊轩志》(高一下讲读课文)、《促织》(高一上讲读课文)和《秋水》(高二上讲读课文)。

其次,学业考在试题设置上也区别于高考,两者的难度要求形成梯度。第一,学业考控制了题量。高考试卷共 27 题,学业考则为 22 题,每个文段设置的小题数量在 3 至 4 题范围内,在保障考点设置全面的基础上,为学生在考试中预留了足够的思考时间,避免了作答时间过紧而导致的对文本理解的影响。第二,学业考还通过变换题型等方式有效地降低难度。例如,同样是考查文言断句的能力,学业考第 19 题以选择题形式考核,而高考第 19 题为填空题形式,难度有明显增加。

3. 试卷对中学语文教学起到良好的导向作用

从 2012 年首次学业考的尝试,到 2013 年的进一步探索,语文学业考试卷对中学语文教学的导向越来越明确,例如,遵循语文学科的特点,强调夯实课内基础,力求在语境中测试各类知识,重视检测整体理解能力,关注动态的语言环境中独特的语言形式,体验感受优秀的人类文化结晶,等等,反映"二期课改"的精神。为此,试卷在题目编制上作出了优化。例如,去年选文(一)《老王》只作为"语料"来使用,没有考到经典散文最精彩的地方,也缺少对文本整体理解程度的检测,选文(二)的试题命制过于集中在内容的理解、梳理和提取上,而没有很好地在支撑内容的语言形式上命题。2013年命题者对课内文本和社科类文章的检测内容就作出了相应的调整,选文(三)《回忆鲁迅先生》针对"语句的理解""修辞表达效果的分析"和"艺术手法的赏析"进行考查,更好地发挥了经典文本的价值;选文(二)《写作上的从小见大》也考虑到社科类的文体特征,引导学生把握文章内在逻辑关系,从"结构上的作用""用例的目的"等角度探讨议论文"怎么写""为什么这样写"。这些变化提醒我们,语文教学应该要重视语文素养的培育,回归到经典课文,回归到对文本语言文字的品读上,由此自然而然地提升文化品位。

由于试题编制上的优化,2013年学业考难度与2012年持平,而标准差较2012年高了0.993,区分度有所提升,能够更有效地检测出学生的语文学业水平。试卷体现学业考"对普通高中教育教学质量进行管理和监控"的作用,对学生学习水平和当前教学问题的预判总体而言是准确的。整张试卷中得分率最低的第4、17、16题,测量目标都是基本的识记与理解,其中第4题为病句修改,要求补出句中缺失的主语,第16题的答案从课下注释中都可以直接找到,第17题的所有选项也都出自课内语段。答题结果却很不理想,说明对重点讲读篇目的学习没有落到实处。从数据分析来看,第16题的相关系数高达0.52,位居全卷第三,第4题的相关系数也有0.33,课内文言语汇、语言规范的掌握程度和语文综合素养的高下息息相关。这一诊断为中学语文教学敲响了警钟,提醒人们要重视基础知识的积累和基本能力的形成,充分发挥学业考反馈教学、促进教学的价值。

二、对试题的评价

1. 试题的优点及优秀试题举例

2013年试题难度适中,由易到难,梯度合理,无"难、偏、怪"题。题干表述相当明确,最大限度地减少考生在阅读题干时可能产生的理解上的歧义,有利于检测出学生真实的阅读能力。

具体来说,这种题干的"明确"一是表现在对答题所需要的行为和能力作出明确的提示,例如第8题,"概括在具体写作时如何做到'从小见大'",题干表明,考生的答题行为应该为"概括",也就是说,答案需要从文中筛选信息并进行提炼、整合,未经精简、不加转换地照搬原文语句是行不通的;二是对答案信息所在的范围作出明确的界定,例如第8题"阅读第⑤段",一语暗示了答案的出处,以免学生从首段开始搜索要点,摸错了方向,虚耗了时间;三是对答题的角度作出明确的限制,例如第5题要求回答"在结构上的作用",而非手法等其他方面;四是对答案的评判依据作出明确的要求,例如第 2、3 题,都要求选出"最恰当"的一项,而非"正确"的一项,因此,答案选择时要考虑的不是"对不对",而是"好不好",仅从词语搭配和标点运用的基本规范无法得出最佳的结论,还需要结合语境进行近义词的辨析和表达效果的比较。主观题的题干经过精心推敲,选择题各备选项的编制也同样严谨,选项之间具有同质性,令学生审题时没有障碍、教师阅卷时少有争议,满足了测量科学化的要求。这些做法尊重学生的认知习惯和认知水平,充分考虑学生层次的差异,从不同的角度告知考生解题的注意事项,提高了测量效度,可见命题者的良苦用心。

优秀试题举例:

第 14 题,该题为古诗词理解选择题,要求选出对画线部分理解不正确的一项。四个选项分别从"字""词""短语""句子"的理解出发,指向整首元曲的感情基调和价值追求。其中错误选项 A"叹"字的解读脱离了下文的语境。该设计有效地针对学生孤立地抓标志性词汇和"想当然"地望文生义的阅读理解习惯,有助于强化整体把握的学习要求。从检测数据来看,此题的得分率不高,但区分度较高,这也证明了试题的命制切中了学生阅读的软肋,能够发挥对教学的良好导向作用。

第 22 题,写作题延续了 2012 年关系型命题作文的形式,典雅厚重,具有稳定性和思辨性。命题者不在审题上设置障碍,作文选材立意的角度多元,在限定与开放之间取得较好的平衡。

相较于 2012 年的"劳动与享受",2013 年的题目更为大气、更具思维容量,也更贴近学生的学习生活和社会生活,能较好地调动学生个性化的体验和阅读的积累,符合课程标准"养成观察生活、体验生活、思考生活的习惯"的目标导向。各类考生都能够从中找到自己的发挥空间,既可以联系自身实际选择适宜的切入点,也可以站在哲学思考的高度进行深入的辨析,有话可说、有感可发。更重要的是,这一题目不仅平实而且颇具张力,两个概念之间的关系有较大的挖掘空间,可以是并列关系,也可以是递进关系,可以是对立关系,也可以是因果关系,可以是条件关系,也可以是目的关系,等等;内涵相当丰富,能有效地考查出学生的思维水平和文化积淀。因此,2013 年的好作文比去年多,在 A 类学生的评分无法进一步拉开差距的前提下,作文题的区分度依然达到 0.64,高居全卷第一。

2. 值得商榷的问题以及争议试题举例

今年学业考阅读材料的选择贴近考生的阅读积累和生活实际,四篇课外选文中,有三篇的作者是学生相对熟悉的、教材课文的作者,而且选文的题材和体裁类型多样,能够给学生以审美的体验和思想的启迪,发挥语文学科潜移默化的教育功能,因此整体而言颇受好评。唯一存在争议的是选文(一)的选择标准和考查内容。从现代文三篇阅读材料的选择来看,似乎是力图兼顾各种文体的考查。选文(二)是社科类的语体文,表达方式以议论为主,选文(三)

是写人叙事的散文,表达方式以记叙、描写为主。两者文风朴实,文体典型,材料的选择普适性强。而选文(一)是科学小品文,与一般的科学随笔相比具有鲜明的个性,表达方式说明、议论、抒情兼而有之,寓科学性于文学性之中,文风相当独特。从选文(一)的试题命制来看,节选语段主要是作为语料,考核基本的语言知识的理解和运用,缺少指向整体理解的试题,节选部分共8段,但考题实际涉及的仅②、③、⑧三段,其他部分删去也并不影响答题。这种考法既没有考察出不同文体、风格的作品的特点,也不符合学生真实的阅读情境和状态,不利于考查出学生真实的阅读水平,因此这一大题的区分度较低。任何文段的使用都必须考虑它的文本特征和语言特征;学业考作为"标准考",阅读材料也应力求"标准",尤其是社科类语体文应尽可能选择具有代表性的、规范的文本。

另一方面,部分试题的答案制定和评价方式也引发了各方的思考,尤其是涉及语言形式赏析的主观性试题,例如第10题、第11题等。主要意见是此类试题的评分一要反对套话泛滥,不必纠缠于概念化的名词术语的表述;二要变踩点得分为整体评分,避免学生用"贴标签"式的解读代替个性化的品味分析过程;三要增加此类试题的分值,拉大评分要点间的层次差距,更好地体现区分度,以此引导学生回到文本的语言形式中去把握作者独特的情感,以及独特的语言风格。

此外,个别试题考得过于琐碎,如第17题。此题得分率为全卷倒数第二。可能因为"特为尤甚"的"为"课本下没有注释,且不影响语句的整体理解,因而容易被忽视,再加上"字的用法"考核(此处表述不够严谨,应为"词的用法")不符合以往高考对虚词的"用法和意义"同时进行考查的惯例,检测角度集中在词性上,也给答题造成了障碍。作为"完成考",学业考中的语文基础知识考核应多关注学生实际阅读中常见而容易出错的核心内容和典型问题,在考点指向上应侧重于语境中的运用,不能过于抠字眼。过多追求细节知识,会导致教学中大量的重复操练,这种操练单纯为了应试,意义不大。

争议试题举例:

第4题,病句修改,这是全卷得分率最低的一题,争议集中在"病句"的判定是否准确,以及试题的检测能力是否超标。有教师提出,此句可以视为主语承前省略,也有专家认为,这是一种"主题句",如果补出主语,反而会显得重复啰嗦。另一方面,高中阶段需要掌握的病句的类型范围在课程标准、考试说明和教材中都未作说明,无据可依,在教学中难以形成统一的标准,也难以落实。

第19题,文言断句是现实情境中文言文阅读有可能遇到的问题,而且没有答题的套路模式,受应试的干扰较少,确实是最能真实、全面、深入地考查语文素养的检测题型之一。但此题也有超标之嫌,断句考核的不仅仅是语句理解,还需要较高的综合能力,包括大量超出教材范围的文学文化常识的积累,超越了课程标准"读懂、理解浅易的文言诗文"的要求。

三、对考生感受的反馈

整张试卷在 2012 年的基础上更加完善，考生对试卷的满意度较高，特别是考试结果与考生自我估分较吻合，符合考生的期望值。试卷从选文的体裁、内容到命题形式都与日常的语文学习贴近；特别是默写，都出自课内背诵篇目，达到了高中学业检测目的，充分体现了"完成考"的特点，反馈意见较为集中在三点。

1. 课内文言语段准备不充分

选文(六)出自华东师大版高中语文教材高三上册的《陈情表》，这是一篇讲读课文，也是一篇经典的以情动人的文章，就其语言形式而言，用词凝练，句式整齐，多数短语已形成精炼的成语流传至今。特别是文中所表现的对祖母的奉养之情，感人至深。应该说，这样的选文既符合学生语文学习的实际，又能有效地考查语文学习的结果，但是考生答题的感觉是拿捏不准、心中没底。从考试院统计的得分情况看，也是出人意料的低。令人惊讶的是该文段设计的三个题目都是考查文言基础知识的，其中第 16 小题"写出下列加点词在句中的意思"，分别是"矜""擢""薄""区区"四个实词的意思，都是课文下的注释，但是得分偏低。第 17 小题考查文言虚词"为"的用法。而选项句都出自高中经典的文言课文，难度是 0.48，得分率非常低而且区分度非常小。不过，从例句看"特为尤甚"的"为"做动词讲，"是"的意思，这是实词的用法，从选项句看有三句是作为虚词讲，只有一句是作为动词，难度是不高的。第 18 小题考查的是"不是省略句的一项"，这个题的得分率比较高，因为有一个非常明显的被动句，区分度也较大。尽管如此，选文(六)总体的得分率明显偏低。推测原因，可能是已学过的课文答题时的兴奋度不高，心理上有审视的疲劳，重视的程度不够；还可能是学生对文言基础知识掌握欠佳。如果不作为文言文基础知识的"语料"来考查，而是作为深掘文意的思考，有可能取得更好的检测效果。

2. 基础知识的积累明显欠缺

考生面对基础知识考查的试题感觉陌生、无从下手，也就是说在当前淡化语法、重视人文素养熏陶的教学现状下，教学中对语文最基本的语法知识的讲习、体悟和训练明显不够，如说第 1 小题考查两个字的注音，一个是"擎起"中的"擎"字，命题者针对上海方言中前鼻韵和后鼻韵难以区分的语音盲点和难点而设置的，另一个是"微颤"的"颤"字，这是考查多音字，需要联系语境来确定它的准确读音，如果考生只是凭借大脑中的模糊印象，往往导致错误的选择。从考试院统计的得分情况看，得分率 0.54，是明显低于全卷平均得分的，再如第 4 小题，病句的修改，学生不知道在行文过程中主语缺失的毛病，一方面是由于淡化语法后对句子成分的把握难以做出准确的判定；另一方面，学生对整个句子的语言感受力欠缺。考生往往把原本正确的地方改错,而需要改正的地方却难以发现问题,由此,该题在全卷中是得分最低的,真是出人意料。

3. 大部分选择题太容易

考生们反映选择题难度不大。在考卷中,一般说来选择题的迷惑性较强,考生往往感觉难度大,而今年的选择题在命题的过程中,也许过多地从科学性的角度考虑,反而大大降低了难度。一个选择题中,四个选择项的指向是同一的;各选择项之间没有交叉因素;在一个选项里,如果是错误的,那么就没有正确的因素,如果是正确的,那么就没有错误的因素。因此,这样的选择项的设置就成了非此即彼、泾渭分明的非对即错的选择项,难度大大降低。如第7小题,得分率是 0.89,远远超出平均得分,然而,该题的区分度却偏低,也就是说,不管考生语文修养如何,几乎都能选正确。然而第7小题就考查的本意而言,这是一个理解性的考题,是需要较强的综合分析能力的,从考试结果看,无法检测出这样的能力。

四、对今后考卷的建议

1. 明确规范语文学科知识

高中语文学业考的定位是对高中生十二年语文学习的"完成考",应该是平时语文学习的有效检测,但是在试卷中,考生遇到平时没有涉及的一些语文知识,有些甚至在课程标准中也是难觅踪影的。比如文言句子的断句;再比如白话文中病句的修改。那么教师在教学的过程中也很难确定教学的内容和策略,因此,试题的考查内容和考查形式都应该严格地审视。广大教师迫切希望能够对语文学科知识有一个相对完整的客观、科学的序列呈现。比如说常见的字形分类、常见的病句类型、常见的文章结构分类、常见的表现手法种类、常见的语言特点,等等。对一些名词术语有确定性的呈现而并非以该篇的"孤例"作为考查的对象,这样往往让教师的教学无从下手,无法清晰明了地对学生解释说明,尽管这可能是一个浩大的工程,也可能是难以穷尽的,但是,仍然需要对语文学科知识的各板块有相对完整的归纳、总结和呈现。当然,如果更进一步地研究,还可以确定语文学科课程知识等。即便是普通高中学业水平考《考试手册》,也应该完全依据语文课程标准,以及由此界定的学科知识来命制试题。

2. 进一步提高评价效度

考试本身就是一种评价,但是考卷所涉及的考试内容的选择、命题形式的呈现、答案的制定、评分依据的表述、得分程度的把握,等等,往往决定着考试评价的效度。

首先增加试卷的区分度。在试卷的命制过程中,对词语注音的选择、文意内容的概括、虚词的理解等项目要尽量考查出不同程度学生的语文水平。也就是提高单一题目的得分率与学生的语文修养程度的匹配度。能够加强 A、B 等第的区分功能。

其次要完善评分量表。今年的评分量表在部分题目上有较大的突破和创新，比如第 11 小题"鉴赏第⑩段画线句的动作和语言描写"，答案要点由 5 个得分点组成，分两个层次：第一层，引用文中动作和语言描写的具体内容；第二层，这样描写表达的思想情感，分为"鲁迅的率直、可爱""夫妻之间的恩爱""鲁迅喜欢吃的食物""鲁迅对作者的鼓励"，答对一个给 1 分，这样的答案表述似乎比较完善，而且容易判分。但是，在具体的评分过程中，第二层得分点之间没有体现出思维的层次，显得简单，也不利于对考生语文水平的准确判定。因此，在评分量表的制作过程中要尽可能体现考生答题的思维过程和思维路径，尽可能体现对问题由浅入深分析的思维进程。这样的评分量表才能真正区别于踩点得分的传统模式，区别于浅显的甚至是僵化的结论式的评价方式。

第三强化作文评价。学业考在作文评价过程中，采用的是分析评分法，从内容、结构和语言三大项 21 个小项进行评分，总分由评卷系统自动生成。如果能真实地从这三方面反馈考生的作文状况，命题意图是好的，但是这样的评分方式，一是分项琐碎；二是各小项的差异不易区分，实际操作很困难；三是这样的评分方式和平时教师评价作文的思维方式正好相反；四是分项打分后再总和的做法费时费力。因此，对一篇作文的评判首先还是要有整体的把握和衡量，并非把一篇文章从若干角度进行拆分、先割裂地审视再逐一叠加计分，建立在整体感知基础之上的模糊性评判比拆分式的打分更准确，更符合教师的阅卷思维习惯和操作流程。应该建立更完善的作文评分方式，同时，为了体现试卷的区分度，在基础等级指标评分外，还应该增设发展等级指标的加分，对作文能力优秀的考生，能最大限度地区分出来。

3. 直面考试改革

适应目标定位的变化。根据教育行政部门的指令，2015 年学业考除了具有"完成考"的功能定位，还要在高校新生选拔中发挥重要的作用，考题要更明显地区分不同层次的学生，为高校的自主招生提供参考依据，因此，带来了学业考目标和定位的变化。也就是说这次考试，不仅仅是"毕业考"，即学生能够通过十二年语文学习的标准考，而且是通过增加附加题的检测达到为高校选拔人才的目的。如果试卷总分 150 分，那么，两大功能所占的比值，老师们建议为 100∶50，这样区分的效果更明显，更能突现不同考生的语文水平。

适当调整试卷结构及选文。近两年学业考和高考的试卷结构非常相似，在选文上尽管略有改变，然而在文体上是比较一致的，因此，在试卷的格局上是否可以考虑通过选文的变化来达到对试卷结构的调整，更充分体现学业考和选拔考相结合的性质特点，是否可以运用 PISA 检测的方式，试题着重于语文知识的应用及情境化设计。考生必须灵活运用语文学科知识与语文基本能力，针对情境化的问题自行建构答案，由此能深入检视学生的语文素养。那么，第一个文段考查信息筛选能力，选文多以规范的现代文为主；第二个文段考查学生语言运用的实践能力，选文以实用文为主，趋向于情境化的特点；第三个文段考查学生的文学鉴赏评价能力,以文学作品为主。三种类型的选文分别考查学生语文基础知识的运用能力、文学欣赏能力,在一定程度上也体现与高考的区别。也就是说这张试卷既能达到对学生十二年语文学习的准确衡量,又能有利于高校新生的选拔。

尝试附加题的命制。老师们对于兼具两项功能的这张试卷在命题形式上有较多的讨论。一部分老师认为作为选拔考的附加题,把它放在每一个文段的最后一个大题上,这样在一个文段中充分设置不同能力层级的题目,在区分度上更容易辨识出不同考生的语文水平,也就是一个文段里既可以考查最基础的注音、选词、句子修改的能力,还可以命制评价鉴赏类的高层级能力的语文试题,在同一参照物下的能力评价就更加清晰明了,既便于高校的选拔,又便于教师的讲解和分析。另一部分老师认为,附加题应该单独选文,单独命制试题,由此来区分学生不同层级的能力。我们认为两种附加题的命制形式各有优劣,前者的优点在于面对同一参照物的比较,更容易识别不同语文程度的考生;缺点在于一个文段要命制多级能力的题目近似于高考的命题要求了。后者的优点在于附加题相对集中,便于评分和考生答题的选择;缺点在于对选文本身的要求很高,一旦所选文字过于简单,内涵过于贫乏,就很难考查出学生较高层级的能力。但是,大部分老师还是比较倾向于用前一种命题形式,似乎优点更多一些。

五、对语文教学的启示

1. 重视基础知识的积累和基本能力的训练

本张试卷与2013年上海市普通高中学业水平《考试手册》所规定的考试能力目标几乎是一一对应的,特别是对常用字的字音、字形,对病句的修改,对句子标点的确定都一一落实了。但是就考试结果看,这些考查项目得分率是偏低的,更想不到的是,课内文段的实词解释和虚词用法的考查,得分率更低,因此,在教学中加强对基础知识和基本能力的讲解和训练是必要的。当然,这里所涉及的问题是:一方面平时教学中重视不够;另一方面学生的语言敏感度不高,更重要的是学生思维水平的欠缺,也就是说语文教学在很大程度上是要重视学生思维能力的提升。基础知识的积累和基本能力的训练,核心在于语文思维品质的提升,而并非是"死"知识的讲解和机械的训练。

2. 重视在整体把握基础之上的语言形式的探究

阅读能力的考查有部分集中在琐碎的语文基础知识上,但这些都需要建立在对文本整体理解的把握上,"肢解式"的阅读是难以准确把握文意的。所谓整体把握不仅仅是笼而统之地感知这一文段的思想情感和谈论的核心问题,更应该是对文段的文眼和文脉的精准筛选提炼。在此基础之上,细微的语言形式探究就有了依凭和根据,而这样的探究表面上虽然是琐碎的,实际上是对文本血脉贯通以后的准确理解和分析,这样的阅读是有价值的。因此,在教学中，读懂文本、读清楚文本比训练单个的题目更有意义、更符合语文学习本身的规律，只有建立在整体感知文本基础之上的阅读才能准确理解这样的语言形式之下所蕴含的丰富而独特的思想情感。

3. 重视作文教学中理性思辨能力的提升

上海学业考作文试题有鲜明的海派特点，简洁、大气、思辨，为考生提供了广阔的思维空间，有利于考查学生对问题充分论证的能力，真正能够较好地考查一个学生的语文能力。从考试院的统计数字看，作文的得分与全卷的相关性很高，也就是说，作文优秀的考生，其语文总分也高。这样的作文题能充分展示学生的论辩能力和严谨的逻辑思维能力。老师们希望作文能够延续这样的风格，那么在教学中，加强对学生思辨能力的培养势在必行，这是真正提高一个学生语文水平的有效途径和方法。思辨性体现在对问题的看法是以辩证思维为基础的，表现为一分为二地看问题，矛盾的相互转换，利弊的充分呈现，等等，但是，要警惕机械、庸俗的二元论，辩证分析绝不是非此即彼的简单判断，也不是二元各占50%的简单拼凑，而是有所侧重、旗帜鲜明地反对什么、赞成什么、否定什么、肯定什么，在此基础之上的深入分析、仔细辨别、全面客观地看问题，这样的思辨才是有质量的富有价值的判断和推理。教学中思辨能力的培养为学生进一步地学习和研究奠定了坚实的基础，因此，在语文教学中，对学生思辨能力的培养和训练是重中之重，而且大有可为。

高考改革背景下的复习策略

——关于高考散文阅读测评的思考

高考散文阅读一直是考生遇到的"拦路虎",考生总有无法言说的困难。造成这一障碍的原因是多方面的,但是我们从多年命题及阅卷中发现,主要有以下三点:一是由散文文体特点决定的。散文具有鲜明的个性,作者往往以自己独到的语言和手法来表达自己独到的见解和情感,考生由于生活经历、阅读积累、文化修养,以及与作者所生活时代的差异,导致考生对文本理解和分析有偏差。二是由高考命题的要求影响的,高考是选拔性考试,在散文阅读的考查上,力求全面测评考生文学阅读的水平,因而在文学欣赏和形象思维等方面比学业水平考试要求更高。三是由考生的阅读缺陷造成的,只见树木,不见森林是考生散文阅读的通病,常常不能整体把握文章的行文思路、写作手法及情感意图。我们试图梳理提高学生高考"散文阅读"能力的路径。

一、基于课程标准、考试说明,构建高考散文阅读的测评标准

的确,对于散文阅读,考生没有建立一个清晰的知识结构和能力体系,更不能明确散文阅读评价的标准。然而学生语文学科学习测评的依据是语文课程标准,这是教、学以及考的根本准则。其实华东师范大学出版社在2016年9月出版的《上海市高中语文学科教学基本要求(试验本)》一书中,已经把语文课程标准具体化了,把课程标准拆解为可检测的条目化的"学习内容与要求"。这是上海市教委教研室编写的纲领性文件,是"作为上海市高中语文学科教材编制、课堂教学、考试评价的依据",这也是教师教学、学生学习、考试命题的重要依据。其中第一章现代文阅读的第一节散文阅读,确定了散文阅读的重要篇目,为教师提供了教授散文阅读方法的范本,为学生提供了散文阅读的经典范式。"学习内容与要求"既明确了散文阅读的知识点,也定位了学生运用每一个知识点应该达到的能力水平;同时兼顾了教与学实践中的操作性。无疑,"学习内容与要求"成为了高考散文阅读测评的重要依据。

2017年是新高考改革的元年,因而上海市教育考试院发布的《2017年普通高等学校招生全

国统一考试(上海卷)语文科目考试说明》比 2016 年的考试说明有了较大的改变。把散文阅读归在"文学类现代文"一类,分为"理解""运用""综合"三级能力要求。总体上三级条目内容与《上海市高中语文学科教学基本要求(试验本)》中的散文阅读条目一致。只是去掉了"知道"层级的考试要求,这一层级的内容主要在学业考中呈现。2017 年考试说明的要求,从一定程度上达到了教考合一的理想状态,能够充分发挥教学对考试的促进作用与考试对教学的导向作用。

首先,比较 2016 年与 2017 年考试说明的变化。见下面的 2016 年与 2017 年普通高等学校招生全国统一考试(上海卷)语文科目考试说明对照表。

2016 年考试说明——阅读	2017 年考试说明——(三)文学类现代文
Ⅰ.识记与理解	1.理解
Ⅰ.1 识记课文涉及的著名作家、作品,掌握与课文相关的文学和文化常识	(1) 理解词语、句子在文中的含义
Ⅰ.2 理解词语、句子在文中的含义	(2) 概括部分或整体的作品内容
Ⅰ.3 理解语法、修辞现象在表达文章内容上的作用	(3) 概括对象特点、作品主旨、核心思想
Ⅰ.4 理解常见文言实词的意义,理解常见文言虚词的用法和意义	(4) 概括结构特点,梳理行文的线索和思路
Ⅰ.5 理解常见的文言词法和句式	2.运用
Ⅰ.6 用现代汉语解释文言句子	(1) 分析词、句、段在文中的作用
Ⅰ.7 默写古诗文中的名篇名句	(2) 分析选材、组材的特点
Ⅱ.分析与综合	(3) 分析作品各部分间的联系
Ⅱ.8 筛选、整合文中信息	(4) 分析作品中所表现的人、事、景、物与情、志、理的关系
Ⅱ.9 分析词、句、段在文中的作用	(5) 分析作者的情感、写作的背景和意图
Ⅱ.10 分析文章的思路、结构、写作特点	3.综合
Ⅱ.11 分析作者情感和写作意图	(1) 赏析作品的语言特点
Ⅱ.12 概括文章内容和主旨	(2) 赏析作品的构思特点
Ⅱ.13 根据文章内容,进行推断、想象和探究	(3) 赏析作品使用的表现手法的特点及其表达效果
Ⅲ.鉴赏与评价	(4) 赏析词句的表现力及其修辞效果
Ⅲ.14 鉴赏作品中富有表现力的词语和句子	(5) 评价作品塑造的艺术形象
Ⅲ.15 鉴赏作品的艺术形象、表现手法和语言风格	(6) 评价作品使用的手法
Ⅲ.16 评价作品的内容和表现形式	(7) 评价作品内容、思想的意义和价值
无	(8) 根据作品内容,进行联想、想象

2016年考试说明以"识记与理解""分析与综合""鉴赏与评价"三级能力水平陈述了阅读部分的测评要求,适用于现代文、古诗文的阅读,它着眼于考生语文能力水平的描述。2017年考试说明首先区分现代文与古诗文,在现代文阅读中,还区分出文学类与非文学类,再依据考生应有的能力水平描述,它着眼点在于基于文体特征测评考生的阅读水平。显然2017年考试说明对教学的针对性和指导性更强。体现在试题上,如2017年上海秋考卷第9题"'黄蛉'在文中有重要作用,请加以分析",该题检测的是叙事性散文中的线索所起到的作用。这是具有散文重要特征的检测点,散文的结构中常常或明或暗地有着一条"线索",它或者是物质化的,或者是情感化的,或者是隐含了事理逻辑的。而《相思》一文正是以物质化的"黄蛉"这一生长在主人公家乡的小昆虫为中心来展开。首先人物活动以此为凭借贯穿全文。其次主人公对黄蛉细心呵护,黄蛉成为相思之情的凝聚物,具体而言是主人公身在大西北却对江南的妻儿寄托着深深的思念之情,同时,也凭借生长在江南的黄蛉,寄托着妻儿对远方亲人的思念。

其次,分析2017年考试说明与"教学基本要求"的相关性。见下面的考试说明与"教学基本要求"对照表。

2017年考试说明——(三)文学类现代文	高中语文学习内容与要求
无	知道
无	1.1.1.1 知道散文的类型
无	1.1.1.2 了解散文的主要特点
无	1.1.1.3 了解散文的常见表现手法
无	1.1.1.4 了解散文的语言个性
1. 理解	理解
(1) 理解词语、句子在文中的含义	1.1.2.1 理解词、句、段在语境中的意义或作用
(2) 概括部分或整体的作品内容	1.1.2.2 理解结构特点和行文思路
(3) 概括对象特点、作品主旨、核心思想	1.1.2.3 理解作品中所写的人、事、景、物的特点
(4) 概括结构特点,梳理行文的线索和思路	1.1.2.4 理解作品的写作背景,领会作者的认识与情感
2. 运用	运用
(1) 分析词、句、段在文中的作用	1.1.3.1 分析选材、组材的特点,阐释谋篇布局与表情达意的关系
(2) 分析选材、组材的特点	1.1.3.2 把握感情脉络,分析作者的写作意图
(3) 分析作品各部分间的联系	1.1.3.3 把握词句间的内在联系,领会其对主旨表达的作用
(4) 分析作品中所表现的人、事、景、物与情、志、理的关系	*1.1.3.4 分析作品中所表现的人、事、景、物与情、志、理的关系

续表

2017年考试说明——（三）文学类现代文	高中语文学习内容与要求
（5）分析作者的情感、写作的背景和意图	无
3. 综合	综合
（1）赏析作品的语言特点	1.1.4.1 赏析词句的表现力及其修辞效果
（2）赏析作品的构思特点	1.1.4.2 赏析作品所用表现手法特点及其表达效果
（3）赏析作品使用的表现手法的特点及其表达效果	1.1.4.3 根据作品内容，评析其思想意义
（4）赏析词句的表现力及其修辞效果	1.1.4.4 赏析作品的语言特点
（5）评价作品塑造的艺术形象	*1.1.4.5 根据作品文体特征和表现形式，评析其审美价值
（6）评价作品使用的手法	*1.1.4.6 运用想象联想和辨析推断等，升华对作品内涵和意蕴的体悟，获得对自然、社会、人生的启示，形成自己的见解
（7）评价作品内容、思想的意义和价值	无
（8）根据作品内容，进行联想、想象	无

（注："高中语文学习内容与要求"的编号依次由"章号""节号""学习水平""条目号"组成，其中学习水平"1""2""3""4"依次对应高中语文学习水平 A"知道"、B"理解"、C"运用"、D"综合"。）

2017年考试说明与《上海市高中语文学科教学基本要求（试验本）》一致性较高，这是第一次"教"与"考"测评目标的高度一致。不过考试说明对测量目标分解得更详细，把"词、句、段的作用"由"理解"级调整到"运用"级；在"综合"里增加了"赏析作品的构思特点"和"评价作品塑造的艺术形象"两条。没有直接采纳"学习内容与要求"中"根据作品文体特征和表现形式，评析其审美价值"一条，因为单独从"审美"角度检测难度较大。一是"审美"本身是一个外来词，其话语系统与学生的生活有距离；二是教材还没有相对完整的审美知识体系；三是"审美"是潜移默化地渗透在文学作品的内容和形式中的，不能明显拆解检测。而考试说明增加的两条在我们的教学中常常是教学的重点，也是高考散文阅读的重要抓手。在2017年上海秋考卷中有充分的体现，如第9题"'黄蚬'在文中有重要作用，请加以分析"，涉及的测评点即是"教学基本要求"中"分析选材、组材的特点"这一能力点，作者选取了最能凝聚主人公情感的"黄蚬"作为载体，贯穿主人公与家乡与妻儿的种种情感活动。

二、基于教材"思考与练习"，形成高考散文阅读测评的策略

高中教材中的"思考与练习"，在教学评价体系中具有重要的价值。体现在三种主要的功能上，首先是巩固与延伸的功能，其指语文本体知识和程序性知识的建构、消化、巩固以及延

伸、拓宽、深化等；其次是培养与发展的功能，学生全面素质的提高，既有对学生非智力因素的培养，也能发展学生的智力因素；再次是反馈与交流的功能，作业后反馈的信息，教师及时查漏补缺，调整教学内容，改进教学方法，通过师生交流，提高学习效率。

首先，高中语文教材"思考与练习"为散文阅读测评点提供了路径。

我们以沪版高中语文教材为蓝本，对高中阶段六册教材"散文"篇目中的"思考与练习"进行全面统计，对照2016年9月版《上海市高中语文学科教学基本要求（试验本）》中"学习内容与要求"相应分布状态作梳理，发现两者的契合度较高，且在各册分布较为均衡，在前三册教材中注重理解和分析，在后三册教材中注重运用和综合，侧重学生赏析、评析散文作品能力的培养，符合阅读能力发展的规律和要求。如果在教学中充分运用"思考与练习"相关的散文阅读练习，对增强学生散文阅读能力具有至关重要的作用。见下面的《上海市高中语文学科教学基本要求》中散文阅读的内容与要求在各册教材的分布频次统计表。

教材 要求频次 基本要求	高一		高二		高三		次数
	第一册	第二册	第三册	第四册	第五册	第六册	
1.1.1.1	0	0	0	0	0	0	0
1.1.1.2	0	0	0	0	0	0	0
1.1.1.3	0	0	0	0	0	0	0
1.1.1.4	0	0	0	0	0	0	0
1.1.2.1	3	1	3	1	2	2	12
1.1.2.2	0	0	0	1	0	1	2
1.1.2.3	3	5	0	3	0	0	11
1.1.2.4	3	1	2	1	1	0	8
1.1.3.1	0	1	6	2	1	2	12
1.1.3.2	1	2	2	0	1	1	7
1.1.3.3	0	4	0	0	1	1	6
1.1.3.4	1	1	2	1	2	0	7
1.1.4.1	1	0	0	4	0	0	5
1.1.4.2	1	1	0	1	1	0	4
1.1.4.3	0	0	1	1	0	0	2
1.1.4.4	0	0	3	2	1	0	6
1.1.4.5	0	0	0	0	0	0	0
1.1.4.6	2	0	4	3	3	2	14

表格中，出现次数最多的散文学习内容和要求为以下几条：

（1）"1.1.2.1 理解词、句、段在语境中的意义或作用"。

(2)"1.1.2.3 理解作品中所写的人、事、景、物的特点"。

(3)"1.1.2.4 理解作品的写作背景,领会作者的认识与情感"。

(4)"1.1.3.1 分析选材、组材的特点,阐释谋篇布局与表情达意的关系"。

(5)"1.1.3.2 把握感情脉络,分析作者的写作意图"。

(6)"1.1.3.4 分析作品中所表现的人、事、景、物与情、志、理的关系"。

(7)"1.1.4.6 运用想象联想和辨析推断等,升华对作品内涵和意蕴的体悟,获得对自然、社会、人生的启示,形成自己的见解"。

由此可以看出散文篇目的"思考与练习"集中于作者在作品中的情感、作品的内容、作品的选材特点与结构,以及在阅读作品之后学生由作品获得启示、形成自己的见解上,这些内容均指向散文的文体特点,把握住了散文阅读的核心,能有效提高学生阅读散文的思维水平。如 2018 年上海春考第 11 题"本文展现了荔浦人的生活、情志与荔浦的景、物的密切关系,请加以分析",直接对应考试说明和"教学基本要求"中"分析作品中所表现的人、事、景、物与情、志、理的关系"这一测评点,教材"思考与练习"的相关练习也出现 7 次之多。

不过,也可以发现作为散文阅读的核心任务之一,"散文语言的赏析"没有得到充分重视,且在各册分布较不均匀,指向语言赏析的两个能力点"1.1.4.1"和"1.1.4.5"在第二册和第六册教材中均未涉及。"理解结构特点和行文思路",六册教材中只涉及 2 次,显然太少,学生对散文整体把握的缺失一定程度上是对教材开发不足造成的,课后"思考与练习"这些条目的设计有待教师根据学生的情况补充。另外,"根据作品内容,评析其思想意义"在六册教材中涉及只有 2 次。虽然散文带有作者强烈的主观情感,抒情意味较强,但是蕴含了作者对人生、对社会的思考,具有深广的思想价值,因而评析散文作品的思想意义有助于提升学生关注作品的时代背景和社会功能,站在更高的视角发表自己对作品社会价值的看法。这是散文阅读的重要作用和能力要求。如 2017 年上海春考卷第 12 题"第⑰段说'蓝色太阳下的沙漠老人,教给我这个道理',请对这个道理进行评析";同时,2017 年上海秋考第 11 题"评析本文所表现的思想情感的意义"都指向"教学基本要求"中"根据作品内容,评析其思想意义"这一重要的散文阅读测评点。

其次,教材"思考与练习"的能力分级为散文阅读测评提供了抓手。

教育家布鲁姆将认知领域的教学目标分为"知道""理解""运用""分析""综合""评价"六个层次,借鉴这一研究成果,2016 年版《上海市高中语文学科教学基本要求(试验本)》依据学生的认知将"学习水平"分为"知道""理解""运用""综合"四个能力层级,在"教学基本要求"中分别用"1""2""3""4"来标注。现将沪版高中语文教材中散文阅读"思考与练习"的能力分级情况统计如下:

维度 \ 册数	高一 第一册	高一 第二册	高二 第三册	高二 第四册	高三 第五册	高三 第六册	共计	占比
知道	0	0	0	0	0	0	0	0
理解	9	7	5	6	3	3	33	34.4
运用	2	8	10	3	5	4	32	34.4
综合	4	1	8	11	5	2	31	32.3
共计	15	16	23	20	13	9	96	

沪版高中语文教材散文阅读"思考与练习"的能力分布在"理解""运用""综合"三个维度的数量大致均衡。根据学生的认知规律,随着年级的增长,"运用""综合"类"思考与练习"在高二、高三出现的数量应高于高一,但从表中呈现的数量来看,高三散文阅读"思考与练习"中,"运用""综合"类题目并不突出,甚至与高二相比,呈下降的趋势。

由此,教师在课堂教学中,对经典散文作品涉及的每一个"学习内容与要求"要训练到位,同时补充没有涉及的条目和没有充分体现的能力要求。特别是在高三年段,要指导学生找到高考散文阅读的路径:通过梳理行文思路,整体把握散文的情感脉络,分析独到的表现手法,赏析个性化的语言,进而评析作品所表现的思想情感的意义和价值。这样才能引领学生走出散文阅读难以把握的怪圈。

三、基于语文课程建设,提高对高考散文阅读测评的认识

提高学生高考散文阅读测评的能力,需要有"课程意识"。一是构建相对稳定的散文学习体系;二是梳理针对散文文体特征的学习策略;三是需要开发多种语文学习的资源。除了运用好课程标准、教学基本要求、考试说明、教材等重要资源外,还要充分开发已有的"全真试题",为提升学生的散文阅读能力服务。下面分别是2017年春季、秋季散文阅读考题的分析统计表。

题号	内容体裁	题材	测评目标(2017年春考散文阅读考题)	能力分级	题型	分值
9	文学散文	白兰瓜	分析选材、组材的特点	运用	简答题	3
10	文学散文	白兰瓜	分析作品中所表现的人、事、景、物与情、志、理的关系	运用	简答题	4
11	文学散文	白兰瓜	赏析词句的表现力及其修辞效果	综合	简答题	4
12	文学散文	白兰瓜	根据作品内容,评析其思想意义	综合	简答题	4

题号	内容体裁	题材	测评目标 （2017年秋考散文阅读考题）	能力分级	题型	分值
8	文学散文	相思	赏析词句的表现力及其修辞效果	综合	简答题	4
9	文学散文	相思	分析作品中所表现的人、事、景、物与情、志、理的关系	运用	简答题	4
10	文学散文	相思	赏析作品的语言特点	综合	简答题	3
11	文学散文	相思	根据作品内容，评析其思想意义	综合	简答题	4

所谓"全真试题"是指历届上海高考语文的试题，是成熟的试题，可信度较高，以此来分析高考散文阅读的重难点更加准确。

比较上海2017年春考和秋考散文阅读试卷，可以发现一些高考散文阅读测评的规律：第一，都选择了叙事写人的散文；叙事写人的散文近似于小说，测评点丰富，与教学联系十分紧密。第二，能力层级要求秋考略高于春考，秋考由两"赏"一"评"构成三道"综合"能力级题目，比春考多一个"综合"能力级考题，对考生的思维要求更高。第三，测量目标更能体现散文文体的特征，如分析作品中所表现的人、事、景、物与情、志、理的关系及选材、组材的特点，评析思想意义等。第四，秋考更关注散文独具特色的个性化语言，"春考"主要涉及选材、组材的特点。

由此看出，高考散文阅读测评发展的趋势，重在散文阅读中"分析作品中所表现的人、事、景、物与情、志、理的关系""赏析作品的语言特点""赏析作品所用表现手法特点及其表达效果""根据作品内容，评析其思想意义"等测评目标上。突破点在于"赏析作品的构思特点"等测评目标。

综上所述，对学生高考散文阅读能力的提高，要基于课程标准、教学基本要求、考试说明、思考与练习及散文阅读相关课程资料的开发。在纲领性文件中找到学理依据，在教材的"思考与练习"中落实对应的测评点，在新的课程资源中领会散文阅读测评发展的趋势，由此增强考生高考散文阅读的能力。

第六章
课例分析——从经验走向证据

  教学的改变是在一节一节课中实现的，每一个课例就是一份教学的证据，通过解剖分析，总能发现问题以及独特的价值。我们可以从课例中体会授课教师如何引导学生品味语言，提升思维品质、审美修养和文化感受力；同时，在课例分析中，理解和学习授课者的教学策略和教学智慧，它山之石，可以攻玉，借鉴吸收，丰富自己的教学设计。课例研究是一种基于证据的教学研究，它不是凭借教师的主观经验来判断的。在课例中寻找数据、事实等实证依据来分析语文教学的内在逻辑和客观规律。

整本书阅读的切入点

——刘向《新序》课堂实录及点评

一、课堂实录

1. 课堂导入，引用对联

师：同学们好！（鞠躬）

全体生：老师好！（鞠躬）

师：上节课，我们学习了《史记·吴太伯世家》和《新序》的内容，而且还特别学习了《延陵季子将西聘晋》。今天我们这堂课将从这篇文章出发，引发对它所属分卷进行阅读的思考，进而再进入整本书阅读。

师：首先，我先庄重地写下今天的课题。（板书："延陵季子将西聘晋　刘向"）通过上节课，我们已经了解这是一个关于"剑"的故事（板书："剑"），剑在冷兵器时代被称为"百兵之君"，昨天同学们讲到这个"君"字有"君王""君子"的含义，老师觉得很有意思。其实，这个"剑"在中国传统文化中已经化身成了经典意象，是"侠"的外在呈现，我非常喜欢这个"剑"，也喜欢这样一副对联。（PPT 展示："风尘三尺剑，天涯一车书"）上联取自杜甫《重经昭陵》，表达了杜甫对太宗"社稷一戎衣"的礼赞，下联是余秋雨先生创作的，写出一种情怀。今天我们借助"延陵季子将西聘晋"的故事走进"剑"背后的文化故事。

2. 环节一：探究"子书"特点

（1）对比"子""史"的不同

师：首先，我们来比较同一个历史故事在《史记·吴太伯世家》中所记叙的内容和刘向《新序》中记叙的内容有何不同？（PPT 展示同一个故事在两部作品中的原文片段以及标题问题："史"与"子"两类文章对同一事件记载的内容有何不同？写法有何不同？）

师：大家先一起散读一下，同学们注意把声音放开，读一读第一篇。

（生散读《新序》片段）

师：我们再一起读一读《史记·吴太伯世家》中的片段，预备，起。

（生齐读《史记·吴太伯世家》片段，师板书："悬剑空垄"）

师：这就是成语"悬剑空垄"的出处，我们现在来比较一下史书和子书对同一个事件所记载的内容有何不同？写法上又有何不同？同学们有想法就可以举手回答。

生1：《新序》对人物神态语言神情有更细致的描写，《史记》强调记叙清晰。《新序》最后还有他人对事件行为的评价。

师：这名同学刚刚说了两点，第一，子书的人物描写更加丰富生动；第二，子书有别人对行为的赞美之词，而史书中没有。其他同学还有想法么？还能找到哪些不一样？

生2：在内容上也有所差异。《新序》写到了"脱剑致之嗣君"，《史记》只是简单写了"挂剑"。

师：你注意到了一个字"致"，"致"是什么意思呢？（板书：致）

生2：奉献的意思。

师：这个在《史记》中没有出现的字，在《新序》中出现了几次？

（生2努力搜索，师补充"肯定不止一次"，生2说"后面还有一次"，发自内心的赠送）

师：好，除了这个不同，还有什么不同？

生2："先君无命，孤不敢受剑"也和《史记》有所出入。

师：你关注到了动作细节的不同，那你有没有注意和"致"相似的字词还有哪些？尤其是那些《史记》中没有，但《新序》中有所呈现的字词。

生2："献"。（师问"还有没有"，生找不到）

师：到此，你说了两本书对事件记叙的描写不同，还有其他不同么？

生2：没有了。

师：同学们，"致""献"已经包含了作者的情感倾向。这两则历史事件在内容或描写方法上还有哪些差异？同学们想到就说。

生3：主旨差异。《新序》强调的是"廉""爱剑伪心，廉者不为也"；《史记》强调"不倍吾心"。

师：这个"倍"是一个通假字，通"违背"的"背"。

生3：《新序》"廉"是《史记》"不倍吾心"的递进。

师：《新序》的"廉"是什么意思？

生3：刚正。

师：很好，这名同学感觉到了主旨的差异。这个"廉"字在篆书中是这么写的。（板书"廉"的篆书体）"廉"是厅堂的侧边，有棱有角，比喻品行端正、行为端庄。我们现在来画画这把剑，我上周欣赏了上海博物馆馆藏的吴王光剑，它大致是这样的。刚刚这名同学说剑与心有关联，但两文的侧重点不同，"剑"实际上是心的体现，"廉"是"不违心"的递进，同学从主旨角度区分两者差异,更近了一步。两者的差异,除了主旨和我们之前讨论的描写,还有其他区别吗?同学们,经、史、子、集,《新序》是子书的典型代表,刚刚说到了主旨、人物描写,有没有情节故事展开上的差异呢?

生4:《史记》作为一本史书,强调对于史实的记录;《新序》作为子书,文学色彩更强,塑造人物形象更丰满。

师:刚刚你说到史实的记述和人物形象的塑造,"史"偏重于事,而"子"偏重于人,特别是人物形象(板书:史:事;子:人)。你可以再进一步思考在子和史对事件的记述过程中,作者是站在怎样的角度来审视事件的?史和子有差异么?刚才我们同学说到了,关于剑的描写,有许剑、献剑、致剑、赠剑等,但在《史记》中只有解、系、献三字。在对剑的诸多描述中,我有一个问题,"献"和"赠"所体现的是对剑怎样的态度,一样么?

生4:不一样,"献"是下对上,"赠"是朋友之间或者上对下。

师:从延陵季子的言语中,我们可以知道延陵季子是以一种怎样的态度将剑许给徐君的?

生4:恭敬而正式的态度。

师:很好,是恭敬而正式的态度,是合乎礼仪的。所以作者选的词是"献""致",还有一个词在文中也有,也是表达尊敬的心态一致的动词,再找找。

生齐:"进"。

师:由此我们可以看到,在子偏人和史偏事的记录过程中,哪一类文体作者主观情感的表达更加强烈?

生齐:子书。(板书:主观)

师:子书有非常强的主观色彩,史书则相对客观。各位同学,我们通过比较,还能看出什么?通过这个文本,除了人物描写、主旨不同,子和史还有什么不同?刚刚同学说了子书后面有徐人的赞美,人物设置上有差异,除了这个差异,人物设置甚至情节的演变过程方面还有差异么?

生5:《新序》引入嗣君不敢受剑这一情节。

师:非常好,很仔细。《史记》没有记载嗣君这个人物,而刘向记载了下来。想继续问你一个问题,为什么嗣君不敢受剑,为什么要用这个"敢"字。

生5:《新序》交代了"先君无命"。

师:看来嗣君也是有合乎礼仪的行为选择,所以不敢。那么这是什么写法呢?写徐人、写嗣君等人,从手法上来说是运用了什么方法呢?

生5:衬托季札人物品质。

师:很好,用的是衬托的手法来写季札品质。刚才我们同学在比较两个文本的过程中,从人物、情节和主旨进行研读，发现差异。我自己在读的过程中产生了一个困惑：《新序》记载此事197字，《史记》记载此事87字，《新序》也字字凝练，但是有29个字是重复的，这是作者的失误吗？（师读重复部分）大家来思考这样的重复是作者的失误还是有意为之，这样的语言细节，我们来品读一下作为子书的用意所在。

生6：第二次是在强调"吾心许之"，后面又说"今死而不进，是欺心也"，又说"爱剑伪心，廉者不为也"，要强调季札的"廉"和不违心，衬托季札是一个方正刚直的人。

师：刚才同学谈到这样的差异时改变了人称，第一次讲"延陵季子为有上国之使"是站在叙述者的角度，客观呈现，第二次则是站在季子的角度，用语言描写，表明季子自己的决心。当然这里强调不欺心、不伪心，构成了延陵季子作为"士"所具有的核心品格，不是对外而是对内心的不欺骗。（板书：不欺心、不伪心）我们再细看一下"未献也，然其心许之矣"和"虽然，吾心许之矣"，这也有差异，这样的变化有何用意？"然"和"虽然"两个连词有什么差异？我们要在语言的细节处看到背后的情怀所在。

生7："虽然"是"即使"的意思。

师："虽然"解释为"即使这样"，这是一个让步假设关联词，前面是一个转折连词，那么这样的差异在哪里，尤其是在表达情感方面？

生7：第一个比较客观，以第三人称来叙述这件事情；第二个有心理变化的过程。

师：这样的内心变化过程就是心中对不欺心的推崇和对亡友的尊重。

生7：还有，从延陵季子的角度进行描写，进一步说"我是想要献给他的，但是有上国之使这个客观条件的约束，使得我不能把剑献给他"，从而体现季子本心，点出主旨。

师：好的。我们通过两个文本的比较，把同学们的思考作归纳总结后，是否可以得出以下结论。（PPT展示："史"与"子"两类文章的区别，史：一般是典型事件，真实："其文直，其事核，不虚美，不隐恶"。子：一生一书，融入作者的精神意趣，强调作者自身的理解感悟和追求，因而更具有主观色彩。）子书重人，史书重事。在写法上，则包括了同学们刚刚讲到的一些信息。细节描写就是刚刚语言细节的品味、动词的选用；徐人的称赞和嗣君就是烘托陪衬；子书把主观色彩融于记事就是最后一点，当然其有时也会直述其理，我们之前读到的张胥鄙、谭夫吾就是直述其理——君子曰："谭夫吾其以失士矣，张胥鄙亦为未得也，可谓刚勇矣。"（PPT展示：作者如何塑造这一人物形象？细节描写，体现合于"义理"的精神特质；烘托陪衬，突出人物精神品质方面的感召力；寓理于事或直述其理，蕴含作者政治理想和人格追求。）

（2）作者为何把季札归入"节士"中

师：《新序》用这些方法来塑造人物，那么倒过来我们再想想作者为什么要把延陵季子归在《节士》这一卷中呢？我们如何来理解"节士"。（板书：节士风骨）春秋战国时期，"士"是一个特殊的阶层，"读书人"是后来的意思，春秋战国时期有一定能力和话语权的人都被称作为士,不管文士、武士,那些鸡鸣狗盗之徒也可以是士,韩非子、苏秦都是士。现在怎么理解节士?

生8:"节"指的是有节气、有节操。

师:什么是"有节操"?

生8:能够秉持公正、维持内心正直。

师:外在形象"秉持公正"和内心品行相结合。"节操"也就是端正的品行和操守。那么为什么把季子归在《节士》这一卷?

生8:因为季札的廉正是符合这样的一种节操的,他的刚正不违心也是公正的品行。

师:很好,"廉"体现了一种公正的品行,所以属于"节士"的范畴。

师:关于"节士"的理解,《论语·子路》中也有对"士"的界定。(PPT展示:子贡问曰:"何如斯可谓之士矣?"子曰:"行己有耻,使于四方,不辱君命,可谓士矣。"——《论语·子路》)在这里,"士"有两层意思:第一用羞耻之心来约束自己的行为,也就是"行己有耻",第二就是不辱君命。不仅如此,在《吕氏春秋·士节》中也谈到了"士"的内涵。(PPT展示:"士之为人,当理不避其难,临患忘利,遗生行义,视死如归。"——《吕氏春秋·士节》)这是《吕氏春秋》对士之节的理解,也是节士所应该具有的品行。

那么现在,我们如何来理解节士这类人物的精神内涵?

生9:首先要不违本心,其次对自己有批判精神。

师:我们回到这两句话再来看看?尤其是下一句。

生9:不避其难。(师补充:"不避其难"是不是"勇"?还有其他意思吗?)

生9:临患忘利、遗生行义、视死如归。

师:很好,请坐。刘向把自己对节义的理解放在仁义基础之上的忘生——忘掉自我的生命,当然延陵季子的"忘"不是直接面对死亡,而是面对友人的死亡,还要赠剑挂在坟墓之旁,这就更增添了几分悲凉的意味,增加了作为节士坚守的精神,有一种震撼人心的力量。

(3)《新序》写作意图的把握

师:学到这,我们现在来看看作者的写作意图是什么?尤其是作者对人物的编选。同学们可以关注刘向的身份和官职,思考为何会有这种主观色彩的融入。

生10:刘向的官职是谏大夫宗正和光禄大夫。

师补充:这两个官职都是皇帝的近臣,具体做什么事情呢?

生11:主要是给皇帝当顾问、出建议,宗正是皇帝的亲戚,所以刘向的写作意图是弘扬正能量。

师:"弘扬正能量"这个词很贴近我们的当下生活,你能来说说当时的时代背景么?

生11:西汉,距离春秋经过了战国时代,战国时期战乱纷争很多,高尚的气节在很长一段时间被尔虞我诈、勾心斗角所掩盖,刘向在此重申气节就是希望百姓和官员都能够重新感受这样的气节,有利于政治的亲民发展。

师:很好,提到了有利于政治发展,还有同学有不同的想法么?

生12:我认为有两个作用。一个是用来净化朝廷中的风气,让文武百官包括皇帝本人也拥有这样的风骨。(师补充:"净化"这个词用得很好)第二是为皇上纳用人才提供建议。

师:很好,除了政治方面的作用,其他方面还有作用么?和朝廷之内相对的是什么?

生12:对社会风气也将有一种积极引导的作用。

师:好的,请坐。宋代的高似孙也跟你有相同的想法,"正纲纪、迪教化、辨邪正、黜异端,以为汉规监者,尽在此书"。"监"是通假字。(PPT展示:"正纲纪、迪教化、辨邪正、黜异端,以为汉规监者,尽在此书。"——(宋)高似孙)《四库全书总目》也说"议论醇正,不愧儒宗",认为《新序》倡导儒家学说。我们知道刘向经历了宣帝、元帝、成帝,我们也知道成帝很特殊,历史记载他喜欢男宠,整个社会风气在他的荒淫生活中走向道德沦丧,因此作为高祖刘邦亲兄弟的四世孙,刘向有一种振兴汉家的历史使命,由此编撰了《新序》。(PPT展示:"议论醇正,不愧儒宗"——《四库全书总目》)

3. 环节二: 梳理阅读路径

(1)《新序·节士》人物形象的分类

师:通过刚才对这篇文章的比较阅读,我们是否可以做如下的归纳。除了我所列举的,同学们可以进行额外补充。《新序·节士》有28个故事,同学们现在来思考两件事:(1)举出这些人物类型的代表性人物。(2)对这些人物类型进行补充。(PPT展示:为《新序·节士》篇人物群分类并举出代表性人物。人物类型:拼死进谏、忠君报国、笃行孝悌、刚正廉洁、信守诺言。)

生13:子罕和郑相属于刚正廉洁,都是别人送他们东西但他们不接受。

师:还有其他的么?

生13:郑相是"受鱼失禄,无以食鱼",子罕认为最宝贵的东西是他的道德。

师:理解很到位。别人以玉为宝,子罕是以道德品行的追求为宝。其他同学还有想法么?想到就说。

生14:我想谈谈"拼死进谏"。关龙逢和比干,他们都是因为君王荒淫无道,颁布的法令对民众伤害很大所以直言进谏,但最后都没有得到很好的下场。(师补充:一个是被囚,一个是受炮烙之刑而死。)还有"忠君报国",我觉得屈原是爱国;石奢是爱国也是孝,他想忠孝两全;李离的自刎是为了全君王之美名;介子也可以属于忠君;还有公孙杵臼和程婴,他们本来要追随先君而死,但是为了留下先君遗孤,就留下照顾孤儿,一个自愿被杀,一个照顾孤儿长大后也自愿死去,这也是忠诚守节类型的。苏武也是忠诚,被囚十年,十年不忘汉武帝的任命,一直等待,也是忠君。"孝"的话,舜在父亲对他不好、哥哥陷害他的情况下,依然为父亲兄长劳作,父母需要帮助总能第一时间出现,这就是"孝"。还有太子止和弟弟,他们的父亲喝药而死,他们就因过于后悔自责悲痛而死,这是"孝"但好像有点极端。

师:的确,你发现了这好像有点极端,作者在他处做评述时也指出了不足和问题。

师:刚才同学们讲到了几种类型,我还想再问一个问题,季子属于哪个类型?

众生:廉。

师:"廉"是方正和刚正,《新序·节士》有28组人物,这28组人物中哪些和"廉"有关,体现了方正还是刚正?方正和刚正有区别么?同学们思考过这个问题么?

生15:有区别。

师:在哪里?这些人物和方正刚正如何勾连?刚刚同学说到的石奢、郑相和子罕,他们是刚正还是方正?方,是他处事的原则;刚,是他性格的刚烈,那么在《新序·节士》的人物群中有9组涉及"廉"这个词,能找到匹配的内容么?其中还有鲍焦和申徒狄,他们属于哪种类型?申徒狄不满当时黑暗的社会,就投河而自杀,这是属于"方"还是"刚"?

生15:刚。

师:很好,这是属于"刚",作者对此持批评的态度,看不到申徒狄的仁和智,这里包含了作者更丰富的处世倾向。[PPT展示:拼死进谏:关龙逄、比干等;忠君报国:申包胥、苏武等;笃行孝悌:止(许悼公太子)、急(卫宣公之子)等;刚正廉洁:子罕、鲍焦、申徒狄、郑相、石奢等;信守诺言:柳下惠等。]

(2)梳理"子书"整本书阅读的一般路径

师:我们通过一篇文章到《新序·节士》这一卷,可以做这样的归纳总结。我们的子书重点是在人物,人物个性的塑造是需要方法的,要进入人物需要故事的梳理,最终这样的学习过程是要明白作者的意图之所在。"人物"是我们读子书的核心,通过故事和方法最终我们进入到意图把握,这样我们似乎就能清晰地阅读这一卷的内容。这是我们的阅读路径,也是刚才我们同学在梳理过程中产生的阅读路径。(PPT展示路径图)

(3)勾连整本书阅读,给前三卷取小标题

师:我们来试试,能否给《新序》的前三卷加上小标题。我们知道从卷六到卷十作者都给他们标上了小标题,卷四、卷五是老师加上去的,分别是治士和仁者。(PPT展示卷四至卷十的小标题)我们来思考一下如何加小标题,在儒学的王道中,根据对信仰的追求,一般可以分为几类人:圣人、贤人、君子、士人、庸人、小人。对于前三卷,根据我们提供的材料,你如何加小标题?

生16:第三卷我加的标题是"兵者"。

师:为什么?

生16：因为都是探讨如何用兵。第二卷是……

师：第二卷文本陈述的对象，行为发出者都是什么样的人？一个是魏文侯，一个是楚庄王，你们明白了什么道理？

生16：我觉得这两个人都是贤明的君王，明君。

师：讲得很好，那么第一卷呢？

生16：孝者。

师：孝者，孝顺之人。或者把这个"者"改一下，改成"孝士"如何？这是一种加法，是一种偏正式结构，和"节士"一样。如果要让这个标题和"义勇"的结构相同，改成并列式的，我们可以怎么改？看我们选取的两则故事。

生16：孝顺。

师：有其他不同意见么？

生17：孝德，因为材料说孔子是圣人，他去治安不佳的地方，当地百姓听到他来了不敢为所欲为，孔子以德服人。（师补充：很好，关注到了德行。）第三卷我写的是顺民。有两层意思，第一要顺应民众，给他们好的法令和环境，第二是使民众顺服，也是要强调君主品行优良端正。

师：顺民是一种治国之道。你这样的标题命名倒是一种创新之举，因为在原本的命名方式中，只有偏正和并列式的，你这属于动宾结构，的确也可以属于标题命名的方式。关于如何让标题更贴近文本，我们还可以继续思考讨论下去。

4. 环节三：课堂总结，布置作业

师：刚才同学们通过子、史比较，精读一篇，明白了读"子书"的路径，同时将路径运用到读整本书，刚才的加标题只是我们一个小练习而已，这个过程还需要同学们花更多的时间阅读。今天的作业如下。（PPT展示，作业：再读《新序》，依据整本书阅读的路径，选取其中一卷向他人作介绍。）

师：我们今天上到这里，同学们再见！（鞠躬）

众生：老师再见！（鞠躬）

（执教者：上海市黄浦区教育学院高中语文教研员杨勇）

二、专家点评

著名特级教师步根海先生，从观课的感受、引发的探讨及教学的思考进行点评。

步老师指出这是一堂用新课标的观念上老教材，充分践行新课标思想的课。提及新课标，首先就是四个维度的核心素养的整合，即以语言为基础，以思维为核心，以审美和文化为个体修养的提升，这四者是不可分割的整体。对于这四者的融合，上海及周边地区已经共同研究了近十年，并将这些想法转化为教学的外显形式，即在文言文教学中落实"四文合一"的理念——文字、文章、文学、文化，四文合一。这"四文"可以和核心素养相对应。"文字"有借代义，不仅仅指字词，而且指从文言学习知识角度出发的识字、用词、用句，是字意和语言运用相关知识结合；文章是由文言特有的组合方式而组成的篇章、结构、思路、内容要义、表现形式等，比如今天所分析的表现形式是属于"文章"范畴；所谓文学就是与个体相关的——"我从中获得了什么"，包括审美；而这样的文字、文章、文学背后支撑的是文化。所以，过去十年来长三角四省市教研员对文言文教学"四文合一"达成了共识，现在发现这和新课标十分吻合。今天的课探讨了如何做到"四文合一"，是很有意义的。在课堂上虽然不是字字句句落实，但是仍从具体文字入手，尤其关注了和季子形象直接关联的字词，将文言字词句的解决落实到具体的语境中去。

而且，今天的课还通过文字的品读升华为对延陵季子形象的感受认识，这不是提炼概念，而是要回到文章本身，对子与史两类文本作比较阅读。对文本探讨一，作者怎样来塑造人物形象，除了作者表述的，学生还能感受到什么？对文本探讨二，通过比较得出《新序》作为子部书籍的个性特点，其实本质也是探究文章，探究两个表现形式不同的文本背后作者不同的创作观和思想。今天对《史记》《新序》的讨论，重点不在于细致分析语言表述、人物形象，而在于文类特征，《史记》是史书，特点是客观叙述事情的本来面貌，虽然带有个体情感因素，但是在叙事过程中是很难读出褒贬情感的，要读完后经过思考才能获得。而子书则不同，有鲜明的情感倾向，刘向又是一个经学家，他从儒家思想出发，塑造人物形象，编纂的过程中有个体情感观点的调整。这样比较了文章结构与文章表现形式的不同，是和意图有关的，是建立在文字基础上的。所以一切的解读都基于文字，当然也包含思维。

步根海老师进一步提出，课程标准囊括五种思维，其中直觉、形象、逻辑、辩证是思维的四种形态，而创造是思维的品质。创造性思维和思维的深刻性、批判性、独创性、灵活性、敏捷性息息相关，是思维品质。文言学习的过程包含思维。从文字角度而言，更多是一种直觉思维，根据积累，直觉辨认字、词在句子中的概念。今天课堂探究了"廉"这一字源，从这个字联想出去是有形象思维的，再从文字本身联系到人物形象是一种逻辑思维。所以，思维贯穿语言教学。今天课堂的背后充分体现了思维支撑。小学以直觉感受为主，初中以形象为主，也包含一定的逻辑因素，高中则是进入理性思考，以逻辑思维、辩证思维为主。今天这堂课有着这样一种逻辑关联：从对"士"的认识到对《新序》中其他种种人物的认识，如果不是文言文教学，这样的方法很普通，但是在文言文的学习中落实这一想法，就是很有价值的。学生通过这两个文本的对读，不仅要明确说了什么，还要知道"怎么说的"，以及"这么说的目的意图"。如讲"孝"，孔子作为孝文化发端，不仅是践行者更是提倡者。传统文化和圣贤之道密切相关，所以补充的材料是孝之道,而在"士"中更多的是行孝,指向的是体现"孝"的行为,即"士文化"。在对文章探究的过程中,已经包含着文化因素。

至于本堂课对于整本书教学的思考,也就是怎么把单篇和整本书阅读结合在一起,步根海老师认为关键是要找到关联点。两者的阅读教学是有相似点的。从课程描述出发,语文课程是一门学习祖国语言文字运用的综合性、实践性课程。核心是学习语言运用。先需要明确的是语文不是以研究语言为主,不要过多地纠缠于概念。这些概念都是静态的,有时候学生在阅读中即使对概念理解错了,也不影响他们对字、词、句、篇章,以及作者指向含义的理解。所以,教师要关注实践,要在运用过程中来学习掌握语言学习的规范。

但是两者也是有不同之处的。单篇阅读以"学得"为主——在教师指导下获得,以及通过教师指导来实现语言运用的规范。整本书阅读侧重"习得"——以"学得"为基础,通过自己的语言实践而获得知识和技能。语言有三个层面:积累、理解、建构。单篇是基于已有的建构,整本书阅读强调自身的建构,在整本书阅读的过程中,学生要把获得的东西转化为整本书阅读的语言实践,又要在这样的语言实践当中形成自己的语言建构。本堂课梳理子书的阅读路径,就是为形成新的语言建构服务的。

区分不同年段的思维要求

——《谈白菜》课例分析

当前,语文课堂教学存在一个普遍现象,听课时授课教师如果不明确说明是哪一个年段的学生,那么听课者往往很难区分出来。这里隐含的问题是语文课堂教学内容确定的随意、教学序列的散乱和教学目标达成的模糊。特别是在高中各年段的教学中尤为普遍。当然,有部分教师说,语文学科不少教学内容是"只可意会不可言传"的,似乎为课堂教学内容的不确定找到了合理的理由。那么,高中语文真的就没有可凭借的确定年段教学内容的学理依据吗?肯定是有的,因为语文课堂教学首先是一门科学,是科学就有其内在的规律,可以"求真";其次语文课堂教学也是一门艺术,是艺术就能努力达成唯美的效果,可以"求美"。关键是我们要找出问题的症结在哪里?听课区分不出年段,粗略地说首先是教师对语文课堂教学中年段教学内容确定认识上的偏差,从而引起操作上的失误。语文教学涉及的知识内容,学生经过九年的学习,已经不同程度地掌握了。在高中阶段的教学中,教师一不小心把语文知识点做简单重复学习,是无法区分年段特征的;同时,语文训练的能力要求没有根据学生的年龄特点提升,也看不出年段的达成目标。其次是语文教师往往被文本的内容牵着鼻子走了,教的是文本涉及的内容,而不是文本所承载的语文学科的本体知识,这样真像是戴着镣铐在跳舞,沉重而无效,当然不能体现语文学科高中阶段不同年段的教学内容的特点和规律。

我们首先看两个经典课例,这是上海著名语文特级教师步根海老师在同一所学校同一天分别在高一和高二教学同一篇课文的教学案例,实践的目的是在不同的年段中科学而有效地确定语文课堂教学内容,体现不同年段的思维要求。

课例1:高一年级教学《谈白菜》。

环节一:学生质疑,生成教学问题。

上课伊始,步老师请同学自由发问,了解学生阅读课文的疑惑点:"大家读过课文想到哪些问题?"学生纷纷回答:"'淡'的味道是什么?与民族精神的关系是什么?'淡'的性格与社会风气的关系是什么?""为什么需要'淡'?'淡'的标准是什么?""'无味'与'淡'的区别是什么?""'淡'的意义何在?'淡'的好处是什么?如何发扬'淡'的精神?""'淡'和白菜之间有必然联系吗?"根据学生的回答,步老师引导:"阅读文本终究要抓住关键的语言信息,刚才同学们提出的问题还没有触及这些,现在请思考,你对哪些词语比较敏感?"

环节二:读文本,抓关键词句。

步老师引导学生读课文,感受本文的语言特色。师问:"第一段先写齐白石的斗方、大师的农家本色,然后是什么原因引出对白菜深切的颂词?"生:"深知白菜性格。"教师追问:"'性格'一词在文中出现了几次?"生说:"第一次在第一自然段,深知白菜的性格。""第二次在第四段'同水一样,白菜的性格——味道是淡的,也即是有自然之味'。""第三次在第四段'可是,这正是白菜最值得宝贵的性格'。"师:"文中三次出现'性格'的语言环境是否相同,与前后的语言是一种什么关系?"

接着,步老师引导学生重点辨析白菜性格的丰富内涵,进一步感受作者别具匠心的语言运用。师问:"白菜的性格在文中用了哪些概念来表达?"学生齐声说:"淡。"师引导:"作者怎么表现白菜之'淡',是直接写的吗?"生:"有自然之味,是通性更近水性,不是直接写的。"师:"还有吗?"生:"第二段引苏轼赋文,易保存可长享。"师:"然而齐白石的称颂,当有另一层深意。"生:"引出下文的议论。"师:"随笔一般归为散文,可是题目看是议论性的,这和一般的议论文是不一样的,重点议论白菜的性格,不是直接写,又是怎样写的呢?"

环节三:再读文本,理清行文结构。

然后,步老师引领学生从文章结构上思考作者是怎么谈白菜的。师问:"读课文,梳理问题,作者是如何一步一步地推演白菜的性格及其辩证法的?"学生纷纷提问:"为什么淡薄才会浓厚?""假如淡泊无争,怎么能够积极进取呢?""我认为:'鲜'比'淡'更好?""对'白菜的辩证法'的叙述作者用了一组排比句,这样的顺序安排有什么讲究?"师:"不争的是名利,与进取无关。泡菜人人都喜欢,然而多吃要倒牙,白菜之淡,讲到的是'五味'本质的特征。排比句由'淡薄'到'无味'到'清淡',与文章的行文思路是相关的。文章由齐白石画白菜斗方入笔;用'当有另一层深意'推进;再宕开一笔,从基本的生活经验谈起;运用类比提出白菜'淡'的性格;进而通过五味对比突出'淡薄无味而能持久不厌';水到渠成提炼出白菜的辩证法。"

环节四:三读文本,明确写作意图。

最后,步老师归结到作者写这篇文章的意图上。学生纷纷说:"宣扬淡薄名利。""除了淡薄,还有了内心的追求——德性。"师:"从哪里读出来?"生:"最后一段写社会风气"。师:"到底是追求为人处世还是追求社会风气的淡薄呢?"生:"从白菜到为人再到为国。"步根海老师接着指出:"本文写于二十世纪八十年代初期,中国大地刚刚经历过一场浩劫,社会需要好的风气,文章是不是在最后一段凸显的,前文中有没有相联系的地方?"生:"有的,是从个人到社会的。"师:"是的,第四段写白菜的性格,第五段过渡到人的感受,结尾顺理成章地写到社会风气,这是要细细体会的,沉浸到文本中。"

环节五：课后作业，检测和提高能力。

课后请思考两个问题：（1）第二段"另一层深意"指什么？怎么回答？（2）梳理行文思路，作者怎样由谈白菜到谈为人再到谈为国的？

课例2：高二年级教学《谈白菜》。

同样是《谈白菜》一文，在高二年级教学，步老师又是如何处理的呢？

环节一：文体辨析。

首先步老师从文体的辨析引入，师："高二读什么？要读出文体特征，本文从题目看是一篇什么文章？"学生纷纷回答："课下注释是随笔。""这是一篇议论文，有观点的呈现。""是散文，行文庞杂。""是议论性的散文。"师："读的过程中有何问题？读后希望解决什么？如果作为议论文来读首先找到什么？"学生："论点。"师："既然有散文的味道，有没有直接的论点？要提炼概括吗？从哪里入手？"

环节二：明确阅读方法。

第一步，由文章观点的提炼到论点的归纳。第二步，根据语言环境，梳理文章的基本思路。第三步，作者写这一篇文章的意图何在？

环节三：阅读方法在本文阅读中的运用。

步老师引领学生沉浸到文本中，运用上述方法解读文本。

第一步，由文章观点的提炼到论点的归纳。师："本文作者有哪些观点？在文章中划出来。"学生七嘴八舌地说道："第一段，白石大师……，深知……，……深切……""第二段，对于……，……当之无愧。""第三段，这种本味，可以同一切味相谋、相济，而不相侵、相扰；它平淡无奇，不自命不凡；它平易近人，不巧言令色；正像'水善利万物而不争'，水善于辅助万物，而不跟万物相争。""第七段，'君子之交淡如水''言行一致，德厚为先'。"师追问："文章的中心论点究竟是什么？是白菜的品行、性格、辩证法还是由此展开的思考？"

第二步，根据语言环境，梳理文章的基本思路。生说："找中心句。"师："从语言环境看，怎样在思路的梳理中提炼论点？"学生答道："第一段：'独不识白菜为菜之王，何也？'引起思考。第四段'淡'是'一切味的本原'。第六段提出白菜的辩证法。"师："还有没有更深入的思考？这与白菜的性格、白菜的品格是否一致？文章是否到此为止？"

第三步，作者写这一篇文章的意图何在？教师学生大声朗读，沉浸到文本中，特别研读最后一段，为该段划分层次。学生说："第一层，总述古人懂'淡'的道理；第二层，联想到'君子之交淡如水''淡以成''甘以坏'，这是人与人之间的关系；第三层，引到社会风气，天下有道与无道的差异；第四层，顺承指出处世时要'言行一致，德厚为先'，从历史发展的角度看个人的角色定位；第五层，总结历史总会淘汰不淡之人、不淡之事。"师："通过谈论白菜的性格来阐发'言行一致，德厚为先'、恬然淡泊的立身行事之道。"

环节四：文本内容和形式的融会贯通。

师："我们更要思考，文章尾段写作意图的表明与前面谈白菜是怎样结合在一起的？或者作者是怎样一步一步地揭示写作意图的？感受并认识本文行文的逻辑力量。"学生：默读前文，沉浸在思考中。师进一步启发："回到前文，'独不识白菜为菜之王，何也？'对这个问题的回答就是本文的行文思路。或者，对白菜性格的基本认识是什么？或者，作者怎样认识白石大师的斗方的？请大家提出问题。"学生："引用苏轼的话有何意义？""为何从'菘'谈起？"师："'菘'承接哪一句？"生："天下白菜确也当之无愧。""然而，……当另有一层深意。"师："是的，这是作者着重要论述的问题，由此一以贯之，就形成了由此及彼的行文推进，再与《在马克思墓前的讲话》一文比较看看。"生："从人们熟悉的谈起，引出白菜，引出人们认识的新观点。"师："第四段、第五段关于白菜的性格的叙述是不是作者所说的另一层深意？"生："从白菜的性格比喻人的性格。"师："哪里得出来的？"生："白石题词是在说人，中间写人需要的性格，结尾写以'淡'为价值追求的君子之交，以及社会需要君子之风。"师："是的！文章前后融为一体，这样的表达对我们有何意义？这是本节课值得我们深入思考的地方。高二的同学，应该有自己的阅读理解。"

环节五：问题与思考。

课后作业：从作者谈白菜的论述中，我获得怎样的启发？写一篇200字左右的短文。（或者简析本文语言运用的特色，行文的思路，写作的意图。）

课例1：步老师在高一把教学内容确定为：通过沉浸、感受、体验文本的语言文字，把握所议概念的内涵，梳理行文思路，提高语言的感受能力。环节一：基于学情，生成教学内容，以学定教。环节二：基于文本，感受语言特色，彰显语文学科特色。环节三：基于文体，把握行文思路。环节四：基于作者，探究写作意图。环节五：基于学习，训练提升。总体上对《谈白菜》教学内容的确定是基于高一年段学生已有的语言感受能力，在此基础上提出更高的要求，辨析具体的语言环境的特点，领会文本独特的语言魅力，此环节是课堂的重心所在，教学用力处，步老师引领学生体悟的时间最多，提升高一学生对语言感受的敏锐性。同时，根据"这一篇"散文性议论文由此及彼的特点，引领学生探究行文的思路，理解作者的写作意图。

课例2：同样是这一篇文章，在同一所学校，在同一天里，面对高二年级的学生。步老师把教学内容确定为：辨明文体特征，指导阅读方法，运用阅读方法解决阅读中遇到的问题。环节一：辨析本文的文体特征，由此确定教学的核心问题，即指向"这一类"文体的独特的阅读方法。环节二：调动学生已有的知识和能力储备，通过讨论明确"这一类"文章独特的阅读的方法和步骤。环节三：引领学生运用"这一类"阅读方法在本文阅读中解决遇到的问题。环节四：深入推进强调文本内容和形式的融会贯通，把语文的语言形式和所表达的内容有机地结合在一起，此环节是本堂课教学的用力处。环节五：课后总结和练习。把学生"习得"的有效阅读方法作强化。这一堂课教学内容的确定是基于高二年段学生的知识积累和理性思维的发展。

研读这两个经典的教学课例，启发我们思考，高中语文不同年段教学内容的确定及其思维的要求，可以从三个方面找到学理依据。

一、从不同年段的学生需求出发

王荣生教授指出："针对不同的学生，选择或创生有所差异的语文教学内容，从而使他们逐步达成共同的课程目标，这是一堂语文'好课'的最高境界。"[①]所谓"有所差异"核心就是有区别、是不同的，是针对教学内容选择的差别，由不同的教学内容来指向不同的学生需求，最大限度地满足学生"最近发展区"的需求，最终达成共同的教学目标。这样教师在课堂上目中要有人，特别是语文学科，语文教师更要具备敏锐的感知能力，首先是对不同学生需求差异的敏锐感受、辨别和把握，然后才有不同教学内容的选择和创生，即便是同一篇课文在不同年段，将选择和创生不同的教学内容；即便是同一个年段同一个班级，在不同的主题组合或不同能力训练点出现时，也一定会选择和创生不同的教学内容。正如古希腊哲学家赫拉克利特所说："人不能两次踏入同一条河流，因为无论是这条河还是这个人都已经不同。"世界本身就是不断发展、变化和不断更新的。同样，语文课堂教学中不同年段教学内容的确定是由不断发展变化的学生的需求决定的，而且是一种动态的选择和创生的过程。

1. 依据学生在这个年段的心理特征

从心理上讲，高中生的特点表现在，学习有较明显的自觉性，有稳定的学习动机，有明显的兴趣倾向。有一定的学习能力，有一定的自制力，有明显的独立意味。在课堂上逐渐趋于成熟变得较为深沉，有的学生不论懂与不懂均含而不露，从高一到高三，外露的表达越来越少，独立的理性思考越来越多。他们不喜欢老师喋喋不休地讲个没完，希望课堂上能留出给他们独立思考的时间和深入挖掘的空间。如课例1，环节一是课堂的导入部分，步老师基于学情来生成教学内容，学生关注的是："'淡'的味道是什么？与民族精神的关系是什么？'淡'的性格与社会风气的关系是什么？""为什么需要'淡'？'淡'的标准是什么？""'无味'与'淡'的区别是什么？""'淡'的意义何在？'淡'的好处是什么？如何发扬'淡'的精神？"这些问题主要是理性的思考，关注精神层面，比初中生有了更深入的思考，但是这一些思考是要回到文本的语言信息中才能准确体会的，于是，步老师引领沉浸文本，感受语言信息，明了内容所承载的语言形式的独特之处，水到渠成的理解只有这样的语言形式才能较好地表达这样的思想

---

① 王荣生.从教学内容角度观课评教(上)[J].语文学习，2005(5)：23-25.

情感。

从认识与思维发展规律上看,在整个中学阶段,学生的思维处于经验型向理论型过渡的阶段。初中生的思维在很大程序上属于经验型,他们往往要借助于生活中的亲自感受或习惯观念等进行思维活动。而高中生的思维侧重于抽象思维,属于理论型的,要求他们能够利用理论作指导来分析归纳综合各种事实材料,掌握一定的逻辑思维的程序,利用判断推理等手段不断扩大自己的知识领域,并发展成一定的阅读能力体系。如步老师在高二年段教学《谈白菜》目标的定位是阅读方法的指导,这是遵循学生的认知与思维发展的规律,给学生足够的独立阅读和思考的时间和空间,引领学生通过自己阅读,根据语言环境提炼论点,梳理文章的基本思路,寻找文本各部分之间内在的逻辑关系,明了写作意图,从而达到对文本内容和形式融会贯通的恰切理解。

2. 依据学生在这个年段的知识储备和学习能力

教育要"以学生发展为本",教学是"以学定教",那么,根据高中语文学科的特点,只有充分关注并发掘学生已有的语言潜能,引导学生通过已知来认识未知,也就是让学生在学习过程中不断地唤醒沉睡的记忆,不断地探求、体验、感受、认识新知,才能为他们终身学习语文打下扎实的基础。特别是高三年段是语文知识"量"的积累达到一定高度后的语文能力的"质"的飞跃阶段,这实际上是一种思维的飞跃,练习题铺天盖地,是做不完的,即便大量地练习,如果没有思维方法的归纳提炼,学生分析问题解决问题的能力仍然十分有限。

那么语文课堂教学内容的突破点,往往就在学生的兴趣点、障碍点、发展点,要从学生已有的知识储备和学习能力出发,着眼于解决学生思维发展的实际问题,而不仅仅是满足于教学计划的完成。一个年段的课,要将学生的昨天、今天、明天结合在一起,从知识与能力、过程与方法、情感态度与价值观三个维度合一的角度来考虑。如课例2,环节四,步老师提出:"我们更要思考,文章尾段写作意图的表明与前面谈白菜是怎样结合在一起的?或者作者是怎样一步一步地揭示写作意图的?感受并认识本文行文的逻辑力量。"这是对学生阅读梳理文本后,仍然没有解决"文本内容与外在的形式之间的交融"问题,提出了进一步的思考和比较,这与高一年段学习过的《在马克思墓前的讲话》一文的论证方式是不同的,这一篇随笔式的文章,结构是层进式的由表及里、由此及彼的挖掘,文章内容与形式自然融洽。步老师通过调动学生已有的知识储备,让学生对学习中的发展点有了更深的理解。

3. 依据学生在这个年段对新知认知的特殊途径

高中阶段学生对新知的认识有了新的变化。教学内容的确定随之而变。高中学生的认知途径,由静态分析的学习转化为动态感受的消化和理性思考的深化。静态分析,就是只着眼于对文本内容肢解,包括字、词、句、段、篇的分析和写作手法、语言特点的理解、归纳,满足于回答三个问题,即"是什么""为什么""怎么样",训练也是依据分析来演绎的。有几篇文章作一点这样的分析也未尝不可,但是每篇文章都是这样慢问细析,学生能获得什么?他们的兴趣又怎么持久?特别是高中学生对新知的认知不能仅仅依靠课堂上随意肢解的课文,也不能变成知识概念的演绎,而是要让学生在主动、独立自主的探求过程中,有所体验,有所发现,有所感悟,这就是动态的体验与感受。

要做到动态感受的消化到理性思考的深化,就需要给学生以沉浸、体验、感悟、思辨的过程。沉浸,就是要让学生进入文本,这个阶段,不必急于归纳中心、把握情感,而是要在阅读过程中有所心动,形成一个大体的感觉;体验,就是依据自己的已有经验,包括生活积累、知识积累和思想认识水平,从具体的语言中体会到文本的内涵,或产生共鸣,或产生疑惑;感悟,是指经过共鸣、生疑、探求以后,明白一些道理——包括知识的道理和思想内容上的道理,形成自己的见解;思辨,是指能在一定积累之后,上升到理性高度来认识,能辨别是非优劣,特别是高二、高三学生更具有这样的思维品质。

要使学生能够动态地体验、感受,需要给学生以充分的时间和空间,需要及时地给学生以点拨和指导,需要培养学生的问题意识和探求精神,需要鼓励学生形成独立的见解,需要有学习策略的介绍,提高学生学习的效率。如课例2:步老师关于文体的解读是严谨的,由注释中"随笔"的介绍,到"散文"的探究,再到"议论文"特征的引入,最后确定为"议论性的散文"。再如课例2:在第二段的文本梳理中,学生回答后,步老师引导说:"'性冬晚凋''不择时地,易于生长',这些是白菜的特点和性格,然而这是齐白石要表达的白菜的性格吗? 如果不是,是否可以通过'然而'和'当有另一层深意'看出?"这一些细小处的推理正是电光火石处,严谨思考处,仔细推理处,教师用力处。这是从小的方面讲。从大的方面讲,第七段分四个小的层次与前文的照应,这是行文思路的辨析,这是读文章的策略,通过对个性文章的解读引导学生把握共性特征的学习策略。这是步老师根据高二年段学生对新知认知的特点生成的课堂教学内容。

二、从学科的特点出发

1. 依据"这一篇"课文的文体特征

南宋陈善说:"读书须知出入法。始当求所以入,终当求所以出。见得亲切,此是入书法;用得透脱,此是出书法。"文本解读是语文教学的第一要务,只有这样才可能发掘出语文教学的核心价值。语文课堂上教什么? 这的确是上课前首先要考虑的问题,但是只考虑文本的解读,显然还是不够,更需要有恰切的教学内容。它的基点在于在透彻了解学生的基础上关注文本的文体特征,找到两者的交集,由此确定课堂教学的内容。当然这两者并不是机械的简单相加,需要教师深厚的学养,需要教师正确的课程意识,需要教师敏捷的课堂反应,对学生提出的问题,能迅捷的判断正误,找到文中的出处及时组织有效的教学语言,引导学生深读文本。

教学《谈白菜》,首先搞清楚它的文体特点。这篇课文编排在华东师大版高中语文教材2012年5月第五次印刷版本的高三(上)第三单元,这是"主题单元",品位与格调。选编了散文《世间最美的坟墓——记1928年的一次俄国旅行》,小说《老人与海》,随笔《谈白菜》,诗歌《悼念一棵枫树》,涉及四种不同的文体,但是都指向人内在素养的外部呈现。有托尔斯泰的逼人的朴素、有桑提亚哥永不言败的倔强、有对淡泊清雅的坚守、有对崇高壮美的追求。《谈白菜》课下注释①选自《随笔》,按一般的划分,随笔归在散文,但是从题目的"谈"而言,一般是发表自己的看法,属于议论文的范畴,因此,这篇文章可以看作议论性的散文。本文从散文的角度看,行文自由挥洒,既有齐白石斗方的引入,又有生活经验的描述,还有大量经典内容的引述,更有由此及彼的升华,因此,本文行文思路的内在逻辑关系的梳理就是教学的难点。如果从议论文的角度看,作者的观点陈述与写作意图又不是一致的,而由观点的梳理到论点的归纳是需要提炼的,特别是层层深入的论证过程的推演,就显得更为重要了。因此,教学内容确定为:依据文体特征,沉浸到文本的语言形式中,梳理文章行文思路,把握作者的写作意图,形成有格调的人生。

2. 依据"这一篇"课文的语言形式

《谈白菜》作为一篇议论性散文,语言简约老练,引用丰富,富有思辨性。如第六段"这就是白菜的辩证法:淡薄才会浓厚,无味才会甘美,清淡、自然、平常才会淡而不厌,久而不倦"。用条件关系构成排比的句式,三组并列的对举关系中,强调"淡薄""无味""清淡、自然、平常"的重要。这是历经沧桑的智者的思辨,凝练的语言中蕴含耐人寻味的力量。对语言形式的教学在高一和高二教学中是有所侧重的。

课例1:对高一的学生,步老师主要是以散文为主的教学来设计的,核心在于作者对"白菜辩证法的个性特征"的揭示以及呈现这一概念的独特的语言方式。而语言方式的独特是基于作者的胸襟和情怀,这是散文独特的魅力所在。作者经历了"虚辞绞绕""天下无道"的特殊年代,也赶上了历史的无情和有情的转换,对国家民族怀抱着美好的期许,作者借白菜的"淡",颂扬"言行一致,德厚为先"的社会风尚和处世之道。因此在语言的表达上内敛而深沉,鲜明而厚重。正如南帆教授所说:"散文是一种无法遮挡的文体,散文的表达取决于知识分子的胸襟、思想、人格,以及无时不在起作用的文化背景。"在了解李锐的身世后,读《谈白菜》,其厚重和沧桑可见一斑。

课例2:根据高二年段的思维特点,步老师主要以议论文为主的教学设计,核心在通过议论句构成的语境的品味,梳理思路和把握写作意图,形成"这一类"文章的阅读方法,解决阅读中遇到的问题。

的确，语文课堂教学当然要凭借文本的内容展开，但是不能只是围绕文本的内容研读，即作者要表达的思想或是人文的情怀，思想和情怀是独特的语言形式的载体。语言形式是"语文味"的重心和核心，教学内容的确定一定是语言教学为重的。步老师在教学中，紧紧抓住文本提出的问题展开，始终围绕文本中的语言形式，通过"这一篇"的教学与"这一类"勾连起来。如课例1：师："文中三次出现'性格'的语言环境是否相同，与前后的语言是一种什么关系？"品味词、句之间的内在联系，防止对单一句子的反复推敲，割裂语言之间的内在联系，是基于整体把握的词句理解，从而体现浓浓的"语文味"。课例2：环节三，第三步五个层次的梳理，对学生逻辑思维的训练，语言表达的严密是大有裨益的。把握文本内在的逻辑联系是学生终身受用的语言运用的能力。

三、从课程的目标出发

1. 依据课程的科学序列

高中语文教学内容的确定除了关注学情、关注学科特点，还要关注语文课程目标设置的科学序列。教材是课程目标的外在呈现，用好教材，极为重要。专题组合构成单元，是教材体系的最大变化。上海"一期课改"前的教材，主要是以文体知识来构成单元的，"一期课改"中的教材，是以阅读能力点来构成单元的，应该说，这两类教材都有它们的特点，对学生的知识学习、能力形成产生过积极的影响。但是，以知识为体系也好，以能力为体系也好，恐怕都有一个问题没解决，那就是怎样使语文课程、语文教学与生活紧密地联系在一起，这一问题不解决，使语文课程适应学生的发展自然也难以体现。"二期课改"主要以主题单元组织教材，拉近了语文与生活的关系，便于学生调动已有的生活经验来体验、感受课文内容，从而形成自己的认识与见解，而这样的认识，就是基于高中生年段的生活实践和经验来组织的。例如，高一年段"生命体验""美好亲情""人我之间"等主题单元，很自然地唤醒了学生的记忆，调动了内心的感情和生活体验，可以使学生与文本对话，与作者对话，与同学老师交流；高三年段"艺术与审美""走向社会""浩然正气"等主题单元，对个体的精神世界提出了更高的要求，既是成年的心理需求，又是社会的需求的紧密结合。《谈白菜》所揭示的人生"淡"的哲学以及为人处世之道，正是学生走向社会所要思考的问题。

当然，课程序列中内容上的层进也必然以语言感悟、阅读能力、逻辑推理的层进为前提。因此，高一，侧重培养基本的语言感受能力，基本的阅读习惯。如课例1：对文中涉及的基本概念，从三方面解决：是什么？怎样表达的？前后的联系是怎样的？由此思考一些问题，解决一些问题，提高语感能力。高二，应该是利用学生已有的语言敏感性，把握文本的核心问题。如课例2：教师主要是引导学生自己通过语言环境的辨析，领会观点之间的内在联系、观点与写作意图的照应关系,梳理行文思路,把握写作意图,形成"这一类"文章的阅读方法。高三,不断调动已有经验来发现一些问题。包括两个方面:第一是已有知识经验的印证,产生共鸣,形成基本能力。第二是已有知识经验在文本中的碰撞,按照理论应该是这样写的,但是作者偏偏是那样写的。提出一些问题,质疑、思考,对语言形式的沉浸就会有新的启示。

2. 依据课程的目标设置

2004 年颁布的《上海市中小学语文课程标准(试行稿)》中的目标设置也是我们确定教学内容的重要依据。其中对课文阅读的目标设置为:(1)在整体感悟的前提下,领会各种体裁文学作品的特点和语言表现力,感受作品的魅力。读诗歌,能感受到作者的感情色彩和丰富的内心世界;读小说,能体验人物形象的特点和社会意义;读散文,能把握作者的思想倾向和感情脉络,体会情与景(或物),情与理的内在联系;读剧本,能感受矛盾冲突反映的人物思想性格和表现的主题,体验剧本所营造的氛围。(2)能借助有关资料了解作品的创作背景。(3)能调动自己的知识积累和生活积累,运用分析、综合、归纳、演绎、类比和比较、质疑等方法体验并赏析作品内容和表现形式。(4)能在鉴赏的过程中,感受优秀的人类文化结晶,吸收人类文化的养分,陶冶自己的情操,提高文化修养和思想认识水平。

阅读目标(1)关注课文的文体特征和语言表现力,这是从语文教学的核心价值出发,确定语文教学的内容。阅读目标(2)是课文解读的总体方法,"知人论世"是正确解读课文的前提条件和有效方法。阅读目标(3)明确了调动学生已有"积累"的重要,鉴赏的具体方法和角度。阅读目标(4)是阅读的情感态度价值观目标。步根海老师教学《谈白菜》,不同年段教学内容的确定正是基于高中阶段现代文阅读的要求,重在文本的特点和语言表现力的研读,通过知人论世,调动学生的知识和生活积累,运用分析、综合、归纳、演绎、比较和质疑等方法体验并赏析作品的内容和表现形式,从而丰富学生的文化修养和发展学生的思想认识水平。

综上所述,高中语文不同年段教学内容的确定及其思维的要求,首先考虑的是不同年段学生的心理和学习的需求;其次考虑语文学科的特点;再次依据语文学科的课程目标。这三者合一,最终确定该年段、该班级、该篇课文的教学内容,从而达到"求真"与"求美"相结合的语文课堂教学效果。

以问题为导向的思维培养

——以一堂古典诗词的复习课为例

古典诗词的学习和考查一直是高中语文教学中的难点,特别是在高考中该项的得分不高,学生在古典诗词的复习中费时多但效率低。教师在课堂上尽管讲解细致,但是学生仍然似懂非懂。一旦接触到陌生的古典诗词还是读不懂,更不要说举一反三的能力运用了。在临近高考的前两个月,我们做了"关注差异,提高古典诗词复习效率"的专题研究,下面以格致中学高翀骅老师的"古诗词人物形象鉴赏及评析"一课为例来分析。

一、教学实录

环节一:复习鉴赏诗歌人物形象时需要思考的问题。

师:这一阶段,我们接触了不少以塑造人物形象为目的的诗歌,也已经总结了鉴赏这些诗歌时所需要思考的一些问题。那今天首先就请同学们一起来回顾一下这些问题。请一些同学站起来讲,每个同学说一点即可。

生1:首先我们要区分诗中的形象是诗人本人还是作者所塑造的人物形象。

生2:要用自己的语言概括出这一形象的特点。

师:对,除了概括特征以外,我们还有必要去点明这一人物的(引导学生回答)——身份。好,请继续。

生3:第三个问题是诗人是怎样来塑造这一形象的。

生4:表达了作者怎样的情感?

师:因为这是塑造人物形象的诗歌,所以我们可以表述成:在这个人物形象身上寄寓了作者怎样的情感?对,就是这四个问题,而其中的第三个问题,是我们赏析过程中的重点。我们需要结合文本来理解,还需要关注作者有没有运用特殊的手法。那么就手法而言,塑造人物形象常常有哪些方式?

全体学生:正面描写、侧面描写。

老师：在正面描写中，最值得我们关注的是什么描写？

部分学生：细节描写。

师：对，细节描写，那么在诗歌中，比较常见的侧面描写是怎样处理的？

部分学生：环境。

师：对，用环境来烘托。

环节二：通过对柳宗元《渔翁》一诗中"渔翁"形象的鉴赏作业点评发现学生的问题。

师：上述问题可以说是我们鉴赏人物时的思路。根据这些问题，同学们已经完成了对柳宗元《渔翁》一诗中"渔翁"这一人物形象的鉴赏。

渔 翁
柳宗元

渔翁夜傍西岩宿，晓汲清湘燃楚竹。

烟销日出不见人，欸乃一声山水绿。

回看天际下中流，岩上无心云相逐。

师：这些作业中有没有什么比较明显的问题，应该如何去加以改进？

作业1（PPT显示）：本诗描写了一个亲近自然、远离尘世、逍遥自在的渔人形象。作者从渔人的行为举止，到周围景物，从正面到侧面，并用了拟人的修辞手法，生动形象地表达了作者对渔人远离尘世，无拘无束，寄情山水生活的赞赏与向往。

生5：我觉得这个同学在鉴赏人物的时候运用了一些术语，但是并没有对内容作出分析。

师：好，缺少内容，所以有一种泛泛而谈的印象。能不能具体说说答案中的哪些内容应该更充实。

生5：比如"正面到侧面"，太大了。

师：这里的"正面""侧面"具体何指是不清晰的，还有吗？

生5："拟人的修辞手法"。

师：对，我估计这名同学是想说"无心云"这一句，那么他不仅仅没有讲清楚这里的修辞是如何使用的，而且认为拟人修辞手法的目的是表达作者的情感，这一理解也是有问题的。除了手法上，这名同学还有其他地方表述笼统，不够到位的吗？

生6：他提到渔人的行为举止、周围景物。但到底什么行为举止、什么周围景物，都没有说清楚。

师：好，所以这种"脱离原文，泛泛而谈"的现象，是我们在鉴赏时可能产生的第一种问题。

作业2：本诗塑造出一位风餐露宿、勤劳的渔翁形象。本诗通过对渔翁的正面描写如"渔翁夜傍西岩宿,晓汲清湘燃楚竹",又运用对环境的描写如"烟销日出不见人,欸乃一声山水绿"来写出渔翁的勤劳,从而表达了作者寄情山水、体验农家生活的愉悦之情。

师:看起来,这名同学的答案解决了第一个同学"脱离原文"的问题,这个答案是有原文的,那这样写可以吗?

生7:这名同学是直接引用。

师:直接引用,没有自己的理解和分析是欠妥的,还是失之于空泛。这是这一则赏析的第一个问题。还有别的问题吗?

生8:他最后说"从而表达了作者寄情山水、体验农家生活的愉悦之情"这一说法有问题。因为作者没有参与到这幅画面中,而是以一个旁观者的角度来写的。不存在"体验农家生活"。

师:对,这名同学其实在我们需要思考的第一个问题中就判断失误了。诗中的渔翁是作者本人,还是塑造的形象呢?应该是塑造的人物形象。所以这一则鉴赏中有两个问题,一个是没有准确区分诗中的人物是抒情主人公本人还是塑造出的人物形象,二是光是直接引用,没有自己的分析理解是欠妥的。

作业3:渔翁夜晚靠着西岩入睡,白天汲取清水点燃楚竹烧水,可以看出这位渔翁生活得十分随性,依靠大自然而居。第三、四句写场景,表现出了这位渔翁行踪不定,而他生活的地方十分清秀美丽幽静,人烟稀少,表现出渔翁不以尘世为念,脱俗的品质。结尾写出了景致的阔大,给人一种脱离尘世的仙境之感,再次表现了渔翁的淡泊、脱俗。由此也表达了作者对这些平淡悠闲生活的向往之情,他希望寄情山水忘却烦恼。

师:这名同学分析得很仔细,之前的三个问题,他都避免了。那这则赏析还有什么欠缺吗?

生9:他写得很细,但是没有概括。

师:我想这名同学一定觉得自己是有概括的,比如"不以尘世为念、脱俗",但是你为什么会没有注意到呢?这提醒我们人物形象的概括最好放在比较明显的位置,比如第一句话。还有别的问题吗?

生10:我觉得这名同学就是把每句话解释了一下,然后附上一个性格概括。

师:对,那么这个人物究竟是如何塑造出来的,用了什么手法却没有提及。而我们在赏析人物的时候,结合手法来分析是一个关键。"只有内容,无涉手法"是这一则赏析的问题。

作业4:全诗塑造了一个辛勤工作,不畏艰险的渔翁形象。诗人正面描写渔翁清晨便起床开始准备自己一天的打渔生活,刚刚日出就已经去打渔了。又侧面描写了渔翁打渔时水流湍急的艰难环境。侧面写出了渔翁的尽心尽力,辛勤勇敢。表达了作者对以渔翁为代表的勤劳的劳动人民的赞美与同情。

同学们笑了,那么这名同学到底错在哪里呢?

生 11:他对渔翁这个形象整体的理解是错的。他对这首诗歌的意境的理解就错了。这首诗歌我觉得是比较宁静的雅致的。而这名同学所说的打渔的艰难环境简直有点无中生有。

师:正是因为对于诗歌中人物形象的把握出现偏差,也导致对于诗歌中情感的理解产生问题。所以这一则鉴赏的问题就在于对诗歌人物形象的整体把握出现差错,主要原因是脱离原文去理解,和全诗呈现出的意境相抵触,而造成的后果就是对于情感的理解也错了。

上述的四个问题是我们诗歌鉴赏时需要注意的问题。在我们的作业中,大家对于情感的理解相似度极高,几乎全班同学都认为这首诗歌所表达的情感是诗人对平静、自然生活的向往,是诗人的一种归隐之念。但我们班级有三名同学持有不同的看法,他们在概括这一人物形象的时候都用到了一个词:"孤独"。我想请他们中的一位来说说看,你是怎样从这首诗中读出"孤寂"感的。

生 12:首先我们来看看渔翁做了什么:他早起汲水烧竹,这些事情都是他一个人做的。在第三句中写"烟销云散不见人",写出他周围的环境是非常空寂,他是独来独往的,可见他的孤独。最后两句中我对"岩上无心云相逐"的理解是渔翁无心欣赏周围的景致,可见他对于这种孤寂的生活是很习惯的。

师:天上的云是无心相随的,有没有什么事物、什么人是有意陪伴的呢?没有。好,她的第一个依据是从诗文本身来的,她读出这一场景是一个空寂的场景,那还有其他的依据吗?

生 12:因为这是柳宗元的诗,是他在永州写的诗。

师:其实我在给大家这首诗的时候故意没有给出背景,但在诗文中出现了两个地名,一个是"湘"一个是"楚",应该可以和永州——永州在今天的湖南——联系起来。所以在读这首诗的时候,陆依宁就自然将诗歌和柳宗元这个人联系在一起了,我们还学过柳宗元哪些作品和这首诗意境比较接近的?

生 12 及其他学生:《小石潭记》。

师:还有一首诗。

生 12 以及部分学生:《江雪》。

师:好,在这些作品中,呈现出来的人物形象是不是都是一个孤寂的形象?是不是都是柳宗元自我的一个投射?所以我们除了直接从文本中去理解人物之外,还有四个字很重要:知人论世。(板书)当我们想到柳宗元的生平,想到这首诗创作的背景,那么我们就自然能够对诗中的人物形象有更深一层的体悟。接下来显示出的是我在我们班黄丹妮同学答题基础上稍作改动呈现出的赏析。提供给大家一个参考。

这首诗塑造了一个独来独往、孤高又不免孤寂的渔翁形象。诗人从正面描写入手,抓住夜晚傍岩而宿,清晨汲江而饮两个情景写出了渔翁简易的生活。中间两句作者从视觉和听觉的角度写景,烟消云散却不见渔翁,摇橹声起山水似乎更显幽静,侧面烘托出清廖孤绝的意境。而最后两句写渔翁乘船而下回望天际,只有无心之云相随,则更可见其孤独。诗人在这样一个人物形象上寄寓了自己试图寄情于山水,却不免孤寂的情怀。

环节三:比较辨析鉴赏和评析的差异。

师:如果我们的题目是:请你来鉴赏、赏析渔翁这一人物形象的话,那这个答案是比较完整的。如果我们把题目改动一下,不再是赏析渔翁这一人物形象,而是评析渔翁这一人物形象,那我们应该怎么做?评析和赏析有什么区别呢?

在搞清楚这个问题之前,我们先来回顾一下,曾经在黄浦区一模考中碰到过的人物评析题。(显示)

> 16.联系全诗,对"山中客"这一人物形象加以评析。(4分)
> 本诗为我们描绘了一位隐居山中的道士形象。(1分)他生活简朴、远离尘嚣、行踪飘忽;有别于官场生活的倾轧、繁琐、身不由己。(1分)这一形象对世俗的人而言是一种向往和警醒,具有进步意义。(2分)

师:请大家比较一下,评析题的参考答案和赏析题有什么异同。

生13:两者都有对人物形象的概括,还都有对这个形象的分析。不一样的是,在评析中没有涉及手法,而是有一个评价"具有进步意义"。

师:说得对。这是我们从答案的比照中感受到的赏析和评析的区别。再让我们从《语文学科教学基本要求》上来看看,有没有对评析作出准确的界定。请大家翻到第21页。把相关的段落朗读一下(学生齐读)。

师:这一段话告诉我们评析有两个方面,一是艺术性,一是思想性。它有没有告诉我们什么时候应该侧重于思想性,什么时候应该侧重于艺术性?

生14:思想性是针对真实人物而言的,艺术性是针对塑造出来的艺术形象而言的。

师:由此我们说看到人物形象的诗歌需要大家思考的第一个问题:区分诗中的人物是诗人本人与否、是塑造出来的还是真实存在的,是一个很重要的问题。

当然老师要补充的是:如果仅仅以人物的真实与否来断定应该从哪个角度切入可能还是有些绝对的。我们还要从提问的角度,更要从诗歌本身所具有的特点来加以判别。

正因为如此,所以一模考中的"山中客"是一个真实存在的形象,所以评价的侧重点放在了思想上,所以答案的构成是这样的。大家不要误会以为评析就一定没有手法,如果从艺术角度来评析,当然是要涉及手法的。比如柳宗元的《渔翁》是他塑造的艺术形象,所以我们应

该从艺术角度切入,应该要涉及手法。我们可以这样来评析"渔翁"的形象。(显示)

> 这首诗塑造了一个独来独往,孤高又不免孤寂的渔翁形象。诗人从正面描写入手,写出了渔翁夜晚傍岩而宿,清晨汲江而饮的简易生活。又从视觉和听觉的角度写景,烟消云散不见人踪,摇橹声起山水更幽,侧面烘托出清廖孤绝的意境。最后两句写渔翁乘船而下回望天际,只有无心之云相随,则更可见其孤独。诗人在这个人物形象上寄寓了自己试图寄情于山水,却不免孤寂的情怀。生动而典型地呈现了一个无辜被贬、怀才不遇的文人形象。

可以在最后将艺术性的典型和生动加以点明。

环节四:对杜甫《野老》一诗中"野老"形象进行评析。

师:刚才我们理解了赏析和评析的不同,接下来我们进行实战演习。发下的讲义中的这首诗歌是杜甫的《野老》,我的题目要求是:请你对诗歌中野老的形象加以评析。首先我们来判断一下,"野老"是诗人所塑造出来的人物形象,还是真实的人物?是谁?

生:是杜甫本人。杜甫自称"少陵野老"。

师:所以我们可以侧重哪一个方面来评析?

生:思想性。

师:好,那么我们读一读,想一想,并马上在下发的纸上写出你的评析。如果对于诗文有不理解的地方,可以和附近的同学讨论一下,也可以问我。

野 老
杜 甫

野老篱边江岸回,柴门不正逐江开。

渔人网集澄潭下,贾客船随返照来。

长路(归乡之路)关心悲剑阁[1],片云何意傍琴台[2]?

王师未报收东郡(洛阳),城阙秋生画角哀。

注:此诗写于上元元年(760),杜甫刚在成都西郊的草堂定居。

[1] 剑阁,位于四川北部偏东,是甘肃、四川之间的交通要道。当时仍处安史之乱中,剑门失守。

[2] 琴台,指司马相如为卓文君弹琴之处,在四川成都平原的南部。此处代指诗人寓居的成都。

(学生当场评析,老师在学生中走动,解决部分学生提出的字词问题,观察学生的进度和答案并给予指点)

师：好，已经有不少同学完成了，我们来看看大家的评析。

（用投影显示学生的评析）

生15：全诗塑造了一个忧国忧民的诗人形象。他身处动荡的乱世，偏居在远离家乡的成都，他一心关心王师是否收复了叛军攻陷的失地，却对自己偏安一方，无力报国感到无奈，对于国家的命运感到忧愁与悲凉。这一形象体现了作者心系百姓，心系国家的情感，表现了诗人并不将情感拘泥于个人的思想境界。

师：这个答案中首先有对人物形象的概述，在对人物的分析中可以看出这名同学对于杜甫的生平是了解的，也充分利用到了给出的注释，还可以看到对诗歌文本的理解，以及最后的评价。这个答案整体而言是很不错的，但在表述上还有一些地方可以推敲。这一评价显然是与诗歌的后半部分结合更为密切，前半部分诗中描写的生活场景没有具体呈现，当然，"偏安一方"这个概括是很正确的。在后面的评价中明显有一亮点，那就是将诗人自己的安全安定和国家的动荡联系起来。这是对诗人思想的赞同。那我们再来看另一名同学的评价部分，可能写得更加完整。

生16：本诗描绘了一位居于江边的野老形象，是杜甫自指。他虽暂时过着平静的生活，却因战争的不休止，因国家陷于动荡而忧心焦灼，不知如何凭自己的力量为国效力。这一形象对当时漠不关心国事的世俗是种警醒，是具有忧患意识，以天下为己任的表现，即使在今日也有现实意义。

师：这一答案中的评价部分和我们学科基本要求上的要求更加接近，如果两名同学的答案能够结合起来，就是很完整的了。

下面投影出的是我自己做的答案，供大家参考。

这首诗塑造了一个试图忘情自然，却依然忧国忧民的诗人形象。诗歌中的野老（诗人自指）在江边漫步，却没有因为眼前景象的素淡恬静，而欣慰雀跃。因为他想到剑门失守，自身漂泊，国家动荡，捷报未传，在凄凉的画角声中深感悲凉。诗人将个人的命运和国家的命运联系起来，不因个人之苟安而忘怀国家之残破，在乱世中"野老"无疑是一个峥嵘不凡，具有感召力的积极形象，对生活在平和富足中的我们也有启示。

这节课马上就要结束了，课上我们对诗歌中人物形象的鉴赏和评析做了一番梳理，也进行了评析的尝试。讲义上还有秦韬玉的《贫女》，大家思考一下这首诗应该从艺术还是从思想角度来进行评价呢？有没有第三种可能呢？这就是我们的回家作业。下课。

二、教学反思

进入高三冲刺阶段，文言诗歌的鉴赏与评价这一环节该如何落实？在这个信息爆炸的时代,复习材料比比皆是,资料的搜集不是难事,而删选、整合、梳理的工作更显重要。该如何删选?按什么类别整合?梳理的经纬又如何确定呢?在确立这一堂公开课的内容时,这些问题一直盘桓于脑际。

翻阅手中林林总总的习题,我发现考核鉴赏能力的比比皆是,相应地,学生掌握的程度也已经比较到位。反观评价题却相对较少,事实上这恰恰是学生的薄弱环节,甚至有些同学连鉴赏和评价的区别也不清楚。最明显的证明就是某年度我区两次模拟考试诗歌鉴赏题中都出现了评价题,但学生的解答不尽如人意。所以我将这堂课的最终目标定位在评价能力的落实上。而学生认识问题的过程是一个联系已知到达未知的过程,那么从他们熟悉的赏析问题入手,比较赏析评析的区别,再通过实践落实评析能力就很自然地成为了这堂课的主要环节。

作为一堂在距离高考约两个月时间开设的课,我想这样几个原则是需要遵循的。首先就是角度要小,内容要精。角度小,关系到的知识点、技能也就明确,更容易总结思路方法,学生也易接受,易掌握。所以这堂课我把赏析和评析的对象限定在古诗词的人物形象上。内容精,避免题海战术,通过典型例题的深入分析争取达到举一反三的效果。所以这次我翻阅了《唐诗鉴赏辞典》上一千多首诗歌,选出了其中的三首。一首留为作业,在课堂上只呈现两首。

第二个原则是要让学生自己发现问题,解决问题。到了这一阶段,学生对诗歌的理解能力、对鉴赏角度的掌握和常见表现手法的分析等应该有相当的积累了。这时候对习题的处理方式如果只是学生埋头做——教师一言堂的讲解,无疑是非常被动的一种学习状态,而被动学习的效果总是有限的。所以这堂课上,我设计了让学生在他们自己做的练习答案中找问题、分析问题,引导他们完善答案这一环节。

第三个原则是老师不应仅凭经验行事,不要闭门造车。这一阶段在课堂上需要讲解的,不完全是这首诗歌内容本身,也不是答案的宣读,而是指出学生和答案之间的差距。可以说学生的需求才是课堂真正的动力。课前我发现多数学生在分析"渔翁"的形象时,只是将他作为一个隐士形象来理解,而忽略了柳宗元个人情感的投射。如果不是批阅过学生的作业,我本来并没有意识到这一问题如此普遍,那么课堂上的讲解也就有可能将它草草掩盖了。可见如果没有深入了解学生的需求,课程的设计就谈不上有的放矢。

因为将这几个原则贯彻到了课堂中,所以课程的进行是比较顺利的,最终学生当堂练习,由投影仪显示出学习成果,也展示了课程的有效性。

而这样一堂课完成以后,我对于文言诗歌的鉴赏与评价这一环节该如何落实这一问题又有了进一步的思考。这只是一堂40分钟的课,但能否以此为模板,借助高考能力点的要求设置角度,然后老师选出典型的习题来形成一个古典诗歌的学习系列,有梯度地引导学生去掌握鉴赏评价的能力。工作固然费时费力,却是值得尝试的。

(执教者:上海市格致中学高翀骅)

三、课例评析

这是一堂"古诗词人物形象鉴赏及评析"课,针对学生的认知特点、知识储备和即将参加高考的要求,高老师把课堂的切入点定在"人物形象"上,能力点确定为鉴赏和评价,指向性明确,这是学生在古典诗词阅读中的弱点,甚至可以说是盲点,而且这两者之间既有必不可分的联系,又有明显的区别,学生很难在答题时准确地体现两者的差异,由此失分较多。同时,在课堂上如何引导学生辨析,如何调动学生积极思考、练习,提高复习的效率也十分重要。高老师呈现的这堂课,为我们提高古典诗词复习效率提供了一个借鉴的范式。

1. 课堂呈现学生的认知点差异,以"问"定教,找准复习的突破口

古典诗词的课堂复习,首先要找准学生认知上存在的差异。高老师的课堂上,环节二通过学生典型的问题作业的展示,具体而客观地呈现了学生在"人物形象鉴赏"上的问题,由此确认学生的认知差异,找准这堂课的突破点。作业(1)缺少诗句内容的具体分析,脱离了文本。(2)直接引用原文,但是没有自己的理解,而且把作者本人和该作品塑造的人物形象混为一谈。(3)对人物没有总体的概括而且对塑造人物的手法没有涉及。(4)对人物形象的整体理解错误。这些是学生几种常见的答题错误,高老师敏锐地找到本班学生的典型问题,引导学生辨析理解。人物鉴赏首先要从诗句中概括出人物所见、所闻、所行和所思,区分出人物是作者本人还是作品塑造的艺术形象,抓准人物塑造的方法,体会人物的思想情感。由于每一名学生对诗歌的理解是有差异的,答题的缺失点就不同了,高老师引领学生讨论辨析,有的对文本内容有了准确理解和分析,有的对塑造人物的方法更加明确,有的对答案呈现的层次和方式有了清晰的认识。这一环节的设计对于个体缺失的寻找和弥补很有效果。人物形象的鉴赏和评价都离不开对人物思想情感的理解和把握,但是普遍存在偏差,全班只有三名学生能准确理解作者的"孤独"情感,于是,针对全班的共性问题,高老师重锤敲打,引导学生从三个层次探究作者寄寓在人物形象中的情感,让课堂向学生思维缺失的纵深推进。讨论后明确:一是从诗句内容分析,如"烟销日出不见人""岩上无心云相逐"中呈现的孤独。二是从写作地"湘""楚",看出本诗写于永州,作者被贬之地,知人论世,感受作者内心的落寞和压抑。三是联系作者的其他作品《小石潭记》和《江雪》加深对"孤寂"心态的理解。这是由作业4的呈现和讨论引发的,对这一问题的思考把教学引向了更为核心的内容,即人物形象的情感世界,至此学生真正触摸到了人物形象的本质内核。高老师接着展示了一个较为规范的答案,把鉴赏的思维过程做了相对精准的呈现,学生有据可依,有法可效。课堂在学生认知的差异上用力,找出理解的缺失点,及时地弥补和提升,效果极佳。

2. 课堂挖掘考查能力点的差异，明确依据，提高答题的准确率

这堂课涉及"鉴赏"和"评价"两个考查的能力点，首先要让学生明确两者的区别，高老师分三步达成：第一步，直观地呈现模考卷中人物形象评价题的参考答案，让学生与环节一的鉴赏题比较，指出区别点。第二步，阅读上海市高级中学《语文学科教学基本要求（试用本）》对评析作出准确的界定[①]："评价作者思想情感要考虑三个方面：（1）依据作者对作品中人物、事件、景物的态度，自己再就这种态度的正误、优劣、高下表明看法。（2）联系作者生平，结合历史背景，也就是所谓的'知人论世'。（3）用历史发展的眼光去审视。""对文言诗文中的人物形象作评价，一般有以下两个方面：（1）评价人物形象的艺术性。这是针对塑造的艺术形象而言，主要评价它的典型与否、生动与否。（2）评价人物的思想性。这多是针对记述的真实人物而言。""此外，评价作者的思想情感和评价人物形象均可从以下三个角度去思考：（1）在历史上有无进步意义。（2）有无历史局限性。（3）在今天有无现实意义，有无值得借鉴之处。"通俗地说"鉴赏"是对古典诗词"好在哪里？""美在哪里？""妙在哪里？"和"为什么好？""为什么美？""为什么妙？"的鉴别和欣赏。"评价"是对古典诗词的思想性和艺术性发表自己的看法，从历史和现实的角度给予评判。特别要区分对人物形象评价的角度，是从思想性还是艺术性角度。确定的依据：一是题干中明确的规定，对思想性或艺术性的评价；二是在没有明确规定的情况下，就要区分这一人物形象是作者本人还是塑造的艺术形象，前者侧重思想性而后者侧重艺术性；三是从诗歌本身的特点来判别。第三步，环节一中的鉴赏题换成评价题，在辨别和拟写中达成深度认识。在这一环节中，高老师直击学生的疑惑点，更重要的是把《渔翁》的鉴赏和评价的答案作了呈现和比较，加深了对两者差别的理解，并让学生认识到鉴赏是评价的基础，评价包含了鉴赏的部分内容。在古典诗词课堂教学中，学生的疑惑点往往是能力点的差异处，如果在课堂教学中找出对这种差异辨别的依据、方法和策略，就能提高复习的有效性。

古诗词复习课，的确存在费时多但低效甚至无效的情况，特别是在即将高考之前，更应该在课堂上精准地解决问题。从高老师的课上我们感受到的是教师明晰每一位学生的差异，并精准地呈现，精准地辨别，精准地找到解决问题的依据，精准地在讨论中明细答题的思路，精准地呈现答题的步骤和范式，这样才能精准而有效地解决学生在知识点、能力点和认知点上的缺失，从而提高古诗词复习的效率。

[①] 上海市教育委员会教学研究室.语文学科教学基本要求（试用本）[M].上海：华东师范大学出版社，2011：21.

建构关系型思辨性的支架

——以二元对立型议论文写作为例

一、问题的提出

近年来高考作文,理性思辨成为主题词。而如何在作文中,尤其是议论文写作中,使思辨有层次地推进,成为语文老师教学和学生写作的最大障碍。为此,从二元对立型议论文的写作入手,探讨思辨有层次地推进的方法具有重要的价值。

所谓二元对立,就是 A 和 B 两个概念处于相反或相对的关系。也就是说 A 和 B 这两个概念是一对矛盾,如大与小、多与少、真与假、善与恶、美与丑、雅和俗、有和无、刚与柔、博与专、有为与无为、有用与无用、自由与不自由、变与不变等。按照唯物辩证法的观点,这一对矛盾是既对立又统一的,它们在一定的条件下会互相转化。

二、教学创意

运用"五问"法,能使二元对立型议论文有层次地推进。

设想一组二元对立的概念为 A 和 B,"五问"法可作如下表述:

A 和 B。

(1) A 就一定好吗?

(2) B 就一定不好吗?

(3) A 中为什么会有 B?

(4) B 中为什么会有 A?

(5) A 和 B 在怎样的条件下会互相转化?

对于第一问,可以遵循这样的行文思路:A 固然一般人都认为好,但它就一定好吗?……

对于第二问,便是:B 一般情况下人们都认为不好,然而它真的就一定不好吗?……

第三问、第四问，那就要采取从普遍到特殊的形式，比如说：任何事物都处在矛盾运动状态中，矛盾的事物以及矛盾的两个方面既对立又统一，它们相互依存，相辅相成。A 和 B 也是这样一对矛盾，所以它们也是既对立又统一，即 A 中会有 B，B 中会有 A。

"五问"中，难点是第五问：A 和 B 在怎样的条件下会互相转化？为此专门花一节课来进行探讨。

三、教学实录

师：对于 A 和 B 在怎样的条件下会互相转化的问题，确实很难，今天我们就来共同探讨这个问题。先从一个简单的故事入手好不好？大家都听说过"塞翁失马"的故事吗？

生：听过。

（PPT 呈现"塞翁失马"的故事）

近塞上之人有善术者，马无故亡而入胡。人皆吊之，其父曰："此何遽不为福乎？"居数月，其马将胡骏马而归。人皆贺之，其父曰："此何遽不能为祸乎？"家富良马，其子好骑，堕而折其髀。

师：这个故事中两个二元对立的关键概念是什么？

生：祸与福。

师：何为祸何为福？

生："马无故亡而入胡"是祸，后来，"其马将胡骏马而归"是福，再后来，"其子好骑，堕而折其髀"又成了祸了。

师：这个故事是不是印证了老子的一句话——"祸兮福之所倚，福兮祸之所伏"，祸、福之间会互相转化？那么，祸、福之间的转化需要什么条件呢？

（学生陷入思索中）

师：同学们想一想，二元对立的两个概念，一方向另一方转化，它必须含有对方的因子，如果没有这个因子，是不可能实现转化的，对不对？那么，我们看，一开始的祸中，含有福的什么因子？

（学生回答不出，老师继续点拨）

师：这个塞翁是"善术者"，它能算出失马"焉知非福"，你们想想他的根据是什么？

生：他相信马一定会回来，不光自己会回来，还会带胡骏马回来。

师：他为什么这么自信？

生：因为"近塞上"。

师：嗯。还有呢？

生：他熟悉马的习性。

师：马的习性是什么？

生：老马识途；还有马有合群的习性。

师：也就是他的马的"马缘"很好，胡马喜欢和它在一起，而且跟着它一起回来，看看它家是什么样子。如果是一匹母马，魅力就更大了。（众笑）

这就是塞翁坚信的福的因子。可是光有这因子，没有"其马将胡骏马而归"这一事件，祸能不能转化成福呢？

生：不能。

师：所以，一方向另一方转化，不光要含有对方的因子，还要通过一个媒介。"塞翁失马"中，转化的媒介就是事件。这是由祸向福转化，那么，由福向祸转化呢？

生：因子是塞翁了解他儿子的脾性，"家富良马，其子好骑"，这就埋下了祸的隐患；转化的媒介是"堕而折其髀"这一事件。

师：回答得很好。这样我们就找到了分析 A 和 B 在怎样的条件下转化的方法：找因子，寻媒介。下面我们就运用这种方法来帮助我们同学修改他的一篇作文。这篇作文在概念的界定、议论标准的确定、逻辑结构以及细节等方面都存在一定问题，这些可以在其他时间我们共同商量修改，我们现在主要看第四段，看他在论述俗向雅的转化上，有哪方面做得比较好，哪方面做得还不够好，有什么好办法帮他修改。大家可以讨论一下。

学生作文：

雅 和 俗

雅，意味着高雅甚至尊贵；俗被称之为俗气亦或是通俗。许多人认为它们是对立存在的，但我却觉得两者缺一不可。

雅，也许是人们追求的一种高品位。但雅一定好吗？如果不管时间、背景，一味地追求"雅"之形，而缺乏"雅"之实，岂不贻笑大方！君不见各种古镇如雨后春笋般拔地而起，只是简单模仿古镇"雅致"之形，而缺乏古镇"雅致"之实，真是恶俗之极。俗，往往人们一听到"俗"就会皱眉，似乎都想避而远之。但其实我们身边一直充满着俗。我们所哼唱的流行歌曲，所追求的各种发型，也许在那些老一辈人的眼中显得俗之又俗，亦通过几年回头看看那时的自己也会有这种感觉。初二时，似乎校园中格外流行男生长发女生长刘海，但如今看看那些，也不禁会视而不见，觉得太俗气。

其实，那些所谓的雅、俗都是互存为一体的，只是有时太过注意表面化没有发现罢了。

记得前几日中秋晚会中所表演歌唱的节目《水调歌头》《在水一方》，后者就化自《诗经》。如今《诗经》在我们眼中是一种反映当时现实的文化传统，认为它十分高雅、尊贵，但在许久以前,它也不是被那时的古人所吟唱着吗?和我们如今耳熟能详的通俗歌曲又有何区别呢?只不过是因为时间的流逝、文化的沉积,使其渐渐由俗变为了雅。

再如今年突然走红的"碎花款服式",在几年前我对其根本不会留意或是根本看不见它在商场中的身影,大家都觉得这种款式太俗气了。但,如今它却成为了一种雅,或许是某一场走秀,亦或是哪位名人穿起了它,都深深为其打下牢固基础。碎花,不再是俗,不再是以"这种显花"的方式回绝,而是变为了一种高雅、尊贵的感觉,升级为雅。

雅与俗,就是那么贴近,或许只要一步就会使其变化。我们也不知道未来的某一天,雅不再是雅;俗亦不再是俗……随着岁月的蹉跎,时代的发展,一切都会随之而改变。

雅也好,俗也罢,事物的本身并未变,变的是我们的思想、眼光、心智罢了……

(讨论)

生:他在寻媒介方面做得比较好,认为俗向雅转化,是因为时间的流逝、文化的沉积,媒介是时间和文化的沉积,同时也带来人们审美需求的变化;找因子方面做得不够好,分析不够透彻。

师:说得对。那么,他所讲的《诗经》的俗,含有什么雅的因子呢?

生:以《蒹葭》为例,它选自《秦风》,相对于当时的"大雅""小雅",无疑是俗的,但它重章叠句、押韵、运用叠词、双声词等,造成形式上的音乐美,这是形式上的雅;内容上蒹葭、伊人的意象之美,"在水一方"的意境之美,还有"溯洄从之,道阻且长;溯游从之,宛在水中央"的那种男女追慕的纯洁爱情之美,这是内容上的雅。也就是这些雅的因子,几千年后改编成《在水一方》,通过邓丽君演唱,我们才感受到那种雅致之美。

师:说得好。那么,我们就动笔修改一下这一段好不好?

(学生修改)

师:好,我们来分享一下。

生:我们都知道,《在水一方》化自《诗经》中的《蒹葭》。别看《在水一方》这么雅,但《秦风》中的《蒹葭》,因为属"土风歌谣",为民间所传唱,相对于只能为少数贵族所欣赏的朝廷正乐"大雅""小雅"来说,无疑是俗的,可因为它重章叠句的形式,那修长而柔美的蒹葭意象,那"在水一方"的优美意境,那表达男女相互爱慕的纯情之美,随时间的流逝、文化的沉积,那所谓俗的一切,不都化为在我们内心流淌着的一份雅致吗?

师:挺好。大家鼓掌。(鼓掌)

(执教者:上海市光明中学李新)

四、课例点评

二元对立型议论文的教学往往流于空泛,当学生追问在论证的过程中怎么样才能使议论有思辨、有层次地推进时,教师一时会手足无措,拿不出明确的方案,给不出写作的路径。李新老师这堂课给我们带来新的思考、新的启发。"善歌者,使人继其声;善教者,使人继其志。"关键是"授人以渔",给出思辨有层次推进的"支架",引领学生进入理性思辨的通道。

支架一:从思维角度,提供层层深入的方向路径。

"五问"法针对二元对立关系的特点,从思维"路径"的走向和内在逻辑关联上建立思考的维度,清晰地问出"是什么""为什么"和"怎么样"三个层次。教师先让学生预习了以"雅和俗"为题目的规范的议论文,首先对"雅"和"俗"的概念界定清楚,这是第一个思维层次,分别指向"高雅"和"通俗",但区别于"富贵"和"庸俗、低俗"。在正解概念的基础上,辨析出"雅"中难言之隐、"俗"中灿烂之处。在"是什么"层面上也构成了论说的推进,对概念的内涵和外延剥离得清晰明了。其次进入第二个思维层次,从原因的探究分析推进说理的深度,指向两个概念为什么存在相互转化的可能性。再次进入第三个思维层次,探究这两个概念相互转化的条件。"五问"建构思辨推进的纵向"支架",形成二元对立关系思辨有层次推进的路径。

支架二:从思辨角度,提供每一层级的整体链接。

"五问"法,虽然从纵深的角度形成层进式推进,建构了思辨推进的框架,然而,正如一座富丽堂皇的宫殿,需要精美的装修一样。在框架内部需要横向展开,需要"你中有我、我中有你"的渗透,需要各种色块的组合和叠加。如"雅和俗"学生习作,第二段对"雅""俗"概念的辨析做了横向的比较,首先呈现"雅"的正当性、合理性,"但雅一定好吗?"举出伪古镇现象,表面的"美雅"实际隐藏着"恶俗";再呈现人们一听到"俗"就会皱眉头、就想避而远之的现象,"但其实"一转,当时流行的"俗"里,随着时间的流逝渐渐沉淀为人们欣赏的"雅",甚至成为经典之作。这虽然只是在第一思维层次"是什么"的辨析中,却建构起横向拓展的思辨"路径",在充分肯定概念的合理性基础上的反向质疑,由此延展思维的广度。难能可贵的是,在每一个层级都有整体思辨的追问与链接,极大地丰富了思维的容量。

同样,在思维的第二个层面,进行内在剖析。"A 中为什么会有 B? B 中为什么会有 A?"在两个概念之间存在哪些"交集",为下一步论述相互转化,提取实现的种种因素。

对一个概念的剖析,一定是建立在对另一个概念的辨析上的。在每一层级都形成整体的思辨推进,这是思辨建构的重要内容。

支架三:从矛盾角度,提供了实现转化的方法策略。

二元对立型议论文思辨富有层次地推进,思维的第一、第二层次的剖析很大程度上是为结论的得出服务的,关键是要找出二元对立转化的可能性和合理性,指导学生学会剖析,使学生的思辨有抓手、有着力点。李新老师独具匠心,在自己的教学实践和写作实践中总结出两个要素,一是媒介;二是因子。"媒介"是 A 与 B 两个概念依托的事件、空间、时间、文化和物质,等等,而"因子"是 A 与 B 两个概念转化的"交集",是"你中有我、我中有你"的种种因素。

李新老师的指导切中了学生思维的盲点,在学生想表达然而无从下笔之处,给出了切入点和推进点。本堂课的重点清晰明了。从学生的反馈看,做了有效突破。

当然,课堂教学设计中,各环节的有序推进、讨论的思维碰撞、范文的示范引路以及课堂修改的实践活动,等等,从另一条途径完成了"支架"的建构,也具有实践的意义。

二元对立型议论文如何使思辨有层次地推进,关键是要符合逻辑思维的要求。所谓逻辑思维,是指人们在认识事物的过程中借助于概念、判断、推理等思维形式,能动地反映客观现实的理性认识过程。只有经过逻辑思维,人们才能达到对具体对象本质规定的把握,进而认识客观世界。它是人的认识的高级阶段,即理性认识阶段。特别是高中学生对理性认识的要求越来越高,由形象思维过渡到抽象思维需要老师精到的指导。"五问"法的运用,在一定程度上为解决这一问题提供了合理的范式,让学生体会理性分析的方法,能使二元对立型议论文的思辨有层次地推进。要说明的是,"五问"法只适合二元对立型议论文的写作。至于概念 A 和 B 之间的关系还有很多,如并列、包含、因果、条件、递进等关系,需要进一步探讨,写作时切不可生搬硬套。

在语言品味中提升思维品质

——以《哦,香雪》教学设计为例

《哦,香雪》是华东师大版高中语文教材试用一年级第二学期第四单元中的课文。这是一篇反映社会主义建设和改革开放时期的作品,以独特的视角和诗意的叙述方式展现了一个特定时期的社会心理和时代风貌。

本文教学,一方面要落实课文的德育价值,使学生通过小说中少女特定的视角,感受改革开放这一重要历史时期的时代特征,体会青春诗意与时代春天之间和谐的奏鸣;一方面要赏析小说精妙的细节描写,领会细节描写对于塑造人物形象、揭示小说主题的重要价值。

一、教学设计[①]

(一) 教学目标

学生能够理清小说情节,赏析细节描写对人物形象刻画的作用。学生通过山村少女特定的视角,能够阐释细节描写与社会巨变之间的关联。

(二) 教学重点

赏析本文将细节描写融于景物描写及人物对话中的特殊手法。

(三) 教学过程

1. 诗意导入

小说标题《哦,香雪》,非常别致。通过预习我们知道,"香雪"是小说的主人公。小说主要写了一个女孩香雪与铅笔盒的故事。故事很简单,可是作者为什么在"香雪"前面加了一个"哦"字呢?我们来读一下题目。

(学生用各种语调朗读"哦",体会"哦"的韵味。)

这个"哦"为小说增加了些什么内容呢?正如标题所确定的基调一样,作者在小说中运用

[①] 方佳琦.《哦,香雪》教学设计[J].中学语文教学,2019(11):63-65.

了抒情性、咏叹式的笔调,为我们描绘了一群美丽乡村少女的美好形象,叙述了一个发生在特定时代里的美好故事。我们一起来看这个故事。

2. 抓梗概、品细节

(1) 梳理情节脉络。

根据课前阅读理解,概述本文故事情节。

明确:问铅笔盒——换铅笔盒——得铅笔盒。

(2) 感受细节魅力。

研读课文第 49 节,讨论:作者是如何借助细节描写将这一简单事件写得摇曳多姿的?(PPT):

有时她也抓空儿向他们打听外面的事,打听北京的大学要不要台儿沟人,打听什么叫"配乐诗朗诵"(那是她偶然在同桌的一本书上看到的)。有一回她向一位戴眼镜的中年妇女打听能自动开关的铅笔盒,还问到它的价钱。谁知没等人家回话,车已经开动了。她追着它跑了好远,当秋风和车轮的呼啸一同在她耳边鸣响时,她才停下脚步意识到,自己的行为是多么可笑啊。

(学生分组讨论,由各小组代表发言。)

此节中作者用了四个"打听",用意何在?

提示:从表述方式和内容两方面思考。

明确:从表述方式上看,连用四个"打听",表示强调,强调了香雪对外面的世界、对大学、对精神文化的东西是非常感兴趣的,她甚至还问到铅笔盒的价格,说明她动了想要得到它的念头,而且非常渴望;从"打听"的内容来看,香雪打听的四个事物:外界、大学、诗歌、铅笔盒,范围逐渐缩小,逐渐具体,最后落到"铅笔盒"上,构成了整个故事的线索。因此,连用四个"打听",表现出香雪这个乡村少女对外面精彩世界的极度渴望,香雪的内心指向、精神追求都包含在内。

若将"当秋风和车轮的呼啸一同在她耳边鸣响时"一句改为"当她意识到已经追不上的时候",在表情达意上有何不同?

点拨:想象一下一个十七岁的小姑娘跟着火车狂跑,跑了很久,意识到已经追不上了,才停下来的情景。然后将两句做比较。

明确:"当秋风和车轮的呼啸一同在她耳边鸣响时"一句更有场景感,一下子将读者带入到具体情境中,走进了香雪的内心世界——事实上"秋风和车轮的呼啸"一直都存在,为什么香雪到后来才意识到呢?是因为这时她脑子里面全都是铅笔盒,渴望铅笔盒的念头是如此强烈!让她完全沉浸其中,听不到任何的声响。直到她筋疲力尽之后,才能感知到车轮巨大的声音;"当她意识到已经追不上的时候"只是简单叙述了追火车的过程,不能体现香雪当时丰富的心理活动,也表现不出香雪对铅笔盒的执着与渴求,感染力不强。作者是用"秋风""车轮呼啸声"等景物描写的方式起到心理描写的效果。

自读课文第 75 节"得铅笔盒",思考:这段文字中的细节描写表现了香雪怎样的心理状态?

提示:重点研读"端详、看清、打开、轻轻一拍、又打开、摸出、放进去、又合上"等词语,体会香雪丰富的心理变化。

明确:"端详、打开、轻轻一拍、又打开、摸出、放进去、又合上"这一系列动作细节,写出了香雪如愿以偿获得铅笔盒之后的无比欢愉与幸福的心情。

3. 品对话、析心理

阅读课文第 18—21 节的人物对话,联系上下文分析人物心理。(PPT)

"房顶子上那个大刀片似的,那是干什么用的?"又一个姑娘问。她指的是车厢里的电扇。

"烧水在哪儿?"

"开到没路的地方怎么办?"

"你们城市里一天吃几顿饭?"香雪也紧跟在姑娘们后边小声问了一句。

(学生分角色朗读课文,交流体会。)

(1) 香雪的问话与其他女孩子的问话有何不同之处。

明确:其他女孩子关注的是眼前所见到的有关火车及车厢内的东西,而香雪问的是城里人的生活方式——一天吃几顿饭。不同的问话所包含的内容上的细微差异,看似无关紧要,其实折射出人物不同的心理需求。

(2) 香雪问"城里一天吃几顿饭?",这其中包含了怎样的意涵?

明确:联系上下文,小说还穿插了另外一些细节——在学校里,镇上的同学反复问香雪一天吃几顿饭,并对香雪一天只吃两顿饭表示嘲笑与挖苦,对此,香雪心里烙下了深刻的印记——她"明白了台儿沟是多么贫穷""她第一次意识到这是不光彩的,因为贫穷"。因此当她看到火车上来自大城市的人们时,自然想了解大城市人们的生活方式。

(3) 深度理解香雪特有的提问方式。

示例:"你们城里一天吃几顿饭?"香雪也紧跟在姑娘们后边小声问了一句。

明确:"小声",一方面是因为她的性格原本文静、不爱说话;另一方面可能是香雪在问的时候想到因为贫穷不光彩而带来的自卑感,所以是"紧跟""小声"地问。"一天吃几顿饭"这句奇怪的问话,折射出同学们对香雪的瞧不起给她带来了深深的自卑感;同时,也呼应了随后她不顾一切与人交换铅笔盒的原因。

小结:通过上述分析,我们知道小说人物对话在刻画人物心理、推动情节发展方面发挥着至关重要的作用。如果将人物对话与上下文相关细节内容联系起来分析,会对人物形象有更深、更立体的理解。

4. 析环境、悟主题

一座小小火车站,一只小小铅笔盒,一个简单的有关铅笔盒的故事,究竟包含了哪些丰富的内容呢?请思考下面的问题:

(1) 作者在小说开头对台儿沟进行了一大段的描绘,用意何在?

提示:环境是小说人物活动的重要背景,影响并制约着人物的行为与思想。

明确:这是为后面所写故事做铺垫。作者将这个普通的故事放在了一个特殊的时代背景与地理背景下,这样使小说的寓意更加丰富、深刻。小说开头浓墨重彩的描写,渲染了香雪生活的环境——偏僻、闭塞、落后等。

(2) 开头火车进入村庄,有什么寓意吗?火车开进台儿沟之后,给那里的生活带来了什么变化?

提示:结合小说创作年代——1982年加以理解,反映的是时代的变迁。

明确:火车进村代表着现代文明对小山村的冲击,给台儿沟带来的变化是人们有了各种各样的新追求。

(3) 铅笔盒仅仅是铅笔盒吗?香雪如此渴望得到铅笔盒,这意味着什么?

明确:铅笔盒蕴含着对精神文化层面的追求。小说要表达这样一种意蕴——改革开发之初睁眼看世界的中国人和这群充满活力的青春少女一样,对待外面的世界既感到陌生害怕,又充满好奇与喜悦,她们有着对现代文明害怕、好奇与向往的心理,她们又是如此朝气蓬勃并且充满活力。这是青春少女的诗意,也是一个焕发青春的古老民族的诗意——这是一个特定时代特有的诗意。

5. 作业

作者铁凝曾经这样介绍本文(PPT):

一列列火车从山外奔来,使她们不再安于父辈那种坐在街口发愣的困窘生活,使她们不再甘心把自己的青春默默隐藏在大山的皱褶里。为了新追求,她们付诸行动,带着坚强和热情、纯朴和泼辣、温柔和大胆,带着大山赋予的一切美德,勇敢、执着地向新生活迈进,一往情深。

这段文字揭示了小说《哦,香雪》的主题。请以"青春少女与青春中国"为话题,讨论:小说中哪些细节描写了青春少女的心理?哪些细节折射出青春中国的诗意?

(设计者:上海市五爱高级中学方佳琦)

二、教学设计点评

提及小说教学,常见的教学样态多半是:先梳理故事情节,再分析人物形象,最后概括小说主题。方佳琦老师的教学设计却别具一格：从小说中几处不起眼的细节入手，设计了若干学习活动，引导学生梳理故事脉络、体验人物心理、探究小说意蕴。

1. 微小道具串全文

首先，教师紧扣标题，引导学生对"哦"字所蕴含的情感细细加以品味。一个感叹词"哦"，原本平淡无奇，教师却再三指导学生体味揣摩，使得学生最终能够理解这一词语所包含的丰富的感叹意味。同时，标题用一个"哦"字，又折射出本文特有的带有咏叹风味的叙述基调。

其次，教师还引导学生对故事情节进行概括，整体把握作品。切入点非常细微，但非常巧妙：教师抓住本文一个重要的道具"铅笔盒"，以此为线索，从"问铅笔盒、换铅笔盒、得铅笔盒"三个过程引导学生概述故事。这一环节是学生在课前自主预习后的学习成果，既梳理了小说情节，又有助于把握人物形象及小说主题。教学中，教师不断向文本细腻处深入，聚焦"问铅笔盒"这一情节，抓住四个"打听"及追车时景物描写的细节，这些细节对刻画香雪丰富的内心世界起到了推进作用。

巧妙梳理情节脉络，感受品味细节魅力。这是本设计的第一亮点。

2. 片言只语见韵味

在教学主体部分，通过引导学生"品味对话"，教师同样是聚焦细节向文本深处不断探寻。

最值得一提的是，方佳琦老师拈出香雪的一句看似很不起眼、毫无意义的问话——"城里一天吃几顿饭"——据此所展开的教学设计。学生在阅读中往往容易忽略这句话，但是，香雪作为小说主人翁，她的这句话其实是大有深意的。为帮助学生理解这一问话，教师先是让学生分角色朗读，通过身份的置换、代入，想象特定情境人物的心理；然后抓住问话的内容、神态，探究问话背后隐藏的艰苦的社会生活留下的种种烙印，最终把握了冰山下的基石。

这一教学环节的推进，从学生感受所凭借的外在方式和内在途径，作了多角度、分层次的引导，真正做到读者与作品中的人物感同身受，从而使学生能走进文本，走进人物，深刻领会小说的主题。

小说鉴赏需要学生对作品有深切的感受、体悟，需要学生沉浸到文本中去，只有"入乎其中"，才能"出乎其外"。在语言文字的下面，体会人物心理的变化和情感的丰富以及主题的深刻。

3. 小人物映照大时代

本设计又一亮点体现在对小说主题的把握上。

教师引导学生体会小道具"铅笔盒"所包含的思想意义，体会人物对话中所包含的情感内容，固然有助于学生理解小说主题。但是，本设计的"作业"尤其值得一提。

在教学主要环节完成后，教师先提供铁凝自己介绍本篇小说的主题，然后引发学生讨论，还有哪些细节体现青春少女的心理及折射青春中国的诗意。这里包含三个新的发现和探究：

一是由品味细节的过程中已经建构的思考路径、方法迁移到不同段落的理解；二是介绍文本与小说文本在语言形式及表现手法上的差异；三是由个体命运到国家、民族命运的思考。由此加深对这样的语言形式及艺术手法与这样的思想情感相融合的深入理解，从而提高学生对文学作品的鉴赏能力及审美情趣。

一群山村女孩的琐碎故事，却折射了一个时代的伟大变革。方佳琦老师以小见大的教学设计与作者铁凝别致的叙事手法有着异曲同工之妙。

当然，有一利必有一弊。本设计对细节的高度关注，也不无可商榷之处。例如，教师在引导学生仔细体会课文若干细节的同时，也许是教学时间所限，小说中还有许多十分精妙之处都被悬置或者忽视了。建议教师在示范导读之后，再增加一个学生品读环节，使学生更加充分地欣赏到其余被教师悬置的精彩细节，如"凤娇不接茬儿，松开了香雪的手……香雪又悄悄把手送到凤娇手心里"。此外，对细节的高度关注一定程度上又遮蔽了小说所具有的整体特征。再如，小说中还有大量插叙，这些内容与情节主线及人物之间组织精巧，却在本设计中没有得到体现。如果能够适度压缩前面内容，增加这一环节内容，文本的整体性以及小说的叙述艺术将会更加凸显。

不过，本设计聚焦细节，引导学生梳理、感受和探究，为学生自主性学习打开了思路，教学目标、内容和过程设计得当，还是颇有创意的，也是值得借鉴的。

基于学生疑问的语文课堂构建

——以《合欢树》的课堂教学为例

一、教学实录①

师：今天我们一起来学习一篇散文——《合欢树》，作者是史铁生。（板书课题和作者）同学们对这位作家应该不陌生吧？在初中我们曾经学习过他的散文——

生：是《秋天的怀念》。

师：能简单介绍一下史铁生吗？

生：首先我觉得非常遗憾的是他很早就去世了，应该是在2010年12月31日吧。我认为他在我国当代作家中是非常独特的一位，因为他是残疾人，他在身体残疾的情况下，写了很多优秀的作品，而且这些作品都非常感人，很多作品都写到了对于母亲的回忆，以及他生病过程中对人生的感悟。对我来说印象比较深刻的是《我与地坛》。

师：从这位同学的发言中可以感受到，她非常喜欢史铁生，包括他的作品，甚至连2010年12月31日史铁生离世而去的这个日子都记得这么清晰。这位同学刚才谈到了一个话题，就是史铁生的作品大多和母爱有关，实际上初中我们学过的《秋天的怀念》就是一篇写母爱的文章。今天我们要学习的《合欢树》也和母爱有关。那么你们读了这篇散文后，感到史铁生母亲对他的爱，达到了一种怎样的境界呢？

生：我觉得史铁生的母亲对他的爱，超过了对她自己的关心。

师：就是说这种母爱达到无私忘我的境界，对吗？能不能结合着课文具体谈谈？

生：第二段写道，虽然医生已经说作者的病已没有办法治了，但母亲还是把全副心思放在给"我"治病上，也就是说根本没有心思考虑自己。其实她原来对作者并不是这样的，第一段写过，作者十岁那年在作文比赛中得了第一，母亲并没当回事儿，她"正给自己做一条蓝地白花的裙子"，也就是说这时候她心中是有自己的，当作者生病后，她就把自己完全忘掉了，一

---

① 兰保民.上海名师课堂·中学语文·兰保民卷[M].上海：上海教育出版社，2017：129-138.

门心思全扑在作者身上。

师：你说得真好。同学们看咱们请哪位同学把这一段读一读，读的时候注意体会作者回忆往事时的那份心境。

众生（纷纷）：×××。

师：看来×××同学是众望所归啊，那就请你来读一读第二段好吗？其他同学关注一下，她在朗读的时候哪个句子或者词语处理得特别好，帮助你体会到了作者回忆往事时的情感和心境。

（生读第二段）

生：我觉着她在读"洗、敷、熏、灸"的时候节奏上处理得很好，她先是读得比较慢，后面就快起来了，把母亲为"我"治病的着急心情读出来了，好像恨不得让"我"马上就能好起来。（师板书：洗、敷、熏、灸）

师：你很善于捕捉，确实是这样。其实"洗、敷、熏、灸"这四个词在程度上也是一个比一个重的，母亲着急啊，不甘心啊，是吧？

生：她读最后一句的时候把"幸亏"和"非"重读，我觉得读得不错。

师：为什么呢？

生：因为这里不仅写出了母亲对"我"的那种爱，还有作者的一种情感在里面。好像伤口能不能好起来对我来说并不重要，关键是让母亲得到了安慰。

师：你体会得很细致。我们从中不仅体会到了母亲无私的爱，还有作者对这种爱的感恩，我们甚至还感受到作者在叙述时对母爱的那种悲悯之情，他仿佛在说，母亲啊，我的烫伤让您那么惊惶，那么自责，您犯得上吗？您何苦那么折磨自己啊。好的，除了这种无私忘我之外，同学们还体会到了怎样的境界？

生：我觉得史铁生母亲的爱是深沉的。

师：能不能说得具体一些？

生：母亲把全部的心血放在给作者治病上，即使作者自己不抱希望，母亲还是千方百计地去给他找药，后来终于对治病绝望了后，又帮助作者搞文学。

师：就是说，这种深沉具体表现为一种执着，无论情况如何，对儿子都不舍弃不放弃，对吧？我想请你读一读第三段好吗？

（生读第三段）

师：读得不错。这段最后一句说，母亲还是"抱了希望"，（板书：抱了希望）那么同学们说说，母亲的希望是什么？是希望"我"将来能得奖吗？

生：不是得奖，是希望"我"能振作起来。

生：作者前面说过，对于治好腿病母亲已经绝望了，所以说这里的希望应该是希望作者能够把心思放在文学上,尽量把腿的事儿忘了,不要老是生活在双腿残疾的阴影里。

生:我认为母亲那么满怀热情地支持作者搞写作,其实就是帮助作者树立活下去的信心,让作者觉着活着是有意义的。

师:同学们说得都对,而且很有深度。对生与死的追问,思考活着的意义,是史铁生文学作品的一个根本主题。这里我们不深入探讨,课后可以阅读他的《病隙碎笔》。(板书:《病隙碎笔》)刚才同学们其实已经将对史铁生母亲的爱的理解,推进到了一个比较深刻的层面,就是说她先是尽一切可能让儿子能够站起来,即便身体不能站起来,在心理上也不能垮下去,要活下去。(板书:站起来、活下去)同学们说这是一种什么境界?

生:应该是一种精神境界吧。

师:说得很好。那么是一种怎样的精神境界呢?这个问题咱们先放一放。小结一下前面的学习,同学们体会到了作者母亲的那份母爱的无私忘我,那种不舍弃不放弃的执着,这种母爱,还影响到了作者的心理和精神的层面。除了这些之外,同学们在预习时有没有遇到哪些不懂的地方到现在还没有解决啊?

生:课文好几个地方都写到了一个孩子,说他不哭不闹,瞪着眼睛看窗户上的树影,应该怎么理解?这个我读不懂。

师:嗯,在第七段、第九段和最后一段,是吧?这位同学提的这个问题很有意义啊。

生:课文第一段写"我"作文比赛得了第一,母亲却没有表扬"我",作者还写"她正给自己做一条蓝地白花的裙子"。为什么要写这个?"我"认为这对表现母爱没有什么意义。

师:这个问题也很有意义。

生:第十一段中"悲伤也成享受"怎么理解?

师:这个问题同样很有意义。

师:好的。这些问题我们先不管。刚才我们说,史铁生母亲的母爱,已经达到了关注儿子精神层面的境界。那么母亲在"我"的精神深处到底留下了怎样的影响,母亲在"我"的生命中到底种下了一颗怎样的种子,同学们仅仅通过课文前几段的阅读能说清楚吗?

生:说不清楚。

师:为什么说不清楚,因为这些事情发生的时候作者还没有形成一种内心深度的觉醒。生命就是这样,很多事情发生的时候,我们并不明白它的意义,内心的觉醒、对生活的深度理解,一定是需要时间来积淀、过滤和提纯的,一旦悟到了,它就会成为你精神的底色和生命的原动力。(板书:内心觉醒)我认为文章第七段中有一处心理描写,写得特别好,特别耐人寻味,我们从中可以捕捉到作者刹那间的觉醒和顿悟,请同学们把第七段读一读,看看应该是哪句话。

(生散读第七段)

生：应该是这里，"我心里一阵抖"。

师：对呀，不是"一抖"，而是"一阵抖"，（板书：心里一阵抖）可见听到合欢树的花信后作者内心的震动是多么巨大！这里的"抖"，仅仅是因为对亡母的思念吗？

生：这里写到合欢树开花了，"我"的小说获奖了，应该说母亲以前的付出现在都有了成果，但是母亲却看不到了，俗话说"子欲养而亲不待"，这里可以说是"子有成而亲不在"，虽然取得了成果，却不能告慰母亲，这种遗憾是永远不能弥补的。

师：说得好啊，一种无法告慰母亲的永远的遗憾。其实我们课上到这里，才刚刚切入正题。同学们注意，这篇文章的题目是"合欢树"，所以说"合欢树"才是这篇散文中最重要的。同学们会发现，这篇文章一共有十二段文字，它并不是每一段都在写合欢树，集中写合欢树的是哪几段？

生：刚才老师说到作者内心的觉醒和顿悟，我认为这里作者内心剧烈的震动，应该与合欢树有非常密切的关系。

生：第七段和第八段。

师：对，在第七段有人提到了合欢树后，在第八段作者就重点写合欢树了。我们把第八段齐读一下。

（生齐读第八段）

师：读得不错。我们知道，文章写一个事物的时候可以有不同的角度。同学们想一下，作者在写这棵合欢树的时候，着重是从什么角度来写的？

生：作者是在母亲去世之后，再次回到家，听人们提到那棵长大了的合欢树。

师：他写合欢树的什么？树形、状貌，还是……

生：合欢树的生长过程。

师：确实是这样。他没有去描写这棵合欢树苗原来是什么样子，经过母亲侍弄之后又是什么样子，母亲把它从花盆里挪到院子里，它又长成什么样子，而是着重写母亲是怎样栽种它的。他为什么要重点叙述合欢树的栽种过程呢？请同学们再自己默读一下这段文字，体会一下，作者通过叙述合欢树栽种过程到底想表达什么？

（生默读第八段）

师：同学们已经读完了，那么咱们就来交流一下，你认为作者想表达什么？

生：我觉得有两句话给我的印象比较深刻。一句话是说"母亲从来喜欢那些东西，但当时心思全在别处"，可以看出当时母亲的心思都在为儿子治病上，为他很操劳；还有一句话说"母亲高兴了很多天，以为那是个好兆头，常去侍弄它，不敢再大意"，也体现了前面所说的她为儿子很操心的那种心理。

师：就是说母亲栽种合欢树，实际上一直在忙活儿子的事情，对不对？那么合欢树整的栽种过程,你能不能用一个词来简洁地概括一下,这个过程是怎样的呢?

生:一波三折。

师:一波三折,十分艰难,乃至对于合欢树来说,有些可能是灾难性的。合欢树能够长大成一棵树,开出花儿,非常的不容易啊,同学们,作者是怎样来写这种艰难曲折的?

生:作者写"我没料到那棵树还活着",后面又写到"母亲高兴了很多天",觉得"那是个好兆头,常去侍弄它"。在这之前,合欢树没有发芽,"母亲叹息了一回",但没有扔掉,也没有很好地去侍弄它,但是它还是坚强地生长起来,母亲为此高兴了很多天。然后再过了一年,他们搬了家之后,又把那棵小树忘记了,说明那棵小树生长得很艰难。

师:确实很艰难。在这个艰难的成长过程中,母亲又是用怎样的态度来对待它的呢?我们来看"第三年"(读:"第三年,合欢树却又长出了叶子,而且茂盛了。母亲高兴了很多天,以为那是个好兆头……")合欢树差点就要死了,可它突然又焕发了生机。当生命萌发了新的生机时,母亲怎样呢?

生:常去侍弄它。

师:常去是一种怎样的态度?

生:比较积极,比较勤勉。

师:侍弄呢?

生:很小心。

师:就是说,母亲怀着一种很勤勉的、很虔诚的心情去照顾。大家注意后边的句子——"不敢再大意。"如果把"敢"去掉,变成"不再大意",一样吗?

生:(摇头)"不敢"表现出母亲对待合欢树的生长十分小心,充满敬意。

师:说得非常好。从这一段中,我们读出了母亲对待合欢树这样一个生命的勤勉、谨慎、充满敬畏感的呵护。还能读出什么来吗?

生:文中写道,母亲念叨这种树不知道几年才开花,有种寄寓着柳暗花明的希望的感觉。就是说她的儿子因为腿的事情弄得日子过得比较低沉,她期待能像合欢树开花一样,自己的日子幸福起来,可以看出,这里寄寓着她对儿子的爱吧。

师:在写侍弄合欢树的时候,你读到了母亲对儿子的这种感情。实际上你体会到合欢树在本文中作为象征意象的一层含义。同学们来看一看他读到的"有时念叨","念叨"表明了母亲的一种怎样的心情呢?

生:"念叨"表明母亲满怀期待。

生:我觉得这里并不是满怀期待,她是把合欢树当作她生活中的一部分,但是并没有对它寄予太多希望,她还是想让它长得更加茂盛一些。

师:你的理解更切合母亲的心境。就是说对于合欢树什么时候能开花,母亲是怀着一种

非常渺茫的希望,(板书:渺茫希望)但是哪怕这种希望非常渺茫,她仍然不忍放弃,仍然苦苦地坚守着。(板书:坚守)

生:其实我觉得作者的影子也影射到这合欢树上。因为作者这时候身体很不好,合欢树也是没有长出叶子。母亲觉得合欢树不定什么时候会开花,她也觉得作者的身体有可能会有好转的机会的。她是以照顾儿子的心态来照顾合欢树的。

师:你实际上理解到了这棵合欢树的另一层象征意义,就是母子合欢的一种希望。但是能不能说母亲之所以侍弄这棵合欢树,只是因为这棵合欢树上寄予了对儿子能够康复的希望?

生:我觉得是有的,因为合欢树在生长的过程中,和她的儿子有点像,比如说它一开始没有发芽,就像她儿子才二十岁就残废了一样。后来她儿子在文学方面有了兴趣,就像树开始冒芽了一样。在母亲生前,史铁生没有在文学方面获得成就,所以母亲就很期待,这树开花也就意味着她的儿子获得了一定成就。

师:你是把作者写自己和写合欢树的文字一一对应着来解读的,这样读当然可以读出一些体会来。但是要注意,不能一味用数理思维代替文学思维,搞成二元对立的样子。合欢树除了是一株树,在文学世界里,它还是一个独立的生命。如果用二元对立、人和物分离的思维去读,我们就会觉得母亲去侍弄合欢树,是一种功利化的行为,就是说为了为儿子祈福,才这样来侍弄这棵合欢树,真的是这样吗?

生:不是这样,因为母亲从来就喜欢花花草草这类东西,这说明对任何美的东西、有生命的东西,母亲从来就喜欢。也就是说,爱美、爱生活、爱生命是母亲的一种基本态度,侍弄合欢树也是她对生命本身的一种非常自然的态度,和儿子的病实际上没有多大的关系。

师:老师完全赞同你的观点。但是它既然已经发生在史铁生的生活里了,他就难免将母亲对合欢树的态度和对自己的态度联系在一起感悟和思考。哦,有位同学有话要说,请讲。

生:我觉得这里并没有对生命的敬畏。第一段写十岁那年,"我"在一次作文比赛中得了第一,这时我还是健康的,母亲并没有像后来那样殷切地一直照顾我,她那时正在给自己做一条蓝地白花的裙子,她对自己也是比较在意的,就像对合欢树一样,母亲一开始也没有对它那样的关心,直到后来它茂盛了,母亲以为是好兆头,这里面好像有迷信的感觉,就像冲喜一样(众生笑),实际上还是对自己的关心。到后来她就觉得如果合欢树能够再开花的话,可能对"我"的病还是有帮助的。

师:这位同学所说的迷信,本质上寄寓的是母亲对儿子康复的殷切的盼望,是不是?这位同学实际上提出了一个问题,就是说开头这一段写道,母亲那样去教导自己的孩子,为自己缝一条蓝地白花的裙子,说明母亲对生命并没有多少敬畏。这应该怎样理解?我们说对生活要热爱,对生命要尊重,这里的生命仅仅是他人的生命吗?仅仅是儿子的生命吗?我们理解的生活和生命态度,仅仅指的是一个人对他人的奉献和付出吗?她爱自己,爱美,爱自己的生活,是不是也是人生态度里应该有的一种积极的东西?是不是也能够对儿子产生一种积极的正面的影响啊?

生:我感到母亲那种热爱生活、积极面对生活的态度给作者带来了一生的影响。比如说母亲做蓝地白花的裙子,还有母亲在作者两腿残废以后不断地给他去找治疗的方法,当知道作者的腿已经看不好了,她从另外的方面为作者寻找支撑着活下去的希望。其实也是她热爱生活、决不放弃的表现。

师:不管是对自己还是对儿子,这种种表现中都包含着一种精神性的东西,一开始的时候作者并没有体会到,没有感悟到,直到母亲去世后,他才充分认识到。不知道同学们有没有注意到,文章叙述的内容在顺序安排上很有意思。咱们不妨一起做一件事儿,就是把文中表示时间的词语或短语找出来。

(在学生圈画、回答的同时,PPT依次显示:十岁那年,二十岁,后来,三十岁时,获奖之后,母亲去世后,那年,第二年,第三年,又过一年,再过一年)

师:第九段到第十二段没有时间短语,大家看这里写的内容应该接在哪段时间后面?

生:获奖之后。

师:对的。(PPT显示:获奖之后)同学们看这个表格,你们有没有发现,这里有两段文字的叙述顺序和其他段落是不一致的,能看出来吗?用了怎样的叙述方式?

生:第七段和第八段,用的是倒叙。

师:(板书:倒叙)能不能具体说一说?

生:史铁生获奖的时候,其实已经搬家搬了好几年了。他获奖后为了躲避记者的纠缠,就出去在街上瞎逛,因为不想回家,就想到了原来有母亲的那个家,然后就回想自己搬家后,重回故地,原来的街坊邻居跟自己说的情况,提到了合欢树开花的事。

师:说得好,那么第七段和第八段呢?

生:这里是用倒叙的顺序,去追想那棵合欢树是怎样栽种的。然后从第九段又回到第六段的叙述顺序,"与其在街上瞎逛,我想,不如就去看看那棵树吧。"

第一段	十岁那年	第五、六段	获奖之后
第二段	二十岁	第七段	母亲去世后
第三段	后来	第八段	那年,第二年,第三年,又过一年,再过一年
第四段	三十岁时	第九至十二段	(获奖之后)

师:说得好啊。同学们看,整篇文章的叙述顺序是这样的,老师画了一个图(出示PPT),整个叙述的结构,一个嵌套,又一个嵌套,把合欢树紧紧地包在最里边。这棵合欢树的成长过

程,就像一个核,它是文章最核心的一个东西。作者在叙述的过程中先娓娓地叙说自己和母亲的故事,然后在母亲去世后倒回去不断地追溯、追溯,一直追溯到处在最深层的那棵合欢树,然后再回来——"去看看那棵树吧"。那么同学们想一想,如果按照事件发生的自然顺序,从二十岁残废之后写起,一边写自己一边写合欢树,这样写行不行啊?

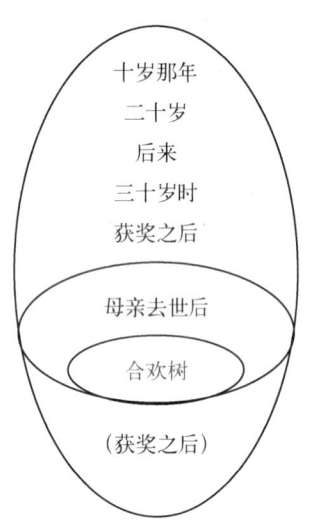

生:我觉得行也是行的,但是没有这样写好。这样写,我发现就形成了一个双线结构,就是"我"成长的过程和合欢树成长的过程其实是相对应的,并且是借着母亲侍弄合欢树来表达母亲对生活的一种热爱和对生命的敬畏,以及对作者的关爱,我觉得这样写更加突出,更加理性。

生:我觉得如果把合欢树生长的过程从作者二十岁开始一起叙述的话,就是穿插在一起的,这样叙述的过程就比较零碎。而把它单独放在一段作为插叙的话,会让我们看到一个完整的生命过程,更容易让人们体会到母亲的那种对生活、对生命的美好情怀。

生:我认为,作者在这里用这样一种叙述的顺序,就是要把这棵合欢树安排在文章最核心的地方,让读者一再地挖掘,才能够体会到它的意义。合欢树寄寓着母亲传达给"我"的那种对生活、对生命的情感,这种情感是在合欢树终于开花了、母亲却已经不在了,作者去回味自己曾经经历过的那段生活,回味母亲如何栽种那棵合欢树、如何对待自己的病,才猛然一下子悟到的。这种感悟,就像一个生命体中最最核心的东西,隐藏在最深最深的地方,一旦悟到之后,就会成为他对待一切,对待今后整个人生的精神力量。

师:大家难道不认为他说得很精彩吗?(生鼓掌)那么现在哪位同学能说一说对"悲伤也成享受"这句话的理解啊?

生:合欢树是母亲栽种的,母亲看不到它开花,也看不到"我"获奖,"我"再也不能得到母亲的关爱,这都是令人悲伤的。但是因为这棵合欢树,"我"感悟到,虽然母亲不在了,但"我"其实一直生活在母亲的恩泽里,一直从母亲那里获取精神营养,这就是一种享受。(生热烈鼓掌)。

师:就是说生命的血脉、精神的血脉生生不息,(板书:生命精神、生生不息)同学们的掌声表明你说得非常精彩。那谁能来说说你对小孩看树影这件事有什么感悟?

生:我想可能就是说小孩在成长的过程中也会从他自己的母亲那里得到一些人生的感悟,其实每个人都会从父母亲那里学到一些什么。

师:也就是说这是一种生命的传承、精神的传承对吧。我想这样的理解已经很到位了,如果还有更好的理解可以课下再交流。这堂课,就是想让同学们体会这样一点:一篇文章,不管它采用什么技巧,叙述技巧也好,结构技巧也好,表达技巧也好,往往是与作者想要表达的思想情感密切相关的,这就叫作艺术作品中的"有意味的形式"。

给同学们推荐一本书(PPT 显示书影及文字——《生命:民间记忆史铁生》,中国对外翻译出版有限公司,2012 年 6 月版),也许能够帮助我们走进史铁生的生命深处。

这堂课我们就上到这里,下课。

(执教者:上海市浦东教育发展研究院兰保民)

二、课例点评[①]

文学作品的解读有时会令人感到有些尴尬,以致人们不得不发出"只可意会不可言传"的感叹,然而它的魅力也正在于此,这甚至是语文教学追求的动力所在。

我们知道,语文学习的重要内容之一,是语言文字的积累和运用。表现在语言文字的品读上,可以是修辞的咀嚼、逻辑的辨析、思想内涵的发掘等等。而在文学作品中,语言文字的多义性,以及言语在不同语境中的丰富变化,导致不同学生对文本意义的理解产生差异。这些差异,虽然给教师教学带来难以言说的苦恼,但是荆棘密布之处、疑虑重生之地,往往能激发起学生对语言文字不断探究的欲望。

语文课教学是一个对语言文字理解不断生成、深化的过程。教师应该引导学生在文本的语言文字中沉浸、体验和感悟,掌握文本独特的语言形式,进而把握由此抒发的情感,以及由此渗透的人文情怀、作者追求的精神境界和作品所展示的文化内涵等,从而让学生懂得,这样的语言适合表现这样的思想,这样的思想必然要用这样的语言而不是那样的语言来表达。在各个教学环节环环相扣、螺旋上升的推进过程中,会产生种种阻碍、疑虑,而学生在教师的引导下跨越障碍、化解疑虑,便形成了课堂的景观。这样的课堂既要贴合文本的逻辑结构,也要符合学生的认知水平,更要切合课堂推进的科学进程,由此构成了语文课的思维容量。

就学生而言,他们是语文课堂教学的主体,每个个体的差异大,思维活跃程度不一样,对语言的敏感度也会有很大不同,对文本的疑惑也因人而异,而这种差异往往又是变动不居的。

从上面三个角度看,语文课的构建是基于学生的疑问而起始的,这就是语文课堂的起点。语文课在释疑中推进,在新疑中延续,在延续中生发,在生发中深化。对问题的解决不是得出机械僵死的答案,更不是一锤定音式的所谓完美解答,而是在起疑基础上悬疑、释疑甚至是创疑的不断探究的过程。正因为语文课是基于语言文字的思维延续,对它的探讨是没有止境的,所以从这个意义上讲,语文课是没有终点的赛跑。这是语文思维的赛跑,这样的赛跑不是

[①] 兰保民.上海名师课堂·中学语文·兰保民卷[M].上海:上海教育出版社,2017:142-147.

短跑，也不是"马拉松"，而是终生的跑步，思维延续将成为语文教学的重要品质。当然这样的延续不是漫无目的、随波逐流，也不是放任自流、随性发挥，更不是杂乱无序、毫无指向，这样的延续应该是思维的横向拓展和纵向深掘。

康德说："怀疑是人类理性的休憩之处，怀疑让理性反省其教条式的漫游之旅程，但怀疑也并非是永久的安身之处。"从这个意义上说，语文课就是要唤醒学生永不停歇的理性思考。

现在，在语文教学中仍然存在一种固化的模式，一堂课的教学，似乎一定要给出一个标准答案，不管是词语的理解、句子的品味，还是层次的划分、内容的概括，甚至是情感的把握、主旨的归纳，都要用统一的界定、规范的格式和精准的语言来表达，这样的语文课似乎是精确了，然而与语言文字本身的规律和情感表达的丰富性却相去甚远，甚至表面的精准科学遮蔽了语言文字的蕴藉优美。反对固化的模式、反对僵死的答案，并不是反对教师对文本阅读独到的心得和见解，当然更不是抛弃教师有效的组织和引导；正好相反，对教师组织课堂教学提出了更高的要求。基于此，就兰保民老师执教的《合欢树》一课，谈一谈自己肤浅的体会，借此求教于大方之家。

（一）质疑，构建语文课的逻辑起点

1. 唤醒已知

古希腊普罗塔戈说：头脑不是一个要被填满的容器，而是一支需被点燃的火把。语文教师的课堂教学应该是一个唤醒学生的过程，因而上课伊始，兰老师就调动学生已有的知识储备，从初中学过的史铁生的作品以及学生所了解到的史铁生的生平入手，概括出表现母爱是他作品中的一个特点，进而兰老师让学生说出史铁生母亲对他的爱达到一种怎样的境界，很自然地进入到对课文具体内容的阅读。课堂一开始，就让学生进入了史铁生的母爱世界。

2. 初读感知

紧承母爱这一主题，兰老师让学生回到文本中，让学生自由地朗读第二段，体会作者回忆往事时的情感和心境，由此学生体会到母亲对"我"的无私而忘我的爱护，是一种深沉之爱，也是一种执着之爱。然而，兰老师又进一步启发学生：这样的一种爱深深地影响着作者的心理和精神层面。于是问题又上升了一个台阶。

质疑环节是课堂预热的重要部分。正如古人所说，疑是思之始，学之端。对文本的质疑由学生和老师共同完成，这是打通学生已知和未知的桥梁，也是本节课逻辑的起点，这个环节，提升了文本内涵理解的高度，并为课堂的推进做好了充分的铺垫。

（二）悬疑，激发语文课的思考灵魂

1. 在疑惑中生成

在初读文章让学生感受到母爱的同时，兰老师进一步让学生思考母亲对作者的影响，由此进入课堂教学中的生成层面。兰老师追问道："同学们在预习时有没有遇到哪些不懂的地方到现在还没有解决啊?"于是,学生提出了三个问题,问题1:第七段、第九段和最后一段都写到一个孩子,说他不哭不闹,瞪着眼睛看窗户上的树影,应该怎么理解?问题2:第一段写"我"作文比赛得了第一,母亲却没有表扬"我","她正给自己做一条蓝地白花的裙子","为什么要写这个?我认为这对表现母爱没有什么意义"。问题3:第十一段中"悲伤也成享受"怎么理解?兰老师充分肯定了学生的问题很有意义,课堂的生成是富有思想深度的。

2. 在生成中体验

问题的提出构建了推进的依据,然而兰老师没有急于回答,而是把这些问题先放一放,迂回曲折地去探究作者内心深度觉醒的过程。他找到了一个很好的切入点,第七段有一处心理描写是耐人寻味的,有助于我们体会"作者刹那间的觉醒和顿悟"。于是学生找到了"我心里一阵抖"的描写,抓住此处,兰老师比较了"一抖"与"一阵抖"在情感表达上的强弱区别,进而切入到文章的题目"合欢树"的理解。在此基础上,教师让学生朗读第八段文字,体会作者是从什么角度来写合欢树的,如何写合欢树的,让学生明确:作者重点是写母亲怎么栽种合欢树,也就是说合欢树的栽种过程。教师进而引导学生在阅读、沉浸、体验中交流。体验一:母亲在"我"的精神深处留下了深深影响;体验二:栽种合欢树过程的描写透露出合欢树的象征意义;体验三:作者叙述的时间变化,能发现插叙部分的妙处。

悬疑环节激发了学生对文本探究的热情,让学生在朗读、品味和思索的过程中,走进史铁生的内心世界,有效地推进了课堂教学。

(三)释疑,回归语文课的教学重心

1. 朗读解疑

在兰老师的语文课上常常出现久违了的朗读声,对语言文字的沉浸、体会和感悟是需要入口、入耳、入脑的,是需要通过朗读来感受它的音韵节奏,以及由此表达的思想情感,朗读是进入文本的最有效的方式之一。在这堂课里,兰老师运用了各种形式的朗读,比如第二、第三段的个别读,第八段的齐读,第七段的散读,第八段的默读,其目的就是让学生通过对文本语言文字的接触、感受和品咂,进而走进作者的情感世界。如当学生产生疑惑时,兰老师引导他们齐读第八段,讨论作者通过叙述合欢树栽种过程到底想表达什么。在朗读过程中,学生体会到合欢树的栽种过程是一波三折的,文章写出了栽种的艰难和曲折,凸显了母亲对栽种合欢树的勤勉和虔诚。这里的朗读对文本阅读解疑起到了重要的作用。

2. 品味触疑

解疑释惑一定要回归文本的语言文字,特别是要引导学生通过对词语、句子组合形式的研究,去思考这样的语言形式对表达这样的思想情感有何独特的作用。兰老师在这一方面下了很多功夫,如学生朗读第二段时,兰老师引导学生感受"洗、敷、熏、灸"四个动词由慢到快的节奏处理,理解四个词语在表意程度上是一个比一个重,从而深刻体会母亲在治疗作者腿疾时的那种着急、不甘心的心情。再如第八段写母亲栽种合欢树的态度，作者用了"不敢再大意"这个句子来表达。兰老师用"删改法"，让学生比较"不敢再大意"与"不再大意"在情感的表达上有何差异，学生从这里读出，在作者的叙述中，饱含着母亲对合欢树的生长怀有的一种敬畏感。兰老师进一步总结："从这一段中，我们读出了母亲对待合欢树这样一个生命的勤勉、谨慎、充满敬畏感的呵护。"这样，通过对一个词语的品味，学生学习的触角触碰到了作者的情感深处。再如，这节课将近结尾时，教师让学生进一步谈一谈对"悲伤也成享受"这句话的理解，通过这种辨析看似矛盾的表达，学生加深了对文本主旨的把握。

释疑环节是语文课堂教学的重点，教师在这一环节中通过运用种种语文阅读的方法，在一定程度上解决了学生的疑惑之处。

（四）创疑，形成语文课的延续空间

1. 追问激疑

课堂的推进往往得力于教学中的追问，教师通过追问激发疑问从而使课堂教学不断向纵深掘进。比如，学生对母亲侍弄合欢树这一过程的理解，就体现出这样的特征。学生一开始读到的仅仅是母亲对儿子的那份深深的母爱，于是兰老师进一步追问：母亲的"有时念叨"表现出了怎样的心情？这一追问既让教学回归文本，同时又推进了学生对母亲栽种合欢树过程的理解。学生很快体会到这是一种"满怀期待"的心情，从而水到渠成地理解了合欢树的另一层象征意义，那就是一种母子合欢的希望，这是母亲爱美、爱生活、爱生命的一种象征，这也是影响儿子生命的精神性的东西，而这样的东西就是借助了孩子看树影这一意象来表现的。教师的这种追问，由于是建立在学生已有认知水平基础之上的挖掘，因此能有效地激发出学生的疑问；这样的追问，关注的是学生学习的"最近发展区"（维果斯基），而课堂教学就是要找到这样的学生学习发展区域，通过设置恰切的提问，引发学生对学习对象的疑问，激发学生对学习内容的进一步思考。再如，母亲坚忍的生活态度影响着史铁生，这是从合欢树的象征意义上予以剖析的，然而文章的叙述顺序却独具匠心，这对表现母亲给史铁生的精神影响也起到了重要的作用。于是兰老师引导学生去圈画文本叙述时所用的时间词语或短语，并通过板书予以感性呈现。通过板书，学生就很容易发现，这些时间词语紧紧地包围着合欢树，形成文本结构中的一个核，这既是文章最核心的内容，也是文章最核心的情感和主题。这一追问从文章的外在形式入手，加深了学生对文本主旨的理解。

2. 三思掘疑

对课文的品读，学生可能会走入一些误区，所以老师及时地纠偏、订正是必不可少的。然而拨乱的目的是为了反正。三思的过程就是纠偏以后的深入，它能使学生对文本的解读向纵深发展。如，当学生在朗读第八段时感受到合欢树的栽种过程与史铁生的成长过程是一致的，就把合欢树的开花与作者自己的获奖对应起来，兰老师很快意识到学生在文学阅读上出现的偏差,于是适时提醒学生不能用数理思维代替文学思维,搞成二元对立的样子,进而指出这种危害:如果用二元对立、人物分离的思维去读,这是对母亲行为的一种功利化的阅读,是难以把握作者独到的表现形式和独到的思想情感的。在教师的这种引领下,学生很容易端正自己的文学阅读的基本姿态,从而形成对文本的准确理解。于是学生很快认识到,栽种合欢树的过程,实际上体现出了母亲对任何美丽的、有生命的东西的一贯态度,因为母亲从来都是喜欢的,这是一种爱美、爱生活、爱生命的积极、坚忍的人生态度的体现。当然,写合欢树栽种的过程,在体现母亲对合欢树的态度的同时,必然也隐含着她对儿子的态度,这是有密切联系的,而这种联系体现了的恰恰就是母亲的生命精神和人生力量。

创疑环节往往在学生无疑惑处或错误处,给予引导,并把对问题的探讨引向深入,有效地提高学生的思维品质和品读深度。

德国教育家第斯多惠说:"一个劣等教师给人奉献真理,一个优等教师则教人发现真理。"兰老师的课通过质疑思维来构建课堂,在师生平等对话中,悬疑、释疑、创疑,由此带领学生在文本中走一个来回,从语言形式到思想感情再回到语言形式之中,从而改善了学生的学习方式,使学生能以体验探究替代被动接受,让学生的思维进入了新的层次,使语文课堂教学基于学生的问题而实现了生成和延续,获得了灵动优美、睿智深邃的艺术效果。

第七章
教师发展——从主导转向合作

丰富而有效的语文教研活动能锻造教师团队。通过搭建研修平台,激发教师对语文教学中语言、思维、审美和文化研究的热情,深入探讨与之相关的、普遍性的问题,特别是解决教学中遇到的关于语言运用和思维提升方面的疑难杂症,从而提高教学的实效性,教学研修从理论学习走向实践体验,从个体走向团队,在科技发展和信息密集的当下,教师发展不仅仅是来自教研员的主导,更要转向大家的合作,构建教师专业成长的平台和终身研修的机制。

从理论到实践的深度研修

——高中语文统编教材培训

一、背景与意义

社会的发展,时代的需求,催生高中语文教育教学改革。2017年教育部颁布《普通高中语文课程标准》,2019年9月统编教材在上海等6省市率先实施,对每位语文老师都提出了新要求,也为区域性研修活动带来了新挑战、新思考和新实践。

区域内开展研修活动对于教师的专业成长、教学转型和适应改革起到重要的作用。我们要充分认识新课标和统编教材的意义和价值。新课标有新理念。课标提出了语文学科的核心素养,即语言的建构与运用、思维的发展与提升、审美的鉴赏与创造、文化的传承与理解,揭示了高中语文最基本的思想,阐明高中语文学科的内涵。统编教材体现了新课程观。教材每个单元采用"双线组元"模式,一条线是人文主题,强化立德树人教育;一条线是学习任务群,重视核心素养的养成,强化学习的主体性和实践性。课标和教材中出现了许多新的名词,如:任务群、情境化、学习任务、语文实践、学习项目、学习专题等。

其实,最好的课程是语文教师依据课标、教材和学生的实际水平生发出来的课程,是基于统编教材的个性化创造的课程。基于此,必将带来研修方式的转型,满足教师面对教育教学改革的需求。教师需要深度研修,把理论转化为实践,尽快适应并创造性地使用统编教材。所谓"深度研修"指借助具有整合作用的实际问题激活教师学习的深层动机,展开切身体验和高阶思维,促进深度理解和实践创新,进而对学习者产生深远影响的研修样态。"深度"泛指深浅的程度和触及事物本质的程度。因而,深度研修是揭示事物本质,触及心灵深处,深入知识内核,展开问题解决的研修;需要开展系列化、深层次、持续性的实践研修。

二、实践与探索

深度研修的重心下移,总体上以"实践"为取向,以"一线教学"为依托,以"语文活动"为突破。

1. 以"主题研修"为抓手，在"问题解决"上求推进

以主题研修为抓手，有针对性地解决在使用统编教材时遇到的问题，激发教师研修的深层动机。主题研修的流程是：提炼问题，确定主题；制定方案；现场深度互动；分析反馈，形成报告；推广运用。面对统编教材的体例，首先遇到的问题是如何整体把握单元结构，如何制定单元教学目标，如何进行单元教学设计？现在的教学与原来的教学有什么区别？教师急切渴望得到指导，我们通过三级层面，组织了八个单元的教学设计研修活动。第一层面，一学期内全员参加市教研室组织的八次教研活动，即八个单元的教学设计说明，并观摩教学研讨课；第二层面，学习、讨论区教研员的单元设计说明，整体理解统编教材的变化；第三层面，学校教研组和高一备课组的单元设计交流及研讨课。我们把学习过程中收集到的突出问题，梳理后形成系列，确立研修主题，通过区级公开课的形式，提供问题解决的课堂方案，在公开课后进行讨论，展示深度的现场交流。一学期内，每月解决一个主要问题：2019 年 9 月，解决"如何整体把握单元，进行单元教学设计？"格致、向明和敬业中学的老师，执教第三单元和第七单元中的一节课，这三次活动解决三个主要问题，分别是 10 月的"单元学习目标的制定与分解"，11 月的"语文学习活动的设计与实施"，12 月的"单元人文主题的理解与把握"，由教研员和教研组长解析单元教学设计，在现场老师们各抒己见，对研讨课既提出肯定，又阐明自己的理解，为落实统编教材，找到切实的路径。在研修过程中，总结出单元教学设计的一般流程，如下图：

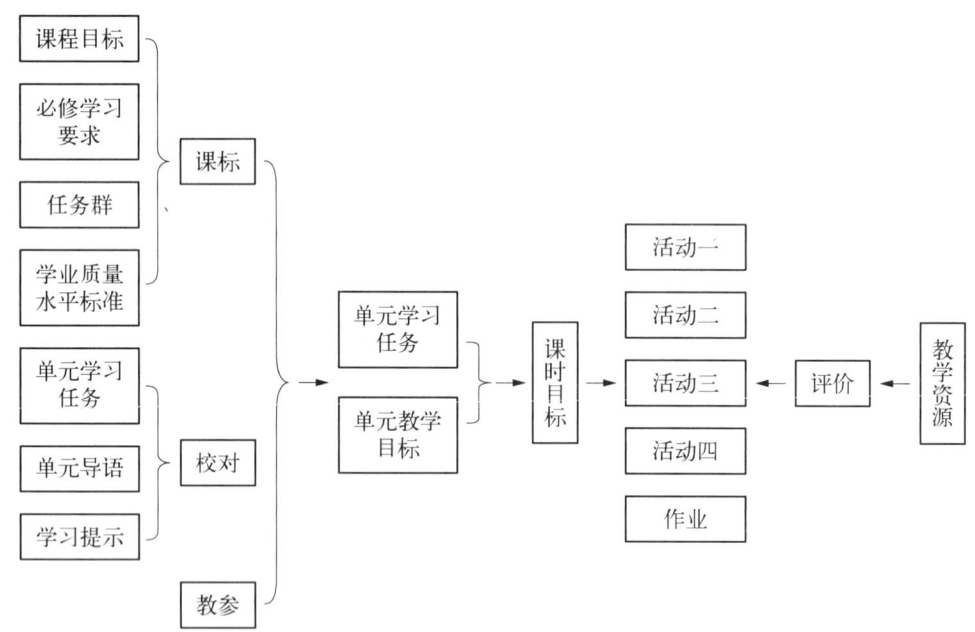

2. 以"实证研修"为重点，在"关注点"上求实效

实证研修的流程是：提出有意义的问题，基于经验与理论形成假设，设计搜集证据的工

具,分析解释证据、试验检验结论,形成结论。

统编教材,课程理念和编排体系的变化很大,教师使用统编教材的情况怎样？需要什么教学资源的支持？对于这些问题,我们开展了实证研修,让全区教师,参加网络问卷调查,问卷来自人民教育出版社"统编教材使用情况问卷",借助问卷星平台统计数据,再通过到学校与备课组及教师的交流访谈,最终形成一份完善的区域调研报告,对统编教材的使用情况做了客观描述。及时反馈交流,老师们在自己参与的研修活动中,进一步确定了每个单元"人文主题"的内涵,更重要的是找到了与以往教材的相通点。当然,在问卷中,反映出对统编教材的"任务群""单元学习任务"的说法很陌生,需要熟悉和理解。

基于此,我们进行了"单元学习任务"分解与落实的分享交流。如必修上第三单元,根据单元教学目标,确立任务之一：借助知人论世的方法,走进诗人及作品,理解诗人的人生感悟和生命情怀。如何分解这一任务呢？诗人所在历史现场的时间节点的确定；依据的资料是否可靠、是否真实,并对此探究；用各种类型资料,理解作品、作出合理判断的路径；把"知人论世"与"以意逆志"结合在一起,深入体察、理解诗人的精神世界的方法。

由此,我们总结推广,形成对每个单元学习任务的理解、把握和分解的一般步骤：明确任务对象,分解任务特点,梳理实现任务的方法,形成达成任务的路径。

3. 以"'工作坊'研修"为形式,在"团队建设"上求突破

在统编教材的培训中,我们调动区学科带头人和骨干教师的积极性,以"工作坊"的形式,建立学习共同体。分别由格致中学的高翀骅、大同中学孙雷声、向明中学董晓蕾3位老师牵头。根据自己的研究专题,组成"工作坊"式的研修小组。

这是一种相对轻松的研修方式,把志同道合的老师聚集在一起,往往以有趣的互动方式讨论问题。研修的流程是：信息分享,小组方案设计,分组讨论,表达意见,达成共识。例如格致中学高翀骅老师的研修小组,针对单元教学存在的目标不明、内容先行,任务群教学中出现的情境宽泛、游离文本等问题,以统编高中语文教材必修上第六单元"学习之道"的单元设计为例,罗列单元目标设计的要素,建议细化单元目标,并与学习内容紧密结合；在任务设计上,提出任务的完成当立足教材；任务的推进需要语文学习活动支撑及在任务完成的关键点提供合适的支架三点要求；在评价设计中以学生为主体,注重过程,可根据不同的活动设定评价项。

每个研修小组解决一个教学中遇到的问题,老师们充分交流展示自己的教学体验,解决问题的方法,在思想的碰撞中,达成共识,形成操作性较强的流程。研修组里,老师们以自己课堂中遇到的真实问题为起点,提出对策后,回到课堂检验,同时作为观察者,进一步思考改进的调整点。在学习统编教材的过程中,也形成了研修团队。

4. 以"网络研修"为平台,在"组织形式"上求丰富

我们借助"上海教研在线"这一平台进行全员研修培训,这一资源对统编教材的研修及时

而高效。如 2019 年 10 月和 12 月分别是统编教材必修上册第二单元和第六单元整体设计说明及教学研讨课，都是围绕活动主题"聚焦核心素养，落实学习任务"进行的。网络研修关键是各校教研组汇总大家意见，形成书面的交流材料，教师对这两个单元的理论建构和课堂实施都有了充分的认识。

其实，这样的网络研修，学习时间的安排灵活度大，且能解决教师的困惑和疑问，为教师创设了广阔的交流空间。

三、成效与反思

我们对高中语文统编教材的研修，启动早、研究实、用力深、可操作，取得了显著成效。既有理论的高度，又有实践的路径，关键是通过深度研修满足教师使用统编教材的内在需求，我们总结统编教材单元设计的一般流程，得到市及区教研员和一线教师的赞许，并广泛采用，成为范本。

在深度研修的过程中，教师充分认识了新课标和新教材的编写意图、知识体系和能力要求，以及基于核心素养的培养对学生价值观、关键能力和必备品格形成的理论框架和实施路径。具体而言，在研修中加深了对高中语文学科本质的认识，充分理解了有价值的学习任务，形成了单元教学设计的支架，丰富了教学资源，关注了教学评价与反馈，形成了研修团队及长效的研修机制。

当然，教学是一个动态的过程，研修活动也是一个逐步完善的过程。随着统编教材的实施，还会遇到新的问题，我们要继续把握高中课程改革的背景，深刻领悟统编教材编排理念，进一步提出适合我区教师研修的新方案。在研修中深入落实新理念，提升教师对统编教材的实践能力。下阶段研修的重点要聚焦于新的教学方法，探究适合统编教材的教学策略，进而优化课堂教学模式；研修的突破点在于不断探索单元内部和单元之间新的组合方式，重视统编教材资源建设，做好统编教材的有效使用。

批判性思维培养的主题教研

——"名师示范'批判性思维'培养"的教研案例

一、教研背景

高一、高二年段于2016年3月10日周四下午,在敬业中学举行了主题为"名师示范,推进高中阅读教学中'批判性思维'培养"的区级语文教学研讨活动,邀请特级教师步根海老师上示范课,课题是说明文《南州六月荔枝丹》。

本次教研活动基于高中语文课改的新理念、课程标准的新思路、教师面临的新问题、教学中的实际情况以及学生的学习现状确定教研主题,提出这一主题的现实背景如下:

(1)语文教学改革,注重学生思维培养。目前,我国正处在语文教育教学改革的攻坚期,上海经历了第一期、第二期课改,进入现阶段更大力度的改革,它涉及考试制度、教学方式、教材编排等内容。从注重语文知识和能力的教学转变为注重人文素养和文化积累的教学,再转变为基于语言的思维、文化品质提升的教学,语文教学改革逐渐接触到语文的核心素养,其中培养学生的"批判性思维"业已成为语文教学和评价的重要任务之一。

(2)语文课程标准,关注学生思维训练。教育部颁布的《普通高中语文课程标准(2011年版)》是语文教学的纲领性文件。其中关于"思维"的表述有28处之多;关于"批判"的表述有4处。第一处在"课程目标"中,"养成独立思考,增强思维的深刻性和批判性"。第二处在"阅读与鉴赏"中,强调"注重个性化的阅读,发展想象能力、思辨能力和批判能力"。第三处在"教学建议"中,"应鼓励学生敢于批判质疑,在讨论中发表不同意见","要尊重学生个人的见解"。第四处在"诗歌与散文的评价"中,"以学生的审美能力、艺术趣味和欣赏个性作为评价的重点,如是否具有批判质疑的能力"等。提升学生的思维品质是提高语文水平的重要路径。

(3)教师培养学生思维,面临新的问题。从区域层面看,在高中语文阅读教学中对学生进行批判性思维培养,面临种种新问题。首先,对批判性思维在高中语文阅读教学中的重要性认识肤浅,对学生语感的培养实际上是思维的培养。其次,对高考语文改革的动向把握不准,语文考试表面上是考查语言的领会和表达,实际上是语言背后思维品质的考查。第三,对在语文阅读教学中培养学生"批判性思维",区域内还没有形成研究和实践的氛围。因而,教师对批判性思维的特点、表现形式、产生的机理、培养的途径方法和策略有待系统的学习,对批判性思维与语文阅读教学的关系要进一步认识,对学生批判性思维的现状需要深入分析,对批判性思维培养的检测和评价机制需要建立。

(4)阅读教学,培养学生思维的实际情况。在阅读教学中,部分教师对教材的处理过于简单,或者靠教参依葫芦画瓢,或者上网下载现成的资料生吞活剥,鲜见对教材文本独到的理解,更难看到对自己观点的详实佐证。有些教师虽然具有初步的培养学生批判性思维的想法,但是往往被守旧者的轻视或者试卷中的所谓标准答案蒙蔽了眼睛,由此步入循规蹈矩的窠臼中。也有部分教师勇于改革,以培养学生批判性思维为己任,但常常苦于没有恰切的方法支撑,达不到预想的效果;也有些教师方法机械,认知偏激,不是真正实现对批判性思维的激活和培养。

(5)学生批判性思维存在种种阻碍。当下,学生阅读心理偏于盲从,不敢、不能和不愿对教材、教师甚至同学的观点提出质疑,满足于随大流的认同。首先,在思想上怕提出"异见",怕遭到他人的否定。其次,没有批判性思考的工具,找不到支撑质疑、推断、解决的方法。再次,囿于考试试题的局限,不愿意冒风险,放胆提出自己的见解。最后,没有深入文本,从字里行间的逻辑关联中,发掘批判性思考的切入点。由此,学生在阅读中显得僵化。

二、教研目标

本次区级教研活动针对区域内培养学生批判性思维中,教师、学生和教学中存在的问题,设置了以下教研目标:

(1)把握基于文体特点,选择培养学生批判性思维教学内容的方法。

(2)掌握基于"主问题"和"问题链"的形成和解决,在课堂教学中实施批判性思维培养的策略。

(3)以此为契机,在区域内形成培养学生批判性思维研究的氛围。

教研目标贴近教师、教学和学生的实际。目标1,确定《南州六月荔枝丹》这篇说明文最能体现批判性思维培养的教学内容;还要把握选择适合教学内容的方法,也就是教师在备课以及上课时可以通过什么途径来确定这样的教学内容。目标2,在课堂教学中呈现培养学生批判性思维的策略,以"主问题"及"问题链"的形成和解答为抓手,解决教师在教学中对学生批判性思维培养无从下手的问题。目标3,一次教研活动不可能对阅读教学的批判性思维培养一蹴而就,需要建立长效的深入研究机制。这样的教研目标,适合高一、高二年段的特点,并且目标可检测、可操作,清晰而适切。

三、教研过程

本次教研经过仔细而周密的策划,分六个环节实施。

环节一:教研前准备。

高中语文阅读教学,批判性思维要从高一抓起,高二继续深化。因而在教研前提前告知高一、高二老师,本次教研的主题和意图,积极做好资料的搜集和问题的整理工作。

环节二:名师示范课及说课。

邀请特级教师步根海老师、市语文教研员范飚老师示范指导。首先基于对高中语文阅读教学中批判性思维培养的思考,请步老师上示范课,呈现课堂教学中如何引导学生进行批判性思维阅读,展示了有效提升学生思维品质的策略,并请市语文教研员范飚老师点评。

环节三:与会教师议课。

本区及外区的听课教师,围绕主题阅读教学中批判性思维的培养,开展"头脑风暴",深入辩论,形成对部分问题的共识。

环节四:实录示范课分析和研讨。

组织区级学科带头人和骨干教师对步根海老师的示范课进一步研讨,对教学内容的确定方法和批判性思维培养的策略,发表自己的看法。

环节五:提炼示范课的培养策略。

在对示范课仔细分析以及论辩的基础上,提炼总结步根海老师课堂教学中基于"主问题"和"问题链"设计,有效提升学生批判性思维的策略。

环节六:推广实践示范课教学策略。

组织中青年教师运用提炼的普适性的策略,在自己的课堂上实施。同时,进一步讨论,修正自己的缺陷,最大限度地发挥普适性策略的作用。以此带动全区在高中语文阅读教学中推进批判性思维的深入研究和充分实践。

六个环节组成的教研活动,设计合理,操作性强,有利于目标的达成和长效机制的形成。

四、教研亮点

本次教研活动,老师们反响很好。一是形成了开放的研究体系。相对于封闭的教研活动,引入特级教师、市语文教研员前沿的研究成果等宝贵资源;引入跨年段教师的参与;引入跨区域教师的讨论;引入跨文体教学的构想,从而形成多元的思想碰撞。二是形成动态的研究过程。与会专家的示范点评、教师的积极参与,针对真问题、讨论真问题和解决真问题,互动性极强。三是形成长效的实践研究机制。以本次教研活动的示范课为例,深入研究执教者的授课理念及思想精髓,由此构建在语文阅读教学中培养学生批判性思维的行动方案,形成长效的实践机制。四是形成有生气的研究团队。以此为契机构建富有研究能力和研究热情的行动团队。

本次教研活动形成了行动方案,收到了实效,在区域内形成在阅读教学中培养学生批判性思维的实践研究氛围,对语文阅读教学的核心问题,思维品质的提升达成共识。经过反复讨论,行动团队提炼出语文阅读教学中实施培养学生批判性思维的一般策略:

第一步:基于课标、教材意图、文本特点和学生认知水平,定位"主问题"。

(1) 复习已知的文体知识。如说明文的特点、顺序、方法、语言等。

(2) 排除学习中次要问题的干扰。如说明方法、说明语言等。

(3) 切入"主问题"。如从标题和课后练习一入手,确定梳理说明文顺序为本节课的教学重点。

关注:找准批判性思维培养的起点。

路径:调动已有的文体知识;深入文本阅读,从选文不同于一般文章的地方入手,把握本文的主要问题。在课标及教材的宏观视野下,确定这一节课应有的思维培养的起始点。

第二步:基于逻辑顺序的梳理,形成"问题链";阐述理由,形成自己的见解。

(1) 梳理文本客观呈现的作者思路,发现不符合逻辑的地方。如第一遍理清逻辑顺序,发现逻辑松散处,第三段后半部分和第八段。

(2) 切分层次,形成认知冲突。如段落的划分是第二段到第九段还是第二段到第十段归并?阐述理由。

(3) 分析具体问题,质疑文本中矛盾的地方。如在细读文本后,寻找文本中的具体内容加以分析。

(4) 依据事物本身的规律,重新调整文本的顺序。如第二遍理清逻辑顺序,调整第三段和第八段。

(5) 以第一段的引述内容为依据,构建新的顺序。如按第一段引文的思路,第三遍理清逻辑顺序,依据文本信息思考,调整顺序。

(6) 与文章后半部分联系,整体感知课文,再次调整顺序。如第四遍理清逻辑顺序,在文本整体框架内调整顺序。

关注:比较、辨析,提升批判性思维的品质。

路径:课堂教学的有效性,关键看学生思维容量的大小,本节课从四个不同的维度,引发学生对本文的逻辑顺序进行质疑调整,在批判性思维的历练过程中,既能阐释文本客观呈现的逻辑顺序,指出不符合一般认知规律的地方,又能根据作者阐发的依据找出行文不符合这一逻辑线索之处。由此,在充分思考的前提下,依据说明事物的核心问题,梳理出应有的顺序,并提出自己的见解。最后把文章整体联系起来,明确总体的逻辑顺序。学生在四次逻辑顺序的辨析、调整中,逐步建构自己的逻辑顺序,达到培养学生批判性思维的意图。

第三步:基于本节课的要求,进行课堂教学的总结反思。

(1) 重新思考说明顺序的逻辑性。本节课调整说明顺序不一定得出明确的结论,但是必须思考,这一部分核心表述什么,那一部分核心表述什么;这一部分跟那一部分的核心概念又是怎样的一个逻辑关系。

(2) 明确"怎么来读出文章本身的逻辑顺序"的重要性及方法。

关注:反思总结,清理思路。

路径:回顾本节课的教学,明确本节课教学的核心点和阅读方法。进一步强化本节课的教学重点和难点。

第四步:基于"主问题",生成与教学目标一致的作业。

(1) 以《南州六月荔枝丹》为例,谈谈你对说明文的逻辑顺序的理解。(如以作者的行文顺序作为例一,调整的逻辑顺序作为例二,然后概括逻辑顺序怎样呈现。)

(2) 评价荔枝图序的笔法的优劣得失。(如比喻的笔法、虚实结合的笔法、夸张的笔法等的优劣得失;第一形象性,第二真实性。需要批判性思考。)

关注:检查批判性思维培养的效果。

路径:设计紧扣教学重难点的分层作业,且作业与教学目标统一。题1是理解分析层级;题2是鉴赏评价层级。由此延展课堂教学的时空限制,进一步加强对学生批判性思维的训练。

这一策略的归纳,为教师在课堂上实施批判性思维的培养找到了路径,这里既包括批判性思维培养的教学内容的选择方法,又包括实施批判性思维培养的策略。教师们有了可依托的范本。

特别是"名师示范,推进高中阅读教学中'批判性思维'培养"的行动方案的拟订,把一次教研活动,扩展为两年的实施方案,对先进的课改理念有一个消化吸收的过程,把一件事做好、做实。

五、教研反思

区域教研的目的是提高教学质量,关键在教师,因而需要全员参与,不让一个教师掉队,通过对名师示范课的观摩,在教师充分感受的基础上发表自己的意见和建议,从而形成对教研主题的深入理解,并进一步延展和丰富。虽然取得了一些成效,但是还可以做得更好。

1. 需要教师的思考灵活深入

对阅读教学中批判性思维的认识，首先需要与会教师的积极思考，并且深度参与，思维的撞击往往能闪现出智慧的火花，这样才能进一步寻找到语文阅读教学中支撑培养学生批判性思维的种种因素。如自由心态，创设氛围，这是培养学生批判性思维的前提。质疑问难，确定目标，这是培养学生批判性思维的基础。针对这一问题一节课就围绕一个"主问题"展开，抓住矛盾，激发兴趣，这是培养学生批判性思维的保障。基于文本找到不符合逻辑之处，深入挖掘，这是培养学生批判性思维的纽带。基于批判，提出假设，这是培养学生批判性思维的关键。假设引发思考，可能有种种答案以及不同的逻辑推理，循循善诱，形成"问题链"，这是培养学生批判性思维的推进。以说明文教学为例，给出解决批判性思维培养这一问题的支撑方法，等等。在今后的教研中要尽量激活老师们的思考，从不同的维度形成头脑风暴。

2. 需要教师的观点百花齐放

在教研中需要教师充分展示自己的观点，针对不同层次学生的状况，进一步寻找语文阅读教学中培养学生批判性思维的途径。名师的示范引领成为激活思维的原动力，但并不是终点，也不是批判性思维培养的唯一方法和策略，而是引发思考的原点，为教师的教学实践提供一些借鉴。如文体不同，确定批判性思维培养的方法就有区别。教师个体教学专长不同，教学的侧重点就有差异。课堂教学氛围营造、教学节奏把握的差异，也会导致学生思维深度的差别，等等，由此对学生批判性思维培养的想法和有效实施的策略就千差万别，只要符合语文教学的规律和学生的认知规律都应该予以肯定。

3. 需要教师的实践持之以恒

语文阅读教学中批判性思维的培养不是一蹴而就的，需要一个长期实践的过程，以本次名师示范课为起点，深入持续地研究下去，由此在教学实践中进一步提高课堂效果。如名师示范，教师领会并创造性实践。再如教师示范，学生实践。对学生批判性思维的培养，前提是教师自己在课堂教学中的批判性思维无处不在。问题设置，突显"唯一"。要深入研究文本的"这一文体"和"这一篇"的特点。由已知推未知，由常规到特殊。教师要了解学生的知识和能力水平，在此基础上引导学生探究问题。抓大放小，尊重差异。理解程度有高低，进步有大小，但只要学生在思维品质上有一点点提升就是成功的教学。学生解读不必强求一致，而是因势利导，让学生阐述自己见解的理由，等等。每节课一点点的收获积累，教师的实践研究就会有成效。

批判性思维培养的课堂展示

——《唐诗过后是宋词》课例赏鉴

本课在准确界定关键词"流行歌曲"的基础上,抓住关键句予以品读,领会作者褒贬互见的看法,以及语言的讲究分寸和力求公允。然后,再由局部而整体,明确本文议论的主要对象,分析探讨作者的主要结论:要使诗歌有点儿亲切和自然,要让流行歌曲多一些机智和内涵。最后,在整体理解课文的前提下,讨论一些课堂上生成的问题,如"歌曲是否就是歌词""罗大佑的歌词是否不通"。这样,学生就会避免偏颇,形成准确而有一定深度的见解。如果未能充分讨论,可以在课后作业中延伸思考。

一、教学目标

（1）界定概念,把握议论的对象;品读语言,理解作者的看法。
（2）由局部到整体,抓住文章议论的主要对象,思考诗与歌的关系。
（3）尽可能全面准确地理解作者的思想,进而形成自己的见解。

二、教学重难点

（1）流行歌曲和现代诗歌的概念界定。
（2）文章涉及的议论对象较为纷繁复杂,如何抓住主要对象来予以分析?

三、课堂实录

（一）环节一：解读"宋词"
1. 界定流行歌曲的概念，明确其所指的具体对象

师：大家好,今天我们来学习《唐诗过后是宋词》这篇课文,作者是复旦大学的葛兆光教

授,写于二十世纪九十年代。

（板书：唐诗过后是宋词）

师：喜爱古诗词的同学可能要失望了,因为这篇文章讲的是假的"唐诗过后是宋词"。我想问一下,标题中的宋词在文中是指什么呢？一起说。

生（齐）：流行歌曲。

师：流行歌曲,好。

（板书：流行歌曲,用箭头将标题中"宋词"与之连线）

师：同学们平时都爱听歌吧？爱不爱听歌？不爱听歌的年轻人好像不多呀？那我们就有了理解这篇课文的基础,这个流行歌曲在文章里到底指的是什么呢？大家看看文章,有哪位同学来回答一下？

生1：我觉得流行歌曲是指在二十世纪九十年代人们所传唱的像《潇洒走一回》《星星点灯》这类歌曲。

师：他不但举出了时间,还举出了两个例子。其他同学同意吗？有没补充？

生2：我觉得将流行歌曲限制在二十世纪九十年代,有点狭窄,因为二十一世纪也有很多流行歌曲,应该也是包含在作者议论范围内的。所以我觉得凡是当代我们嘴上所唱的朗朗上口的都算是流行歌曲。

师：他认为我们当代所唱的都是流行歌曲,你同意吗？

（问生1）

生1：我不是很赞同他的观点。

师：说出你的理由。

生1：我觉得他当时的写作背景就是流行歌曲刚刚发展起来的时候,所以他应该是指当代这些流行歌曲。

师：你这个"当代"和我们现在这个"当代"一样吗？

生1：不一样的,我觉得就应该仅仅限定在二十世纪九十年代或八十年代。

师：为什么？你从哪里判断出来的？

生1：我判断的理由大致是在第三段的第五行,"我也并不觉得这些流行曲词好到哪儿去,除了少数之外,相当多的词都是花拳绣腿或滥俗套话,根本不值得人把它当口头禅挂在嘴上,更不值得把它当红玫瑰缀在胸前"。我觉得现在的流行歌曲比起那个时候肯定是有所发展的,所以将流行歌曲限定在那个时候。

师：好。他的观点还可以,但是他这个判断的依据好像有一点问题啊,刚才他读的那段话里有没有时间概念呀？没有。那判断依据你要从哪里看呢？你是不是要看一下这篇文章的写作年代呢？大家说这篇文章写于哪一年？

生（齐）：1994年。

师：对。1994年。他能不能谈到现在的流行歌曲？不可能！第二个，你还从哪里看呢？从他文章里所谈到的这些流行歌曲来看。我们在预习的时候有一份资料，大家发现他这里面所谈到的流行歌曲大部分都集中在二十世纪的九十年代和八十年代。所以这是我们作出判断的依据。但仅仅是时间范围吗？要把文中所谈的流行歌曲和其他的流行歌曲区别开来，还有没有其他的标准？

生3：我认为他举的大部分例子都是国内的流行歌曲。

师：国内的流行歌曲，很好。哪些地区呢？能不能再具体一点？

生3：我觉得可能是那时候流行歌曲刚刚开始流行。怎么说呢？就是刚刚开始有流行歌曲这种表达方式，然后是传唱得也比较广泛、比较通用的这种歌曲。

师：好。请坐。其实我们仔细看下来，里面的很多歌都是来自哪里的？

生（齐）：港台。

师：对。来自香港和台湾。而且这个同学说的一点很好，都是国内的歌曲，也就是我们华语歌坛的歌曲。

（板书：二十世纪八九十年代、华语歌曲、港台为主）

师：讲到这里呢，我忍不住要问一个问题：我们在看课文的时候，葛兆光教授在文章里谈的真的是流行歌曲吗？

（板书：将"曲"用红粉笔圈起来）

生4：我觉得他主要谈的是这些歌曲的歌词。

师：你观察得非常仔细。那么流行歌曲和歌词是同一个概念吗？这个问题我们先搁一搁，让我们把文章理解好了以后再来探讨，好不好？

（板书：歌曲＝歌词？）

2. 交流作者对流行歌曲的看法

师：我把它写在这里啊，以免我们一会儿忘记。我们刚才对流行歌曲做了一个简单的界定，二十世纪八九十年代，华语歌曲，港台为主，就是它的内涵。而各类歌曲就是它的外延。我们阅读一篇议论为主的文章，首先要明确它的议论对象。议论对象清楚了之后，我们再来研究它议论的内涵和外延，这样我们在阅读时就能有的放矢，不会出现偏差。

那么作者葛兆光教授在文中对流行歌曲的看法是什么？是褒还是贬呢？你能不能从文章里找出一句最能反映他褒或者贬的话来，跟我们交流一下，用笔把它划出来。

（师到学生中巡视，以较慢语速再次强调"最能反映他褒或者贬的一句话"，肯定一些同学预习时圈划的习惯）

师：哪一名同学来回答一下？

生5：我找的是第四段第三行的一段话："文化人没有必要对流行歌曲做出一副高傲的不屑模样，这种不屑常常是对自己文化身份的显示，也常常是当自己文化阶层的标签，画地为牢和固步自封是同义词，流行歌曲唱的人多好像就成了大众快餐，进不得文化人的雅座，可是，对唐诗宋词吟味不已的文化人怎么也不想想，词在当年也是被轻蔑地称作'诗余'——仿佛诗歌上掉下来的土渣儿——的流行歌曲，你尽管可以'连眼珠都不转过去'，但谁敢断言诗坛的明天就不会像宋词继唐诗、元曲继宋词一样？"

师：你辛苦了，这个句子太长了。我觉得他读的好像一口气都喘不过来。那么你说这句话里面作者对流行歌曲的看法是褒还是贬呢？

生5：我觉得作者在这里很明显的是褒。

师：是褒，就是希望文化人不要歧视。好的。其他同学呢？

生6：我找到一句贬的，在第三段有一句话，"不过，我也并不觉得这些流行曲词好到哪儿去，除了少数之外，相当多的词都是花拳绣腿或滥俗套话，根本不值得人把它当口头禅挂在嘴上，更不值得把它当红玫瑰缀在胸前"。

师：好，是贬的。请坐。还有吗？

生7：这段话的上一句，还有一句是："我并不蔑视这些流行曲词，有时候甚至觉得它比我们现在这种死样活气的诗坛上无病呻吟或故自艰涩的诗作更让人喜欢。"

师：这是什么？

生7：这是褒的。

师：其他同学呢？

生8：我找到的是第五段的第一句话，"仔细看看最近的流行歌曲，其实文人不必保持那种无谓的骄傲，流行歌曲已不再像过去那样只会用甜得发腻的情话缠绕少男少女了，也不再像过去那样'为赋新词强说愁'似的硬拧眼泪了，好像渐渐长大了似的，'少年听雨歌楼上，红烛昏罗帐，……'"这句话是褒，讲的是流行歌曲的歌词已经有了一定的发展。

师：你读完了吗？你怎么把蒋捷的《虞美人》给拦腰截断了？

生8（接着读）："'……壮年听雨客舟中，江阔云低，断雁叫西风。而今听雨僧庐下，鬓已星星也。悲欢离合总无情，一任阶前，点滴到天明'，渐渐有了一点思乡愁绪，有了一点人生喟叹，有了一点社会关切，有了一点故旧情怀。"

师：好。读一个句子，要以句号为标志，不然就会出现理解偏差的问题。纠正你刚才读错的一个字音，是人生 kuì 叹，而不是 wèi 叹。还有其他同学吗？

生9：我看到的是刚才同学们说的第三段的开头："我没有这么立场坚定，有时也听听什么《星星点灯》《你的柔情我永远不懂》，也觉得怪好听的，不过，我也不见得那么入迷，听了几遍也会腻味，更想不通这种歌曲为什么要灌成那不能洗不易坏贵得厉害的CD唱片，难道这能听个千儿八百遍始终不厌？"

3. 品读句子，领会作者褒贬互见的看法，以及语言的讲究分寸和力求公允

师：刚才几名同学谈得非常好，有说是褒的，有说是贬的。那么我们在看文章时，要知道作者的看法是什么？但是，作者对流行歌曲的看法仅止于此吗？他的褒贬是不是就这么简单，这么泾渭分明呢？我们来品读几个句子，也许会有一些新的感受。

（幻灯片1：铺天盖地的流行歌曲整天价地在耳边轰鸣，让你不听也得听。）

师：我们来看这篇文章的第一句，我读一下："铺天盖地的流行歌曲整天价地在耳边轰鸣，让你不听也得听。"你们有什么感受？

生10：我觉得这句话一方面是表现了流行歌曲很流行，到处都是，但是从"轰鸣"可以看出作者觉得这种到处都是的流行歌曲也并不是那么好，因为"轰鸣"一般是用来形容那种不是特别好的声音。

师：是的，"轰鸣"，多是噪音，而且"整天价地"。这句话乍看起来似乎没有褒贬呀，但是我们品一品，也有贬的一些意味在里面呢，是不是呀？这种写作手法我们老祖宗早就发明了，即孔子的春秋笔法。没有直接的褒贬，但是褒贬暗寓在表述之中。以后我们在读类似文章时要留意这些语句，才能体会得更深刻更到位。

接下来，我们来看第二句。

（幻灯片2：流行歌曲好像渐渐有了一点思乡愁绪，有了一点人生喟叹，有了一点社会关切，有了一点故旧情怀。）

找一名同学来读一读。这句话刚才已经有同学谈到了。

生11：（流行歌曲）好像渐渐长大了似的……渐渐有了一点思乡愁绪，有了一点人生喟叹，有了一点社会关切，有了一点故旧情怀。

师：读的好像快了点，能不能再慢一点？把节奏读出来。

生11：（流行歌曲）好像渐渐长大了似的……渐渐有了一点思乡愁绪，有了一点人生喟叹，有了一点社会关切，有了一点故旧情怀。

师：你读了两遍，你先谈谈你对它的感受是什么？

生11：作者对于流行歌曲题材、范围的变宽，内涵的变深，有那么一点欣慰，就是有了那么一点欣喜。

师：就是褒的。好的。没了吗？

生11：没了。

师：好的。其他同学的看法呢？这句话看起来是褒的，（等几秒）有没有哪名同学来说说？好，这名女同学你来谈谈。

生12：我觉得他这里讲的是流行歌曲进步的一些方面，但是他也暗示了流行歌曲之前存在过一些问题,也就是说之前的流行歌曲缺少人生喟叹、缺少社会关怀,等等。

师:哦,你是用了反向的联想方式。

生12:这个可能是对之前流行歌曲的贬,对现在流行歌曲的褒。

师:好的,请坐。你用这种反向的联想去推理,非常好。还有吗?这句话除了用相反的方法去推理,看出过去的流行歌曲在主题上是比较单一的,在题材上往往拘泥于爱情。不过,让我们看一看这句话,看看它有什么特点?有同学能看出来吧?我再来读一下,大家听一听。

(师朗读,节奏较缓,重音落在几个"一点"上。)

老师读的时候你们有没有感觉到不同的味道、感觉和情绪?有吗?

生1:我觉得从第一句可以看出:作者好像把流行歌曲当作自己孩子那样,是持一种关心和关爱的态度。

师:"渐渐长大了似的",一种形象化的表述,体现了他对流行歌曲的关怀。还有吗?

生13:作者在这个句子里用了"好像",还有"一点"等词,我感觉他虽然觉得流行歌曲有了这些东西是好的,但是这些进步还不明显,也不是很显著。

师:而且"好像"这种感觉……

生13:就是不确定。

师:对!就是不是很确定,他还持有一种怀疑的、观望的态度,是不是呀?"一点",有进步,但是这个进步是很有限的。很好。同学们对于这样的句子认真地读进去之后,就有一些新的感受,过去流行歌曲的问题,"好像"的不确定语气,"一点",我想褒你,但是你这个进步是很有限的。我没有说我没有一个尺度和衡量。

这是第二句,我们再来看一句,让我们一起来读一读好吗?

(幻灯片3:歌词里要是总出现"穿过你的黑发的我的手""我拿青春赌明天"这类说通不通、似懂非懂的词而没有更含蓄自然的文字,传唱的人再多也只是一笔糊涂账,充其量是歌曲的附庸而不像宋词最终由附庸蔚为大观。)

(师生齐读)

师:这句话大家品一品,在脑袋里转一转,结合我们刚才品读那两句话的经验,(停顿)能看出点门道吗?能品出一点独特的东西吗?哪名同学来说说?好。这名男同学,你已经是第二次回答问题了,非常好。

生8:我觉得前面那段话讲的就是作者对歌词到底有没有发展持一个怀疑的态度,这句话则讲的是歌词里总出现一些"说通不通、似懂非懂"的词,作者可能觉得这类歌词只是装作自己有一些文化内涵或者社会关怀,其实还需要有更自然、真正有文化内涵的歌词,流行歌曲才能发展。

师:好的,你说得很好。其他同学呢?来,后面那名男同学。

生14:作者最后一句说:"充其量是歌曲的附庸而不像宋词最终由附庸蔚为大观。"意思是说作者对歌词有一个希望,像宋词那样最终升华。看似是对流行歌曲歌词的失望,实际上却是对流行歌曲歌词的希望。

师:你认为这句说的是作者对歌词的期望。这个句子看起来,肯定是带有贬的意味的,这一点应该是没有问题的。但是我想问的是:这个情况成为事实了吗?它充其量只能是歌曲的附庸,不能够蔚为大观,是事实吗?你们感觉呢?

(学生小声说:不是)

师:你说说看。为什么不是事实?

生15:因为他句子的开头有"要是"两个字。

师:"要是"是什么意思啊?

生15:"要是"就是表明还没有发生,只是作者的一个假设。

师:假设的一种情况。就是说,如果这个样子的话,是不行的。作者这样表达,给我们的感觉怎么样?

生15:感觉作者对流行歌曲未来的前景作出了一些合理的推断和怀疑。

师:好的,请坐。也就是说,你还可以向好的方向发展,因为一切还没有尘埃落定。但如果你往这个方向发展,那就有问题了。而且不但要注意这个"要是",还要注意到这个"总"字,这个程度副词的修饰,我们自己可以体会一下作者对流行歌曲的看法。作者的语言是非常讲究分寸的。接下来,那我们看一看,这句话里面有一个例子,叫做"穿过你的黑发的我的手"。你们知道是谁作词的吗?

生(齐,小声):罗大佑。

师:罗大佑。罗大佑何许人也?可能对你们来说……

(有学生小声回答《童年》)

师:对。他就是《童年》的词作者,是一位作词的牛人。有很多人非常欣赏罗大佑的音乐和填词。我想这句话如果让罗大佑的粉丝看见了,不知道会作何感想。"穿过你的黑发的我的手",你们有何感想呢?也许会有一点自己的看法。

(板书:罗大佑?)

刚才通过品读关键句、关键词,尤其是一些修饰语和关联词,我们发现作者对流行歌曲的看法有褒有贬,但不是那么泾渭分明,而是褒中带贬、褒贬互见的。而且无论褒贬,作者的措词都是讲究分寸、力求公允的。

(板书:讲究分寸,力求公允)

(二)环节二:讨论"核心"

1. 明确本文议论的主要对象

至于这个公允能不能掌握得恰到好处,同学们也许有自己的看法,我们后面再谈。细心的同学或许会发现,这篇文章议论的主要对象还不完全是宋词,那是什么呢?大家来看一看。

生16:他还议论了诗歌。

师:什么诗歌呢?

生16:他在第一段说"含蓄委婉的诗只适于案头清赏"。

师:好,请坐。诗歌和当代流行歌曲。

(板书:诗歌,将之与标题中的"唐诗"用箭头连起来)

流行歌曲对应的是宋词,那么诗歌对应的就是唐诗。这篇文章议论的主要话题或者主要对象,我们就呼之欲出了,是什么?你说说看。

生17:就是从诗歌到流行歌曲之间的一个过渡和转变。

师:文章里有哪一段话是表述的这个意思呢?我们一起找找看,哪里?第几段?

生18:我觉得是第三段最后一句。"我又不免产生一点儿疑惑,是不是'诗'的时代真的要让位给'歌'的时代,就像唐诗过后是宋词?"

师:好,请坐。这就是这篇文章我们要探讨的主要对象,也就是:是不是"诗"的时代真的要让位给"歌"的时代,就像唐诗过后是宋词?

(幻灯片4:文章议论的主要对象是:是不是"诗"的时代真的要让位给"歌"的时代,就像唐诗过后是宋词?作者给出了怎样的回答呢?)

2. 讨论分析作者给出的结论

师:那么作者给出了怎样的回答呢?下面给大家3分钟时间讨论,概括文中的相关语句。提醒一下,要解决这个问题,我们还要注意到除了"宋词"之外的另一个概念"唐诗",也就是诗歌。它怎么来简单地予以界定?大家讨论3分钟。

学生思考但不讨论,老师提醒他们应该讨论起来。"就近的,前后桌,同桌,交流交流。"并提醒学生思考两个问题:

(1) 能不能像"宋词"一样,给"唐诗"做一个简单的界定?

(2) 作者提出的这个问题,他最终给出了一个怎样的答案?

师:看来都胸有成竹了。谁来说一下?哦,还是这名男同学,我看你跃跃欲试呀。(师递话筒给学生)我是三顾茅庐啊。

生8:可惜我不是诸葛亮啊。

师:说一下。

生8:我觉得他是把诗歌类比成唐诗,把流行歌曲类比成宋词。但是宋词它本身是继唐诗以后很盛行的一种文体,也可以说是流传千古的。作者在文中提到现在的流行歌曲不一定能像宋词那样永垂不朽。就是第六段第一句,"流行歌曲的歌曲流行,但流行的不一定就永垂不朽。要想桩子稳,就要根子深,根子是内功不是花拳绣腿",意思就是说流行歌曲想要像宋词那样取代诗歌的话,还需要更深厚的文化内涵。

师:就是流行歌曲真的要像宋词那样取代诗歌,还需要在根子上下功夫,是不是?其他同学怎么看呢?

生1:我觉得作者在这篇文章当中并没有给出一个非常明确的立场。

师:说说看,我听听。

生1:先从第三段的第四行,"有时候甚至觉得它比我们现在这种死样活气的诗坛上无病呻吟或故自艰涩的诗作更让人喜欢",再从最后一段也可以看出,"在这个既没有了唐诗又还没等到宋词的时代里,要想留住唐诗的时代,就要使诗歌有点儿亲切和自然,要想迎接宋词的时代,就要让流行歌曲多一些机智和内涵。随便怎么都行"。我觉得作者并没有对唐诗或者宋词表明一个明显的观点,他只是希望流行歌曲多增加一些文化内涵。

师:让流行歌曲多增加一些内涵,让诗歌多一点亲切和自然。他认为作者给出的这个答案没有特别让他满意。其他同学怎么看呢?

(幻灯片5:在这个既没有了唐诗又还没等到宋词的时代里,要想留住唐诗的时代,就要使诗歌有点儿亲切和自然,要想迎接宋词的时代,就要让流行歌曲多一些机智和内涵。随便怎么都行,只要有让人还能感动的东西,因为我们这个时代已经不太会被什么无关紧要的东西感动了。)

生19:我认为作者对这个问题的回答是:无论是诗歌或流行歌曲,只要能有所改变,都会盛行下去。可以从两个方面来看:对于诗歌的要求,把它比作唐诗。唐诗它有一个缺陷,是格律太过严格,内容并不是很亲民,所以他提出要让它的内容亲和自然。然后对于流行歌曲的要求,就是内容要更加深厚,要想桩子稳,就要根子深。所以我认为他的回答是针对这两个主体,都希望它们能有所改善。

师:就是说这个问题还没有尘埃落定,他也没有办法给出一个谁一定赢的结论。是不是?好的。我用四句诗来概括一下,就是"诗衰歌盛亦沧桑,教授搁笔费评章。胜负未定事难料,各取所需补短长"。他最后给出了这样一个结论。

不过,刚才忽略了一个问题啊,我们没有给这个诗歌做一个界定。为什么呢?我感觉有点困难。因为我们界定流行歌曲的时候,文中有很多的流行歌曲,我们可以根据这些流行歌曲来界定。但是当我们试图界定这个诗歌时,你看看整篇文章里有没有一句诗歌。有吗?一句都没有。我们怎么办?我们只能推断。既然他谈的流行歌曲是八九十年代的,那么这个诗歌也应该是八九十年代的。流行歌曲是华语歌坛的,那么诗歌也应该是华语文坛的。是不是?我们就这样做一个界定。只能如此。作者对现代诗歌的立场总体而言是贬斥和批评的,对吗?

(板书:贬斥、批评)

(三)环节三:交流看法

探讨阅读理解过程产生的疑问。读到这里,我们对文章的主要意思应该是有了自己的把握。我们发现要先把握他议论的主要对象是什么。有时候一篇文章的对象是很纷繁复杂的,那么要抓住主要的议论对象,牵一发而动全身。在刚才理解的过程中,我们也留下了一些疑惑。比如说,歌曲和歌词的问题,罗大佑的歌词问题,比如说没有一句诗歌的问题。

(板书：无诗?)

那么歌曲和歌词是同一个概念吗？可不可以撇开歌曲谈流行歌曲？罗大佑的歌词,他说是说通不通似懂不懂,不通在哪里？你不懂了吗？你怎么看待？为什么举那么多的歌词而没有举一句诗歌？同学们来简单地说一下,谁来谈谈这个问题？

生20：我说的是第一个问题,歌曲的话我觉得它除了歌词之外应该还有曲调,而歌词就是仅仅看到的那个字,所以它们应该是不一样的。

师：好的,你认为是不一样。下面,我们把这三个问题先记一下,然后在课后作业里再去延伸思考。

(四) 环节四：课文小结

回顾这堂课,我们发现,我们尝试着做了三件事情(幻灯片6)：

第一,我们要认识概念的内涵和外延；

第二,要明确议论的主要对象；

第三,我们要先理解再评说。

尤其是第三点,我们要特别注意。

(五) 环节五：布置作业

最后,谈谈留的三个作业。

(幻灯片7：一、对课中留存的疑问,选择其中的一个,加以思考。二、你觉得,文中还有哪些地方是可以商榷的？三、谈谈你对流行歌曲或当代诗歌的看法,注意概念要准确,阐释要有理有据。)

希望大家能把我们课上未完成的问题在课后作业里做进一步思考。要把我们这堂课学到的经验用到我们的文章阅读理解中去,知行合一方是行知中学的追求目标。

好,这堂课就上到这里,谢谢大家,同学们再见。

生(齐)：老师再见。

四、执教感言

有所明　有所安　有所依

哲学家雅斯贝尔斯说："哲学不是给予,它只能唤醒……"在我看来,语文教学中如何落实核心素养,一方面是给予,另一方面则是唤醒。

一般而言，语文的核心素养包括四个方面——语言建构与运用，思维发展与提升，文化传承与理解，审美鉴赏与创造。其中，语言建构与运用无疑是最核心的。人们经常说，语言是思想的外衣。其实，这还是将语言与思想割裂成两样事物来谈，并不能完全形容语言与思维的关系。任何一种语言，其本身即是思维、情感，包含着言者的审美与文化。

就《唐诗过后是宋词》而言，文章的语言基本是学术意味很浓的语言。虽然作者尽力地运用一些比喻、类比等手法努力使文章显得通俗易懂，但整体的风格依然是严谨缜密的。作者对流行歌曲和当代诗歌的态度是有些矛盾的，或者说是有点言不由衷的。葛兆光教授坦言自己"并不偏爱流行歌曲"，作为学者，他后来在《旧文重提——关于〈唐诗过后是宋词〉一文的写作》中说，"深知文化和历史总是变动不居，所谓雅俗高低往往会意想不到地移形换位，因此，更愿意把一切放进历史中看"。

所以，我们在语文教学中，一定要明确自己的核心素养是什么？只有这样，才会有的放矢，才不会越俎代庖。

第一，在教学中，文体意识是必须要具备的。何谓"体"？篆文从骨，豐声，隶变后楷书写作體。本义是全身的总称。文体，也就是文章的体裁，是文本写作的样式或类型。文章有体，能够使写作者获得一种参照，而读者也可以循体而入文，领会文章的内容和特点。这样才会"有所安"。

文体有很多种，按照不同的标准划分，便会有不同的结果。关于时下中学语文所恪守的文体划分，我无意评论。在此，我只想讲，由于写作时自由的状态，有些文章往往是有点不拘于体的，这一类文章难以划分，遂归为"随笔"。顾名思义，随笔的最大特征，就是自由随意。但这也往往是随笔最大的败笔，恣意而陷入杂乱，不拘而归于泛滥。如何在"体"与"随"间找到一个平衡点，是随笔写作的关键所在。

就本文而言，主要是就流行歌曲兴盛，当代诗歌没落的现象发表的看法，可以归入议论文体。然而，在文中作者又谈到了文学的"源"与"流"，谈到了时代与文化，谈到了唐诗和宋词，涉及的内容是比较驳杂纷繁的。

因此，只有抓住了议论的"体"和随笔的"随"这两点，我们才能化繁为简，弄清楚这篇文章的主要内容。

第二，现今重视批判性思维。在最初的试讲中，我也试图引导学生去批判，然而发现效果不佳。为何？因为缺少充分的理解，批判也只能流于空泛。流行歌曲与新诗发展本身就是充满争议的，见仁见智，众口难调。如果就文中的一些地方展开讨论，甚至批判，是容易的，课堂效果也会热闹许多。但是，引导学生解读此类文体的目标恐怕就难以达成了，热闹也只是表面的"荒花"。于是我想，必须自我克制，学生才能克制。宁可冷清些，也要把文章解读落到实处和细处。不充分理解文本的议论，很容易沦为喧哗和泡沫，更遑论产生有深度有见地的批判。

通过教学这篇课文,我认识到:欲要批判,必须理解。理解得越充分,我们才能发现文章的优劣,才能找到批判的尺度。因而在课堂教学中,我故意将一些问题"搁置",就是想在对课文理解到位后再予以解决,而不是中途生变。确实,在40分钟内,让学生对这样一篇篇幅长内容杂的文化随笔作出非常精到而深入的理解,这本身就是罔顾学情的。

就开课而言,我留的作业看似虚笔,很容易被人称为虚晃一枪。但事实上,我是在课后托行知中学的老师将这些作业做实了。通过学生的作业反馈,我发现自己的判断是对的。因为较为充分地理解了课文,学生的见解深刻多了。在此,选几则作业给大家欣赏。

(1) 对课中留存的疑问,选择其中的一个,加以思考。

龚方方:葛兆光教授只是单纯地从文学性的角度去赏析《穿过你的黑发的我的手》这首流行歌曲的歌词。然而歌词并不只是关乎文学,它不能脱离歌曲单独地去存在,这样也不会被叫作"歌词"了。虽然我对歌曲的创作不是太了解,但也知道歌词还要结合歌曲去考虑吟唱的效果,是否能押韵,是否能自然发声。

(2) 你觉得,文中还有哪些地方是可以商榷的?

王宇航:"唐诗过后是宋词",我认为这样的说法的确值得商榷。无法理解为何文末作者一定要提出"留住诗歌的时代"抑或是"迎接歌词的时代"。难道说文化的形式,也如角斗场上那互相拼杀的武士一般,只能成为悲壮而唯一的存在者吗?

显然,造成当代诗歌衰落的原因,并不能简单地归结于诗的生涩难懂与固步自封。反观二十世纪的"朦胧诗",我并不感觉现在的诗歌在理解上比当时要难到哪里去。而且更引人深思的是,随着改革开放与义务教育的普及,显而易见现代人的文化程度整体上要高于当时,那么谁又能说诗歌的衰落是由于难懂呢?

说到底,诗的衰落与歌的兴起,究其根本是因为时代的改变。人们在匆匆而过的快节奏中压力增大,需要一种排压消遣的方式,而不是一天过后的阅读与思考。同样是文字,很多网络文学的大红大紫更加讽刺地揭示出诗的悲哀——因人们不愿思考而衰落的悲哀!

(3) 谈谈你对流行歌曲或当代诗歌的看法,注意概念要准确,阐释要合理。

胡冶:现代诗歌主要指"五四"前后产生的,有别于古典诗词,以白话作为基本语言的诗歌体裁。其受外国诗歌的影响颇深,运用新的表现方法和艺术形式,产生了多种艺术潮流及诗歌形式,不再像前人的诗歌讲求过多的格律。这是一种充满新鲜力量的文体。但这种诗歌经过发展,到了二十世纪末期,值流行歌曲繁盛之时却又衰败了下去。这是因为现代诗坛中已经缺少了那种时代独有的气息,诗作仍然停留在以往的文化氛围中,有些甚至只能算作无病呻吟或故自艰涩。在现代社会快速发展的潮流中,诗歌只适合在案头清赏,没能获得较多的欣赏者,衰落也是正常的。

廉锦晟：在这里引用海德格尔的一句话："凡没有担当起在世界的黑暗中对终极价值的追问的诗人，都称不上这个贫困时代的真正诗人。"在文化向娱乐滑落的现代，与其说好诗难觅，不如说好诗被流行歌曲遮去了身影。可以说，诗歌文化被各类娱乐文化淹没，真正成了曲高和寡的小众情调。流行歌曲作为民间文学，创作门槛低，其中不免掺杂着次品。

五、策略提炼

画地而不为牢　抓大并不放小
——《唐诗过后是宋词》教学策略提炼

何谓"画地"？指的是对概念的界定。只有对核心概念做了界定，明确了它们的内容和边界，学生才能更加准确清楚地理解课文。这是我在以往的教学中体验到的好处。

为什么把界定概念作为教学的首要目标？因为在试讲中，我发现许多同学对流行歌曲和当代诗歌这两个核心概念不清楚，导致一系列的理解障碍。乍看起来，这两个核心词并不难理解，但是由于年龄的差异、时代的隔膜等原因，学生对它们的解读确实会存在一定的障碍。毕竟葛兆光教授笔下的流行歌曲对他们来说已经是老掉牙的，属于二十世纪的古董。当下上海的高中生所接触的流行歌曲，其实大多不是华语歌曲，而是英美为主兼有日韩等外来的流行歌曲。有些同学，更是根本不听华语歌曲。因此，他们很容易会将文章中的流行歌曲与时下的流行歌曲混为一谈。至于新诗，于他们而言更是隔膜，除了课本上的几首，其他所知甚少。因而，必须予以简单的界定，以明确文章的主要议论对象，避免分析的泛化。

本文作为一篇文化随笔，所议论的主要对象是流行歌曲和诗歌，但议论涉及的对象比较芜杂，如文化与时代、雅文化与俗文化、唐诗和宋词、文学的源与流，等等。如果一视同仁、面面俱到，那必然是重点不明、面面不到。因此，必须作出取舍，抓大放小，主要思考新诗与流行歌曲的关系。涉及之处，能议则议，不议也不必强求，可以在作业中或后续课时中予以落实。

除了以上两个大的策略以外，我觉得这节课的成功，还得益于一些"小"细节的雕琢。

第一，是选择小的切入点与突破口。

为什么选择"流行歌曲"作为突破口，是考虑到学情的，毕竟这方面距离他们最近，他们也最有感觉，最有话要说。有了这个做铺垫，后面自然过渡到对"新诗"的界定，因为有了参照物，就容易些。

如果一上来就以"唐诗过后是宋词"来分析，很容易陷入泥沼。为何？因为要涉及"流行歌曲"和"现代诗歌"两个核心概念，还要关注它们之间的关系。学生容易忙乱，最终的结果就是纠缠不清。

第二，让学生回答问题时，要求要细致而明白。

例如在交流"作者对流行歌曲的看法"时，其实是讲究策略的，因为少了"作者"这个限制，就很容易变成"我对流行歌曲的看法"。另外，要求每人限说一句，不要啰嗦。这就使课堂的节奏紧凑，也促使学生寻找最关键的句子，还可以在有限时间里使更多的学生回答问题。

第三，对于一些难点要有多个应急预案。

例如，在品读句子"(流行歌曲)好像渐渐长大了似的……渐渐有了一点思乡愁绪，有了一点人生喟叹，有了一点社会关切，有了一点故旧情怀"时，预计会遇到困难。预设的指导步骤共有三步：

第一步，让学生读读这一句，看看有没有什么特别的地方，谈谈自己的感受。如读得出，达到预期，最好。如读不出，则采取下一步。

第二步，提醒学生阅读时，要特别留意那些反复出现的词语句子。有的可能是作者啰嗦了，更多的是作者想要以此来表达自己某种想法。如此点拨，一般情况下学生就应该明白了。如果仍不明白，则采取第三步。

第三步，直接问："多次出现的'一点'表明了什么？"

尽管我在上课时，没有完全按照这三步来走。但正是因为有这三种预案在胸，所以才可以从容处理和学生的对话，引导学生一点点理解到作者的褒贬。

第四，在板书和朗读上的一些细节处理。

例如，在问学生"葛兆光教授在文章里谈的真的是流行歌曲吗？"这个问题时，"歌曲"要重音慢读，给学生一定的思考时间。同时，可以拿红色粉笔把"曲"圈起来，以引起学生的重视与思考。应该说，这样的处理确实收到了良好的效果。

第五，小问题的有意搁置和集中处理。

以往上课，遇到问题就马上解决，结果很可能是影响了整堂课的节奏，妨碍了主要问题的解决。这堂课在试讲时，也遇到过这种情况。怎么办？又不能是简单的取舍，因为这些小问题也很重要，是课堂上即时生成的。如果不予解决，似乎又冷落了学生。

最终的解决办法就是暂时搁置，以板书记在旁边，待主要问题解决后，再予以集中解决。如果时间充分，就讨论得详尽些。如果时间紧张，就留作作业。

第六，将作业设计纳入到整堂课中来考虑。

作业可以往课外走，也可以往课内走。我在这堂课留的三项作业，就给学生提供了选择的自由，往两个方向都走得通。

明确了文章的核心概念，抓住了议论的主要对象，这就好比把握住了要点和方向。再加上这些细节的雕琢，整堂课才会显得充实，才会富有生机。

我想，从这节课中获得的一些经验，将会使我受益终身。如果能够引起广大同行的一些共鸣,给予他们一些上课的灵感,那就更是意外之得了。

(执教者:大同中学宋士广。中国教学协作联盟年会,全国直播课。)

六、点评

《唐诗过后是宋词》是一篇学者型文化随笔,文章长,内容杂,学与教都不容易。上述课例并没有急于从流行歌曲和诗歌的关系入手,而是先引领学生给"流行歌曲"界定概念,再自然过渡到"新诗",这样处理便有了明显的"聚焦"效应。学生明确了文章议论对象的内涵和外延,便不会旁生枝节,扯开去泛泛而谈。另外,由于文中的流行歌曲年代久远,教师提供了相关的信息表,有利于学生更好地理解作者的态度。正是在这些铺垫之上,学生才能够尽可能准确地解读文本,进而形成自己的见解,或认同,或碰撞,或质疑,或批驳。应该说,这样处理符合批判性思维培养的特性。概念界定是理解文本的重要途径,但常常被人忽略。批判不只是批,还要判,如果没有准确地理解文本,则无从可判,无由可批。本节课给学生带来启发,使他们养成独立思考的习惯,有效提升批判性思维品质。

构建富有活力的研究团队平台

——高中语文教师的专业成长之路

一、问题导向

教研员的身份很特殊,是承上启下的纽带,是理论转化为实践的润滑剂,这一工作性质决定了对一线教学的研究、管理、指导和服务的重要性,而效果的好坏主要在于对教师的引领是否发挥作用。在多年的高中语文教研员工作中,我意识到教研员最大的成就无非是区域性教研活动生气蓬勃的开展,实实在在促进语文教师的专业发展,从而有效推动语文教学的深入改革,最终达到提升学生语文素养的目标。这一目标实现,在很大程度上取决于教师群体的活力,特别是青年语文教师的热情与行动。然而青年教师在当下的工作环境中却遇到种种困扰,很难全身心地投入到学科教学研究中。一方面青年语文教师大多担任班主任工作,各方面的活动检查和评比任务,一定程度上分散了青年教师对语文教学的研究精力;有些青年教师还没有悟到适合自己的教学方法,在寻觅的苦恼中迷失了方向。另一方面有的青年教师被工作以外的家务事缠身,甚至部分青年教师满怀语文教学理想参加工作,但是现实情形反差极大,于是教学研究的热情慢慢冷却。这样既影响自身的发展,也很难在区域内形成有活力的研究气氛。我意识到,没有青年教师参与的教研活动,在不久的将来会出现区域教研断层、优秀教师断层的严重后果。于是,我在教研中思考如何捕捉机会,引导青年语文教师健康成长。

二、情境再现

在一次教研活动中,我邀请一位特级教师上示范课,课题是说明文《南州六月荔枝丹》。这堂课的主题是"课堂教学中学生批判性思维的培养"。前半节课基于学生对课文说明顺序的疑问,形成"主问题",阅读梳理课文。此时,坐我旁边的青年教师A君,悄悄对我说:"半节课了,我感觉好慢、课堂好沉闷,不知后边怎样推进?"我说:"别急,慢工出细活,足够的铺垫是为后半节课思维的爆发蓄势的。"果真,后半节课,在教师的引领下学生针对文本可能出现的各种逻辑关系进行梳理,形成了"问题链",此时学生的思维激发起来,他们阐述理由,发表自己的见解,重新为课文构建了四种符合逻辑的说明顺序。

在评课环节,青年教师 A 君先坦诚地谈了自己的担心,然后满脸兴奋地赞赏后半节课的成功,包括学生的卓越表现,教师对文本的解读、对学情的把握、对课堂的掌控及对学生思维品质的提升。同时 A 君就文本的某一细节提出了第五种说明顺序的构建,并且提出了语言形式的分析是否脱离了本文逻辑结构的探究等高质量的问题。

A 君的表现着实让我惊讶,他有四年的教龄,在一所完中工作,第一年"萌芽杯"比赛获一等奖,教学基本功扎实,文本解读有自己的想法。可是随后几年的教研活动几乎见不到他的身影,备课组老师也对他颇有微词。一次和学校领导沟通,了解到 A 君觉得自己水平高,有些自大,把工作重心放在班级事务上,然而这几年班级教学成绩并不理想。我意识到 A 君的状况并不是个别现象,青年教师的提升需要营造氛围,给出任务,构建青年语文教师教学研究的平台。

于是,这次教研活动后,我与 A 君深入交流。特级教师的课,对他触动极大,他闪烁的眼眸中又有了语文教学研究的热情,我顺势提出希望他发起倡议,组建一支青年教师教学研究团队。第二天我就收到他的邮件"名师示范,推进阅读教学中'批判性思维'培养的行动研究方案"。我和他多次商讨确定了两年的行动研究计划。我把情况相似的来自各层次学校的 12 位青年语文教师聚在这个团队里。大家把行动研究团队的目标概括为:名师示范,及时总结,提炼策略,回归实践,辐射推广。

每月定期一次主题活动,首先就这节课仔细研究:第一步,实录示范课,作分析和研讨;第二步,提炼示范课的培养策略;第三步,推广实践示范课的教学策略。A 君积极性很高,团队提炼的普适性策略,在他的公开课上得到有效实施,同时,大家进一步讨论,群策群力修正自己的缺陷,最大限度地发挥普适性策略的作用。逐渐地,A 君的行动研究团队在全区产生了一定的影响,带动了全区高中语文阅读教学中批判性思维培养的深入研究和充分实践。更可喜的是,团队中的一位教师参加"上海市教委教研室教学协作联盟第九届年会暨语文教学展示活动",执教的公开课向全国直播,另一位教师在全市教研活动中执教展示课。他们的展示课都获得了专家学者及一线教师的好评。在团队交流中两位老师都感叹道:行动研究团队是他们吸取养料的土壤。

三、分析与反思

1. 针对现状,抓住契机,激发教研热情

区域教研的目的是提高教学质量,关键在教师,因而需要全员参与,不让一个教师掉队,

在成长期的青年教师更需要得到有效的帮助。以 A 君为代表的青年教师,需要外部的冲击力,激发他们的潜力。通过对名师示范课的观摩,在充分感受的基础上发现自己的差距,从而激发青年教师的研究热情,作为教研员要善于观察,抓住日常教研中青年教师的细微变化,以此为契机激发青年教师的教研热情。

2. 搭建平台,形成共识,引领教研方向

的确,青年语文教师在教学中面临种种困难和困惑。此时不能简单地批评,而是要做他们的朋友,设身处地感受他们的艰难,在平时的教研教学实践中,找寻引导他们前进的切入点,同时提供研究的方向。帮助 A 君组建行动研究团队,搭建平台,聚集志同道合的青年教师,在团队讨论中,碰撞出思维的火花,形成对教研主题的深入理解,并进一步延展和丰富。行动研究团队在区域内形成了在阅读教学中培养学生"批判性思维"的研究氛围,逐渐达成对语文阅读教学核心问题的共识,从而推动对语文阅读教学中学生思维品质提升的深入研究。

3. 形成方案,总结规律,建立教研机制

A 君拟订的"名师示范,推进阅读教学中'批判性思维'培养的行动研究方案",把一次教研活动,扩展为两年的实施方案。先进的课改理念有一个消化吸收的过程,把一件事做好、做实和做细,更需要建立青年教师语文教学研究的长效机制。随着教师的成熟,研究的深入,教研主题可以更换,参与研究的教师可以增补,但是语文教学研究要持续不断地进行下去。经过反复讨论,行动研究团队提炼出说明文教学中培养学生批判性思维的一般策略:第一,基于课标、教材意图、文本特点和学生认知水平,定位"主问题"。第二,基于逻辑顺序的梳理,形成"问题链";阐述理由,形成自己的见解。第三,基于这节课的要求,进行课堂教学的总结反思。第四,基于"主问题",生成与教学目标一致的作业。这一策略的归纳,为教师在课堂上实施批判性思维的培养找到了路径,区域教师也有了可依托的范本。当然行动研究团队里的教师首先是这一策略的实践者,为总结规律提供实证依据。

4. 百花齐放,积极展示,保障教研实效

青年语文教师思维活跃,对阅读教学中批判性思维的认识,在行动研究团队中形成思维碰撞,产生智慧的火花,这样才能进一步寻找到语文阅读教学中支撑学生批判性思维培养的种种因素。在团队研讨中,对培养学生批判性思维有了更加充分的认识:如自由心态,创设氛围,这是培养学生批判性思维的前提。质疑问难,确定目标,这是培养学生批判性思维的基础。抓住矛盾,激发兴趣,这是培养学生批判性思维的保障。基于逻辑,深入挖掘,这是培养学生批判性思维的纽带。基于批判,提出假设,这是培养学生批判性思维的关键。团队教师在教学实践中及时总结提炼,修正再实践。A 君的行动研究团队在不同层面的积极展示,促进了教研的深入进行,增强了教研的实效性。

青年语文教师教研水平的提升不是一蹴而就的,而是需要一个长期实践的过程,以本次

名师示范课为起点,组建团队,思维碰撞,百花齐放,深入持续地研究下去,取得的成果在区域内展示和推广,不仅突破了青年教师成长过程中遇到的种种瓶颈,有效地提高了青年教师的教研、教学水平,而且在区域内引领其他教师的教学实际,丰富教师解决问题的策略和途径,为教学效果的提升服务。

多一点理性的思考

——高中语文教育教学展望

当前,语文教育教学出现百花齐放,百家争鸣的景象。异彩纷呈的流派对语文教育教学提出了新理念、新策略。大有我方唱罢你登场之势。特别是对"语文"的修饰限制语不余遗力的搜求,令人目不暇接,甚至眼花缭乱;初看眼睛一亮,再看却问题不少。我们罗列了近期报纸杂志上所见的对"语文"这一概念的界定,大致分十一组:

第一组:生本语文、文本语文、学本语文、民本语文。

第二组:涵泳语文、训练语文、读写语文、点拨语文。

第三组:体验语文、"大"语文、"链"语文、"真"语文。

第四组:共享语文、共鸣语文、共生语文、互动语文。

第五组:创造语文、有效语文、创新语文、激情语文。

第六组:民主语文、公民语文、人格语文、精神语文。

第七组:本真语文、本色语文、原味语文、本位语文。

第八组:浪漫语文、诗意语文、个性语文、人文语文。

第九组:生态语文、原生语文、生活语文、生命语文。

第十组:活力语文、实践语文、智慧语文、和谐语文。

第十一组:青春语文、阳光语文、绿色语文、魅力语文。

这些提法尽管有合理性,然而,还是有值得商榷之处:

(1) 是否窄化了"语文"。第一组,"生本""文本""学本"和"民本"语文,提出者试图从语文的根本属性来思考语文教育教学,认为语文是以学生为本、以学习为本、以文本为本、以传承民族精神为本的。这样的思考往往偏于一方,虽然这也是语文教育教学的任务或内容之一,但是不能涵盖语文学科本身的性特。第二组,"涵泳""训练"和"点拨",这是语文学习的方法,而"读写"是语文学习的途径,这是从教学角度来思考语文。虽然这两组提法都是语文教育教学的"题中之义",然而,却窄化了语文教育教学的内涵,因此,对语文教育教学进行概括和界定似乎有失偏颇,给人盲人摸象的感觉。

（2）是否泛化了"语文"。第三组，对语文的思考，相对于教师的"灌输"教学而强化学生的"体验"教学；相对于局促的"小"的教学视野而强化宏阔的"大"的教学视野；相对于杂乱的"散状"教学而强化整体的"链式"教学；相对于虚假的"伪语文"教学而强化朴实的"真"语文教学。这是从认识论、系统论的角度来思考语文。第四组，"共享""共鸣""共生"和"互动"，这是从语文教学过程所包含的"教"与"学"相结合的角度来思考语文，虽然涵盖了教学的主体和客体，然而这样的界定似乎也适合于其他学科，缺乏语文学科本身的特性。第五组，"创造""有效""创新"和"激情"是从语文教学的感染力、目标和效果来思考语文教学，其他学科教学也需要这样的感染力、目标和效果的追求。第六组，"民主""公民""人格"和"精神"，这是从语文教育教学对学生素质提高的角度来思考语文教学，尽管符合中国传统语文教育教学"文道统一"的思想，然而，公民教育课、政治思想教育课更具有这样的重任。因此，以上四组对语文教育教学的界定仍然缺乏对语文学科本质属性的描述，是各学科教育教学活动共同的目标追求，从这个意义上说，是泛化了"语文"。

（3）是否虚化了"语文"。第七组，"本真""本色""原味"和"本位"是针对当前语文教育教学中过度强调"人文精神"、脱离语文本身特点而提出的关于语文教育教学内涵的思考，这是从本体论、认识论的角度来纠正语文教学的偏差，从这一角度思考是有积极意义的。但这些提法似乎没有指出语文教育教学本身的具体内核。第八组，"浪漫""诗意""个性"和"人文"是从语文教育教学审美和文化传承的角度来思考语文的，似乎也没有触及语文教育教学的核心内容。第九组，"生态""原生""生活"和"生命"，这是从语文教学动态过程来描述语文教育教学，从语文教学本身的生成规律和终极目标来再现语文教育教学，尽管在一定程度上体现了语文教学过程性的特点，然而，这些表述就能概括出语文教育教学区别于其他学科教学的本质内涵吗？似乎只要能够展示该学科产生、发展的过程，也能够用上述词语界定该学科的教学进程，因而也不是语文学科的专属表达。因此，以上三组提法在一定程度上虚化了"语文"，仍然没有揭示出语文学科的内涵。

（4）是否俗化了"语文"。第十组，"活力""实践""智慧"和"和谐"，这是从语文教学途径、策略来思考语文；而第十一组，"青春""阳光""绿色"和"魅力"，虽然从感性的角度揭示了语文教育教学充满生命活力的一面，然而，却给人以趋附社会热点之嫌，因而庸俗化了"语文"。

综上，对"语文"的每一个界定似乎都有它的合理性，然而仔细推究就会发现有不妥之处。产生的原因：一是人们热衷于以新奇的说法来抓人眼球，为了强化突出，即便三人成虎，也在所不惜。二是以偏概全，只要与语文有那么一点相关性就以此作为切入点，无限放大，从而形成自己所谓的个性化认识。三是急功近利的思想作祟，常常挖空心思提炼所谓的教学特色。因此，我们对语文教育教学的界定应该慎重，更应该遵循语文学科本身的特性和规律。基于此，我认为对"语文"的界定需要考虑以下三个因素：

（1）充分体现语文教育教学的目标。语文教育教学的总目标就是要培养学生对母语的热爱，能够在听、说、读、写的过程中熟练地运用母语。既能够在日常生活中发挥其交际工具的作用，又能够通过语言文字感受民族文化的精髓，还能够通过语言的积累和修养，提升对文本思想情感的把握和对民族文化的认识，提高理解他人以及表达自我的能力，因此，在语文内涵的界定上应该体现语文素养的培育目标。

（2）充分体现语文学科教学的特点。"语文课程是一门学习语言文字运用的综合性、实践性课程。"语文教育教学首先是对语言的教学，是对语言的学习、积累和运用，任何脱离语言的语文教学就是无本之木、无源之水和无基之塔，因此，在界定"语文"时，应该充分涵盖语言的教学内容和教学方法，不仅是语言形式，也不仅是语言运用的规律，更是语言承载的思想情感、人文情怀和民族精神，等等。这里有语言学研究的一些内容，但绝不等同于语言学。

（3）充分体现语文教师的理性思考。对"语文"的界定，应该多一些理性的思考，而少一些感性的喧嚣，正如历史学家顾颉刚所说，"不立一真，惟穷流变"，这虽然是顾先生提倡的一种史学治学态度，但是也适用于语文学科的研究精神。的确，"语文"概念的"真"是很难确定的，需要对语文教育教学的传统生成和现代演变进行系统梳理，才能够真正把握语文教育教学的内涵与核心，对"语文"作出正确的界定。

后记

盛夏悄然已逝,爽秋如期而来。完成这份书稿,也完成了一个对自己的承诺,手执教鞭三十五年,按照大诗人李白的说法,"却顾所来径,苍苍横翠微"。的确,人生已过"知天命"之年,回望走过的路,不胜唏嘘。三十五年的语文教师历程告诉我,首先要做一个有情怀而质朴的人;然后才有可能做一个受学生爱戴而可亲的教师;进而经过岁月的淘洗成为一个受教师喜爱的教研员。

五十四年前,一个善于奔跑的独一无二的生命种子孕育诞生了;三十五年前,欣逢第一个教师节,这棵幼苗长成了小树,在懵懵懂懂中走上了三尺讲台,从事"太阳底下最光辉的职业";二十三年前,在四川工作十二年后,走出巴山蜀水,从重庆港出发沿长江而下,海纳百川的"魔都"接纳了我,对上海真有点"君住长江头,我住长江尾,日日思君不见君"的渴求;十四年前,在中缅边境孟连县勐马小镇支教一年。十一年前在前辈的提携下有幸调入人才荟萃、高水平、高平台的黄浦区教育学院从事教研员工作。五年前,在暑假里,连续自驾 34 天,途径 12 个省、自治区,行程 15 000 公里,游历西南边陲和西部高原,与云南勐马红塔中学支教的老师叙旧,感叹山河壮美,发现旅行乐趣,畅谈教学经验。四年前,自驾行驶 11 000 公里,游历内蒙古、东北三省,沿着额尔古纳河和黑龙江中俄边境线行进,在大、小兴安岭的原始森林里穿行,在呼伦贝尔草原与曾来上海市黄浦区学习的老师交流,感慨江山多娇,人生苍茫,切磋教学技艺。

这三十五年的教师生涯,一言以蔽之,在路上,行走在教育的路上,行走在人生的路上。诗意和远方一直召唤着我,不管在四川,还是在上海黄浦、云南勐马、内蒙古呼伦贝尔的工作、学习和生活,给予我前进的力量、教育的智慧、生命的激情。我想,这是有情怀的教师应有的教育的姿态、生命的姿态。

何谓"情怀"?百度上说:"拥有一种高尚的心境。"这种解释似乎以伦理道德绑架了这个美好的词语。《现代汉语词典》这样说:"含有某些感情的心境。"这一解释虽然比较"暧昧",但是有了很大的想象空间。而"心境"关注人内心的感受,至于"某些感情"指向的是人丰富的内心世界。作为教师即便物质生活不是最好,然而精神的富有可以到达无以伦比的高度。这里说的"精神"绝非"假大空"的道德说教,而是一种人生追求的境界。

记得哲学家周国平曾说:孔子曰,君子喻于义,小人喻于利。如果人生做不了大义凛然的君子,又不愿做唯利是图的小人。那么人生还有第三条路,那就是审美的人生,仿孔老先生的说法就是至人喻于情。至人者,性情中人也。其实,这不是周国平的独创,作为研究尼采的专家,深深地受到尼采的影响,140 多年前德国哲学家尼采在《悲剧的诞生》中,猛烈抨击科学主义和功利主义,指出这是一种浅薄的乐观主义,他为人生创造了一种纯粹审美的路径。我想,这也是对人类的救赎,从某种意义上说,这也是对功利教育的纠偏,对浮躁的社会现实有警醒意义。

人生如旅行,在路上,行走、思考和磨砺。教育也是如此的,"一个有深度灵魂的教师是要遭遇思想的探索和人生的磨砺的"。那么做一个有情怀的教师,要懂得什么呢?

有情怀的教师懂得大爱的价值。"没有爱就没有教育",爱的教育大致经历四层境界,第一境界喜欢学生的活泼可爱,这还是基于外显的层面。第二境界爱生如子,这是人性善的流露,也是教师应具备的素质。第三境界平等的生命对话,尊重学生独立人格。我们是在教孩子,然而也许可能是在不知不觉中以成人世界的所谓规范甚至圆滑,在纯白的世界涂鸦。当面对学生纯粹的眼神、奇思妙想的灵感,何尝不是学生在教我们呢?"爱"就是一种平等的交流。我想还有一层更高的境界,生活大师林语堂认为,旅行的真正动力,应求忘其身之所在,亦即旅行以求忘记一切。不知往哪里去?甚至不知从何而来?真正的大爱是教师忘掉作为教育者的自己,而是以爱唤醒爱,像一棵树摇动另一棵树,是心灵的感召。

有情怀的教师懂得追寻的乐趣。如果说教育是一种艺术,那么追寻完美是没有尽头的。每一个孩子的心灵,都是一个丰富而灵动的世界,"因材施教"挑战着教师每天的创造力,当一个自闭的孩子向你敞开心扉,当你的阅读影响着孩子的阅读,当多年前教过的学生每年教师节送来祝福,你会享受为师的幸福。正因为如此你,会发现四川学生的小智慧、上海学生的大视野、云南学生的质朴,在你的教育园地呈现出因不同文化背景、性格特征、知识积累和价值目标的奇花异草,从而享受追寻教育更高目标的快乐。正如旅行中移步换景,随时有闯入你视野中的美景,让你流连忘返。

有情怀的教师懂得诗意的美好。海德格尔非常喜欢荷尔德林的诗句,"人,诗意地栖居在大地上",因为它道出了生命的深邃与优雅。做教师除了你的工作,还有你丰富的业余生活,有的喜欢光影交织的摄影、有的喜欢古朴典雅的书法、有的喜欢生龙活虎的运动、有的喜欢河边静静地垂钓,都是以阳光的态度、审美的情趣享受生活的赐予。懂得人生的美好,懂得教师的美好,会在眉宇之间、言谈之中潜移默化地熏陶着学生。我喜欢自驾游,喜欢诗意的远方,"行不择所之,居不择所止",疏狂漫游,沉思顿悟,如庄子笔下的鲲鹏,一寸寸地踏遍青山,异域的风土人情无穷无尽地在你眼前延伸,像信念中永远盛开的风景。

有情怀的教师懂得悲悯的精神。古人认为,侠义精神实质上是一种悲悯的情怀。这是宽容,这是大气,这是慈悲。这不仅仅是同事相处之道,也是对学生应有的态度,允许学生犯错,给学生指明改正的方向,而绝非一味地苛责。也允许自己犯错误,才有敢于实践的勇气。

有情怀的教师更要懂得顺性的惬意。有人说"人生一世,草木一秋";王羲之在《兰亭集序》也感叹:"死生亦大矣!岂不痛哉!"这不是消极悲观的情绪,而是人生的必然归宿,明白了更加珍惜生命的美好!顺性而为,遵从本心,淡然处之,悠然惬意。正如东晋陶渊明说:"纵浪大化中,不喜亦不惧。应尽便须尽,无复独多虑。"有人问我,自驾 25 000 公里,会遇到各种危险,你怕不怕？我笑笑,天注定,何所惧！可能你的气定神闲,产生的气场,已然成为你的人格魅力和最有效的教育、教研资源。

有情怀的教师应有自己的教学理想。语文是最好的人文教育和生命教育学科。课堂是教师的立身之本,站立课堂,享受课堂,在教学中彰显人文主题,聚焦学生语言能力、思维能力,以及审美品质和文化品位的提升,以问题为主导设计教学,以学生为主体,共同学习,共同提高。三十五年的语文教育实践与研究中,激情与理性交融、学术与艺术共舞,形成"互赏教学"的特色。所谓"互赏教学"就是在语文教育教学中追求教师和学生之间,学生和学生之间,互相激活,互相欣赏,共同进步的境界,彰显母语教育的人文性与工具性统一的特点。理论基础主要是和谐思想,教学相长,对话理论,二元主体理论,多元认知理论等;价值取向是"赏";基本特征是"以情激情,以活带活";主要的课堂呈现方式是"导趣,初探全文;设境,重点深研;自学,协作质疑;对话,共同提升;领悟,拓展练习"五环节。

有情怀的教师要有直面问题的担当。作为高中语文教研员,我知道自己肩上的责任,以"研究、服务"为宗旨,在区域内营造教育、教学、教研新气象。立足黄浦区语文学科整体规划和队伍长远发展,着力解决教师关注的问题,进行系列化、深层次、持续性的深度教研。通过主题、网络、研训一体等活动,开展从理论到实践的统编教材培训。分层要求,促进教师专业发展。课题引领,驱动任务形成研究团队。以具体的课题研究带动教师的专业发展。特别是团队建设,梯队培养,形成科研、教学、课程设计不同类型的研究小组,同时加强团队之间的交流。研训一体,提升语文教师的专业水平。积极推进课程改革,参与开发市级"统编教材网络课程"培训项目。参加上海市沪版教材的修订。主编、参编多部教学用书。主持多项市、区级教师培训课程开发以及重点课题研究。

当然,有情怀的教师还应该懂得感恩,懂得感恩生命中帮助过自己的贵人。谨记"滴水之恩,涌泉相报"古训。即便每个人对"情怀"的理解不同,但我深深知道一定要感念生活的赐予,热爱工作,热爱生活,热爱人生。本书便是自己作为教师学习、生活、工作点点滴滴的记录,特别是作为教研员,对高中语文教育教学现状的思考、研究和实践,在教学现场进行观察和研究,通过朴实而真实的记录呈现出来,尽管不够精细,甚至有些粗糙,但这是自己脚踏实地、仰望星空的实践和质朴的思考,借此求教于大方之家,也奉献给我的学生们、我的教师们,以及一路帮助我的亲朋。

2020年8月8日

于沪上　行健斋　寓所